国土空间规划丛书

战略性新兴领域“十四五”高等教育教材

教育部战略性新兴领域“十四五”高等教育教材体系建设团队编写

丛书主编　吴志强

乡镇域国土空间规划

TOWNSHIP SPATIAL PLANNING

耿慧志　主编

同济大学出版社
TONGJI UNIVERSITY PRESS
·上海·

图书在版编目（CIP）数据

乡镇域国土空间规划 / 耿慧志主编. -- 上海 : 同济大学出版社, 2024. 8. -- (国土空间规划丛书 / 吴志强主编)(战略性新兴领域“十四五”高等教育教材).
ISBN 978-7-5765-1354-7

Ⅰ. F129.9

中国国家版本馆 CIP 数据核字第 20244J87L0 号

战略性新兴领域“十四五”高等教育教材
国土空间规划丛书

丛书主编　吴志强

乡镇域国土空间规划

耿慧志　主编

策划编辑： 吕　炜 | **责任编辑：** 由爱华 | **助理编辑：** 严安妮 | **责任校对：** 徐逢乔 | **封面设计：** 完　颖

出版发行： 同济大学出版社 www.tongjipress.com.cn
（地址：上海市四平路 1239 号 邮编：200092 电话：021-65985622）
经　　销： 全国各地新华书店、建筑书店、网络书店
印　　刷： 上海安枫印务有限公司
开　　本： 787mm×1092mm　1/16
印　　张： 19
字　　数： 350 000
版　　次： 2024 年 8 月第 1 版
印　　次： 2024 年 8 月第 1 次印刷
书　　号： ISBN 978-7-5765-1354-7
定　　价： 88.00 元

《乡镇域国土空间规划》编委会

主　编

耿慧志

编写组

裴新生　李继军　颜文涛　汤宇卿　刘　晓　赫　磊　林　林

陈　晨　黄　璜　晏龙旭　李凌月　张　泽　张　皓　谢　恺

钱　慧　杨雨菡　赵锜蔚　叶子涵　王梦雯　尹启超　熊国俨

周海东　刘来玉　陈诗芸

总 序

“智人”（*Homo sapiens*）之所以在动物界中脱颖而出超越动物本能，是因为其具有谋划共同愿景、在共同目标下创造复杂工具技术、展开语言沟通交流及大规模集体协同行动的能力。其中包含三种关键能力：

（1）具有想象愿景的能力。可通过协商想象，制定出一个共同认同的、尚未现实存在的愿景目标（visioning）。

（2）具有为实现目标设置路径的能力。对大规模个体进行系统分工，分头分段推进计划（approaching）。

（3）具有语言沟通、协同调整的能力。在实施愿景的过程中，对于没有发生的场景进行过程沟通，不断优化目标、优化途径、优化分工，直到实现愿景，甚至实现超出原本愿景的目标（coordinating）。

这三种能力是人类区别于其他动物的本质能力，也是规划的三大核心要素：目标愿景、实施路径、沟通协调。因此，只要理解人类与动物能力的本质区别，就可以理解人类为什么一定会进行规划。

土地是人类生存的根本基础，也是动植物的生存基础。人类在现代文明之前，几乎所有的生存、生活和生产活动都在土地上发生。因此，人类在进入现代文明之前，各种族之间的竞争几乎都可以理解为对生存土地及土地之上的生产、生活资料的竞争。马克思主义诞生以前，西方对于财富的认识一般为：土地是财富之母，劳动是财富之父。马克思主义诞生以后，资本主义产生财富的依托要素被扩展至除土地、劳动之外的资本等其他要素。

空间比土地的含义更多，也更复杂。空间之所以比土地复杂，可以从以下三个方面来认识：

（1）从空间维度上，空间有地下、地面、地上、空中的深度和高度。

（2）从生产维度上，除了包含第一产业之外，更重要的是第二产业和第三产业，以及更高维度的生产组织和生产关系。

（3）从构成要素维度上，除了自然物质空间和人造物质空间外，还有社会空间，以及正在诞生的数字智能空间的多要素空间复合。

因此，我们现在一般称空间是复合的，空间进入了三度空间：物质空间、社会空间和数字空间。而三度空间在某个时段中又是一体化运行推进的，这也说明人类文明正进入更高的维度，空间的规划也变得更加多维、更加系统、更加复合，要求更高的文明来规划和治理。

空间规划是文明的产物，不同的文明阶段也对应了不同的空间规划。进入工业文明后，随着城市空间的立体化和城市财富要素的高速流动，大城市的规划成为一种职业，也是现代空间规划的起源。现代空间规划从大城市区域的空间规划，逐步发展到中小城市的规划，并延续到农业地区的规划，使得空间规划包含了城市和乡村地区人类居住空间的整体规划。

当前，我们这套“国土空间规划丛书”第 1 期共有 22 个分册，包括《国土空间规划原理》《数字国土空间》《国土空间规划概论》《国土空间规划理论与方法》《国土空间治理学（上册）》《国土空间治理学（下册）》《国土空间规划实施与治理》《国土空间使用与管理（上册）》《国土空间使用与管理（下册）》《国土空间总体规划编制》《国土空间详细规划编制》《乡镇域国土空间规划》《村域国土空间规划》《国土空间专项规划编制》《国土空间健康规划》《国土空间遗产保护与复兴规划》《国土空间产业规划》《国土空间生态规划》《国土空间规划与空间形态设计》《国土空间规划相关知识：自然卷》《国土空间规划相关知识：人文卷》《国土空间规划相关知识：陆海统筹》，基本涵盖了空间规划的维度和层级。

这套丛书汇聚了清华大学、北京大学、东南大学、天津大学、同济大学、华中科技大学、中国人民大学等众多高水平教学团队的智慧和经验，除完成系统整理和传播国土空间规划领域的知识、厘清学科脉络这一书籍的历史使命之外，我们还期望这套丛书在指导实际规划工作中的决策和操作、推介最新技术和方法、了解和适应国土空间规划行业变化、扩展跨学科和国际视野方面能提供实际的帮助。

“国土空间规划丛书”作为开放体系，随着科技进步和城市规划理论的发展而不断更新和完善，可能会增加更多探讨新兴技术和方法的分册、更新前沿的实际案例研究。我们也希望这套丛书能够成为国土空间规划领域的一个开放平台，吸引更多的学者和实践者参与进来，激发更多关于构建更加智能、可持续和公平的城市的讨论和探索，共同推动国土空间规划学科的发展。

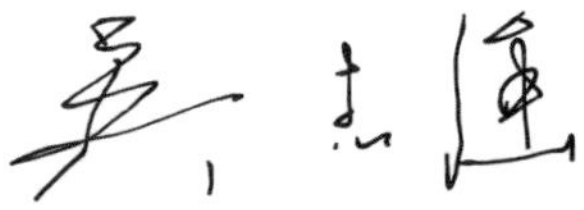

“国土空间规划丛书”总主编
中国工程院院士
教育部建筑类专业教学指导委员会副主任、城乡规划学分指导委员会主任

前　言

乡镇域国土空间规划是国土空间规划体系中更接“地气”的组成部分，是建立健全城乡一体的国土空间规划制度的重要环节。

本书是“产教融合”的合作成果，5章内容由高校教师主导完成，另外5章内容则是由上海同济城市规划设计研究院资深规划师主导完成。本书既有理论方法的深度思考，也展现了实践操作的成熟经验，既注重理论性，也关注实践指导作用。

与市县层面的国土空间规划相比，乡镇域国土空间规划开展编制时间普遍较晚，这是本书编写伊始面临的最大困难。巧合的是，本书成稿的时间有所延后，如今，诸多完成度较高的编制案例已经可以公开查阅。注重案例的解读和支撑是本书的一个重要特点。

本书各章由编写组分工完成。第1章乡镇域国土空间规划总论：耿慧志、黄璜、晏龙旭、谢恺；第2章乡镇域国土空间发展战略：裴新生、钱慧；第3章乡镇域国土空间总体布局：李继军、杨雨菡；第4章乡镇域国土生态空间规划：颜文涛、赵筠蔚、叶子涵；第5章乡镇域国土空间道路交通规划：汤宇卿、王梦雯；第6章乡镇域国土空间公共设施规划：耿慧志、李凌月、张泽、张皓；第7章乡镇域国土空间基础设施规划：刘晓、尹启超；第8章乡镇域国土空间综合防灾规划：赫磊、熊国俨；第9章乡镇域国土空间历史文化保护传承：林林、周海东；第10章乡镇域国土空间土地综合整治：陈晨、刘来玉、陈诗芸。全书最终的体例调整和内容完善：耿慧志、张皓。

本书得以出版得到了多方面帮助：吴志强院士从书稿的整体安排到阶段成果都提出了高屋建瓴的指导意见，浙江大学肖武教授对土地整治章节内容进行了全面的指导，本书案例得到了多家规划设计院的无私帮助，包括广东省城乡规划设计研究院科技集团股份有限公司、广州市城市规划勘测设计研究院、辽宁省城乡建设规划设计院有限责任公司、陕西省城乡规划设计研究院、山东建筑大学设计集团有限公司、江苏省城镇与乡村规划设计院、上海市城市规划设计研究院、上海同济城市规划设计研究院有限公司、苏州规划设计研究院。本书也引用了如下规划设计院的编制案例：中国建筑科学研究院有限公司、唐山市规划建筑设计研究院、泛华建设集团有限公司、广州国测规划信息技术有限公司、上海广境规划设计有限公司，在此一并致谢。

感谢同济大学出版社吕炜、由爱华、严安妮三位编辑的认真负责审校。限于本书编者们的认知局限，本书不妥和错误之处，恳请读者批评指正。

感谢多位参与文字编校、资料整理和图纸处理的规划师和研究生：赖楚杨、李林希、王骏、张文婧、黄钰婷、洪吉林、黎慧、张梦、郑佳欣、胡淑芬、江璇、赵伯川。

目 录

第 1 章

乡镇域国土空间规划总论

导语

本章为乡镇域国土空间规划总论，分为三个小节。第一小节是乡镇的行政层级和地位作用，主要对乡镇在我国行政体系中的地位、在协调城乡关系促进基层全面发展中的作用，以及乡镇政府驻地的功能和形态进行了介绍。第二小节是乡镇国土空间规划在国土空间规划体系中的地位，重点对乡镇国土空间规划在承上启下、落实县级规划、统筹引导村庄规划、延伸指导用途管制和规划许可等四个方面的作用进行了阐述。第三小节是乡镇国土空间总体规划的主要内容，包括规划评估和综合分析、目标定位、发展策略和规划指标、国土空间总体布局、生态保护格局，以及基础设施、公共服务设施等专业规划、规划传导等相关内容。

截至2022年年底，我国共有镇21 389个、乡8 227个[1]。据测算，1982—2010年间，中国城镇化发展中的“镇”化贡献率为44.1%；2010—2015年间，进一步攀升到了55.1%[2]，镇在我国改革开放后的快速城镇化进程中发挥了重要作用。

乡镇域国土空间规划在我国国土空间规划体系中处于“上接市县、下达村庄”的层级，既是制定乡镇域国土空间保护、开发、利用、修复和指导各类建设的行动纲领，也是实现各类国土空间要素精准落地的最基础空间单元。

1. 国家统计局．中国统计年鉴2023［M］．北京：中国统计出版社，2023.
2. 刘盛和，王雪芹，戚伟．中国城镇人口“镇化”发展的时空分异［J］．地理研究，2019，38（1）：85-101.

1.1 乡镇的行政层级和地位作用

乡、镇作为我国行政体系中基层的一级地方政府，承担着促进所管辖的农村地区经济发展、强化公共服务、着力改善民生，以及加强社会管理、维护农村稳定、促进基层全面发展等任务。本节主要包括乡和镇建制的演变历程、地位作用，以及乡镇政府驻地在功能和空间形态等方面的特征。

1.1.1 县级以下的基层地方人民政府

中华人民共和国成立后，在全国设置了乡人民政府作为农村的基层行政区，受县人民政府领导。1958 年人民公社运动期间，乡建制一度撤销，由人民公社行使。1982 年 12 月全国人民代表大会通过的宪法恢复乡建制、设立乡人大和人民政府作为我国基层一级政府，乡以下按居民居住地设立村民委员会（简称“村委会”），作为基层群众性自治组织。

乡、镇的主要区别在于：乡是以农业为主的行政区，镇则是以非农特征为主的行政区。镇的人口规模更大，非农人口比率更高，产业结构更为多元，尤其是工商业相对乡更为发达。基于城镇化语境的空间定义，“乡”是农业人口从事非农活动的乡村（rural）地域空间，而“镇”是非农人口、非农产业聚集的城镇（urban）地域空间。

1955 年，国务院颁布《关于城乡划分标准的规定》，规定了建镇的主要条件是：设置市人民委员会的地区和县（旗）以上人民委员会所在地（游牧区行政领导机关流动的除外），或常住人口在 2 000 人以上，居民 50% 以上是非农业人口的居民区。1963 年起，改为常住人口在 3 000 人以上，非农业人口占 70% 以上，或常住人口在 2 500 人以上且不满 3 000 人，非农业人口占 85% 以上的。1984 年，国务院同意民政部《关于调整建镇标准的报告》，提出：凡县级地方国家机关所在地，均应设置镇的建制。总人口在 20 000 人以下的乡，乡政府驻地非农业人口超过 2 000 人的可以建镇；总人口在 20 000 人以上的乡，乡政府驻地非农业人口占全乡人口 10% 以上的也可以建镇。少数民族地区、人口稀少的边远地区、山区和小型工矿区、小港口、风景旅游、边境口岸等地，非农业人口虽不足 2 000 人，如确有必要，也可设置镇的建制。凡具备建镇条件的乡，撤乡建镇后，实行镇管村的体制[1]。

国务院自 2019 年 1 月 1 日起施行的《行政区划管理条例》明确，全国不再施行统一的镇、街道的设立标准，由省、自治区、直辖市人民政府民政部门会同本级人民政府其他有关部门拟订，报本级人民政府批准并报送国务院备案。由于经济发展水平不同，各省市设镇的具体标准表现出较为明显的差异性。

乡、镇同属于我国的乡级行政区划单元，具有相对独立的事权和财权，一般由县级行政单元（市辖区、县级市等）管辖，而同级别的“街道办事处”则是上级人民政府（如区县或者市政府）的派出机构而非一级基层政府。乡镇和街道办事处的主要差异为：①乡镇设有人大机构，每隔 5 年都要进行选举换届，镇长和副镇长都由乡镇人大选举产生，乡镇政府对乡镇人大负责；街道办事处作为上级人民政府的派出机关，街道办事处主任和副主任由上级党委直接任命，街道办事处对上级人民政府负责。②乡镇政府的财权相对来说比较独立，个别经济大镇或强镇可以实行分税制，享受税收分成；而街道办事处由于依靠上级人民政府财政支持，财权不如乡镇政府独立。③乡镇政府作为基层人民政府，负责经济发展、社会综合治理等方方面面的工作；街道办事处则主要负责社会综合治理方面的工作。

1.1.2 协调城乡关系、促进基层全面发展

从人地关系地域系统的视角来看，城市和乡村是空间镶嵌、结构互补、功能耦合、相互作用的复杂地域系统，集镇或城镇发挥着中心节点组织与交流的功能，通常呈现出一定地域村镇建设格局的局部中心性。更为综合地来看，乡、镇承担了促进所管辖的农村地区经济发展、增加农民收入，强化公共服务、着力改善民生，加强社会管理、维护农村稳定、推进基层民主、促进农村和谐等基层政府的任务，需要具体组织和管理国家基层行政事务的职能。

乡镇基层政府所拥有的职责权限种类相对更少、涉及面有限，其承担的多是具有社会公共管理特性的职能，需要正确处理好政府、市场、社会之间的关系，并做好农村公共产品的供给。乡镇基层政府既要进行农业农村现代化的规划引导各项乡村振兴战略及其政策的全面贯彻与执行，又要提供农村基本公共产品和公共服务的各项兜底保障工作[2]。

---

1. 中华人民共和国国务院 .《国务院批转民政部关于调整建镇标准的报告的通知》（国发〔1984〕165 号）.
2. 黄建红 . 三维框架：乡村振兴战略中乡镇政府职能的转变［J］. 行政论坛，2018，25（3）：62-67.

1.1.3　乡镇政府驻地的功能和形态

农业经济下，乡镇的功能主要是为农村提供商业服务、社会交往和文化娱乐的场所。在全球化和高速城市化推动下，各地区呈现出不同发展程度的农村工业化和城市化水平，所在乡镇也被赋予了不同的功能和地位。乡镇从农业乡镇向工业乡镇，继而向城市乡镇（街道）的转型决定了乡镇在城乡统筹发展规划中的不同地位和功能[1]。此外，由于经济发展水平、产业结构等差异，县域范围内的乡镇地域功能还会呈现出异质化发展趋势[2]。

乡镇政府驻地是乡镇的行政、经济、文化和公共服务中心，聚集了乡镇级行政办公设施和主要的商业、文化、教育、体育、医疗卫生和社会福利设施，同时也是乡镇域主要的工业、物流、仓储等生产功能聚集地。需要指出的是，乡镇政府驻地有所差异，乡政府驻地本质上还是村，更多以行政和公共服务的功能为主。

针对全国小城镇镇区的统计研究表明，小城镇本质上是以满足居民基本生活为主的聚落。总体来看，镇区生活用地占比高、生产用地占比少，公共服务设施用地不足，绿地和基础设施用地较为匮乏，土地利用混合度高，无明显的功能分区[3]。但同时，我国幅员辽阔，乡镇镇区的功能和形态在演化过程中呈现出各种差异。特别是一些在产业发展、自然景观、历史文化等方面具有创新性和特色的乡镇、县城，其镇区的功能和形态相比之下会更为丰富和多元。例如，在一些以农产品加工为主导产业的特色小镇，其产业用地的比例较高，并且在发展中也逐渐衍生出展览、物流仓储、酒店、商业服务等新的功能。

此外，乡镇政府驻地的空间形态受地形条件的影响显著。平原地区的乡镇多沿主要交通干线如国道、省道及重要县乡道轴向拓展，居住及公共服务设施主要沿交通线带状分布。较大规模的乡镇建成区可能呈现类似小城市的空间形态，呈现出团状、格网状或放射状的形态。相对而言，山地和丘陵地区的乡镇因地形影响较大，通常沿河谷或沟谷带状生长，或由于地形的限制而形成分散的空间组团。

---

1. 朱介鸣 . 乡镇在城乡统筹发展规划中的地位和功能：基于案例的分析［J］. 城市规划学刊，2015（1）：32-38.
2. 原野，赵中秋，师学义，等 . 基于乡镇地域主导功能定位的农村居民点整理策略研究［J］. 自然资源学报，2017，32（12）：2089-2099.
3. 赵鹏军，吕迪 . 中国小城镇镇区土地利用结构特征［J］. 地理学报，2019，74（5）：1011-1024.

1.2 乡镇国土空间规划在国土空间规划体系中的地位

2019 年发布的《中共中央 国务院关于建立国土空间规划体系并监督实施的若干意见》重构了我国的国土空间规划体系，对乡镇国土空间规划在国土空间规划体系中的定位也进行了明确，提出："市县和乡镇国土空间规划是本级政府对上级国土空间规划要求的细化落实，是对本行政区域开发保护作出的具体安排，侧重实施性。"[1] 本小节在此定位的基础上，对乡镇国土空间规划在承接落实市县规划、引导村庄规划和延伸指导用途管制及规划许可等方面的作用和内容作进一步解读。

1.2.1 向上承接市县规划，向下指导村庄规划

乡镇国土空间规划是构建分级分类分层分区域国土空间规划体系的重要内容，是建立健全城乡一体的空间规划制度的重要环节。乡镇国土空间规划向上应承接市县国土空间规划要求，确保规划内容精准传导到位；向下应在协调全域土地综合整治与生态修复的基础上，指导村庄规划的编制。

按照新一轮国土空间规划体系改革的要求，乡镇国土空间规划由省级政府根据当地实际，明确规划编制审批内容和程序要求。各地可因地制宜，将市县与乡镇国土空间规划合并编制，也可以几个乡镇为单元编制乡镇级国土空间规划[1]。比如，四川省提出：以经济片区为单元、若干镇乡连片编制的镇乡级国土空间总体规划，由县级人民政府自然资源主管部门牵头，会同相应镇乡人民政府联合组织编制；跨县级行政区连片编制的镇乡级国土空间总体规划，由市级人民政府自然资源主管部门牵头，会同相应县级人民政府自然资源主管部门和镇乡人民政府联合组织编制；跨市级行政区连片编制的镇乡级国土空间总体规划，由相应市级、县级人民政府自然资源主管部门和乡镇人民政府联合组织编制[2]。

新规划体系下的乡镇国土空间规划在编制中应落实"多规合一"的改革要求。国土空间规划改革前，乡镇层面总体规划包括乡镇总体规划和乡镇土地利用总体规划两种，其中乡镇总体规划强调对地方发展的战略引领作用，但普遍存在"重镇区建设而轻全域统筹"的问题，且在技术方法上沿用城市总规的范式框架和指标体

1. 中共中央办公厅.《中共中央 国务院关于建立国土空间规划体系并监督实施的若干意见》(中发〔2019〕18 号).
2. 四川省自然资源厅.《四川省镇乡级国土空间总体规划编制（试行）》，2021.

系，缺少对乡镇及农村的特定问题及现实需求的回应；乡镇土地利用总体规划则以“保护耕地和基本农田”为主导思想，强调自上而下的土地指标分配和边界管控，但其垂直分解的操作方式往往过于粗放、均质而忽视现状条件中的差异，且难以匹配地方的实际发展需求。

同时，乡镇国土空间规划需在承接落实市县国土空间总体规划的基础上，强化向下指导村庄规划和建设的作用。一方面来讲，尽管传统乡镇总体规划成果相对完善，但其下位详细规划层面的控制性详细规划、城市（镇）设计及村庄规划的编制完成度较低，这直接导致总规的落地实施性较差。另一方面，在对村庄规划的引导上，既往的乡镇城总规对村庄单元仅做宏观的体系性引导（如划定中心村、基层村等），而不涉及村庄具体的管控内容和建设指导；乡镇土地利用总体规划对于村庄的管控也仅限于建设用地与非建设用地的区分（三区四界），对村庄建设的管控作用较弱，且讨论多年的村庄土地利用规划基本没有启动编制[1]。

1.2.2　县级规划的空间落实

在我国的行政体制中，县级政府的基层决策决定了其空间治理主体地位。县级是我国历史最久和最稳定的基层行政层级，长期以来发挥着“央地关系接口”的作用，历史上“皇权不下县”，国家权力以县为执行的基本单元。在当前行政体系下，县级政府是拥有完整行政职能的基层政府。乡镇虽然是一级行政建制政区，但政府的行政事权是不完整的。根据《中华人民共和国宪法》和《中华人民共和国地方各级人民代表大会和地方各级人民政府组织法》，县级政府拥有完整机构组织和行政职能，乡镇政府的部分机构是县级在乡镇的派出机构，而且在财政、环境与资源保护以及城乡建设等领域没有独立事权。近年来，随着经济的快速发展，部分发达地区通过强镇扩权、提出“镇级市”等方式，赋予经济水平较强的镇以县级行政权力来解决镇行政管理权限不能满足经济社会发展需求的矛盾，但从目前的结果来看这一改革的方向是撤镇设市（县级）而非对镇级政府的扩权[2]。因此，县级政府更适合承担空间治理体系中落实国家管控要求和管理地方发展双重功能的职能。

---

1. 彭震伟，张立，董舒婷，等．乡镇级国土空间总体规划的必要性、定位与重点内容［J］．城市规划学刊，2020（1）：31-36.
2. 王新哲，钱慧，刘振宇．治理视角下县级国土空间总体规划定位研究［J］．城市规划学刊，2020（3）：65-72.

在新的“五级三类”国土空间规划体系中，县级国土空间规划是本级政府对上级国土空间规划要求的细化落实，是对本行政区域开发保护作出的具体安排，侧重实施性。县级规划的战略重点在于进行全域功能的引导，对生态、农业、城镇空间的保护、开发、利用和修复，以及县域结构性的交通、基础设施廊道及重点设施作出统筹安排，乡镇规划需对县级规划的结构性安排在空间上予以落实。同时，乡镇国土空间规划承上须严格落实市县规划中的相关内容，主要包括指标落实、空间格局落实和名录落实等。

1.2.3 统筹引导村庄规划

乡镇规划是统筹引导村庄规划的重要抓手，明确建设、农业、生态三类细化分区管控要求，通过细分用途单元和地块图斑，对村庄规划制定明确的传导要点。达到单元层次详细规划内容深度的乡镇国土空间规划可以作为村庄建设管控的依据。

但需要认识到的是，针对乡村地区的全域全要素管控是一项体系化的工作，需要不同层级规划的相互协同。上海在乡村地区全域空间管控的相关探索可以提供一定的借鉴。2018 年，上海市颁布《上海市乡村规划导则》，确认了村庄布局规划（区层面的乡村地区结构管控）、郊野单元规划（镇域层面统筹全地类、全要素、覆盖全域空间的详细规划）、村庄设计（重点区域乡村空间秩序和景观风貌的管控探索）三个层级的乡村地区管控框架，形成对乡村三类空间的全域管控：①建设空间的管控在原有居民点用地管控的基础上，完善了覆盖增量和存量的土地用途管制内容；②农业空间的管控实现了用地细分，划定了永久基本农田红线，实现了静态边界管理，同时完善了种植养殖分区和设施农用地的配置，通过耕地占补平衡指标实现对农业边界的动态管控；③生态空间的管控落实了生态保护红线，通过设定森林覆盖率、河湖水面率、土地和水体质量等级等约束性指标实现生态和环境承载的动态调控[1]。

1. 耿慧志，李开明 . 国土空间规划体系下乡村地区全域空间管控策略：基于上海市的经验分析［J］. 城市规划学刊，2020（4）：58-66.

案例

上海市金山区廊下镇中联村村庄设计衔接郊野单元规划

扫码了解以下内容：
“郊规 3.0”中联村单元图则、中联村用地布局与重点打造公共空间规划图

资料来源：上海市金山区廊下镇人民政府、上海市金山区规划和自然资源局、上海广境规划设计有限公司，《上海市金山区廊下镇郊野单元（村庄）规划（2017—2035）》；金山区廊下镇人民政府、上海广境规划设计有限公司，《金山区廊下镇中联村村庄设计研究报告》。

中联村位于上海市金山区廊下镇，部分区域在廊下郊野公园内，现状农用地土地使用占比高、种植类型丰富多样。

中联村村庄设计落实已批复《上海市金山区廊下镇郊野单元（村庄）规划（2017—2035）》（即“郊规 3.0”）提出的“生态涵养片区，以联中蘑菇、特色果蔬种植，以及生态林地涵养等生产生态功能为主”战略引导与相关规划指标，并在编制过程中动态衔接在编《上海市金山区廊下镇郊野单元（村庄）规划（2020—2035）》（即“郊规 4.0”）明确的“规划土地主要为耕地和林地，设施农用地占一部分”土地利用规划格局，在叠加道路红线、河道蓝线等控制线、不与郊野单元规划和各类专项规划相冲突的基础上，提出公共空间重点打造方案。公共空间的打造以更新改造为主，对部分新建项目预留用地。

1.2.4　延伸指导用途管制和规划许可

建立完善的乡村建设规划许可管理制度是规范乡村建设活动、促进乡村发展和实现乡村振兴的重要途径，村庄规划尚未取得依据地位是导致其实施困难的重要原因。尽管村庄规划的重要性逐渐被重视，但村庄规划编制成果的实用性尚不理想。《中华人民共和国城乡规划法》和《乡村建设规划许可实施意见》规定乡村建设规划许可证的核发应当依据经依法批准的城乡规划，并且应按照“先规划、后许可、再建设”的要求。然而由于我国幅员辽阔、村庄数量众多、村庄规划编制任务量大，村庄规划编制成果落地性不佳导致的许可依据缺位是乡村建设规划许可管理面临的重要问题[1]。并且，我国相当一部分村庄缺乏明确的建设需求，编制完整村庄规划的动力不足。

在暂时没有条件编制村庄规划的情况下，乡镇国土空间规划应明确村庄国土空间用途管制规则与建设管控要求，作为实施国土空间用途管制、核发乡村建设规划许可的依据。

1. 耿慧志，胡淑芬，徐烨婷，等. 乡村建设规划许可实施的难点、问题和完善策略［J］. 城市发展研究，2020，27（2）：46-53.

1.3 乡镇国土空间总体规划的主要内容

乡镇国土空间总体规划是对上级国土空间总体规划的细化落实，是对乡镇区域内开发保护作出的具体安排。在乡镇国土空间规划中，需要进行规划评估和综合分析，确定乡镇发展的目标定位、发展策略和各项规划指标，明确国土空间总体格局和生态保护格局，对产业空间、建设用地、综合交通体系、市政基础设施、公共服务设施、防灾设施等进行规划布局，提出历史文化保护、国土综合整治的工作要求，对乡镇驻地的用地和设施进行统筹安排，并明确乡镇国土空间规划的单元传导管控内容。

1.3.1 规划评估和综合分析

规划评估是对现行乡镇总体规划、土地利用总体规划等空间类规划的实施情况进行评估。结合传统的调查分析方法和新兴的大数据方法，利用动态的、实时的开源数据等对社会综合要素进行监测，在对乡镇发展和建设进行全方位回顾的同时，针对既有规划中的某项内容或目标的实施情况进行深入严密的调查分析和总结，为后续的规划工作提供支撑。

综合分析指梳理经济社会、产业发展、空间利用和资源环境等特征及问题，分析区位关系、资源环境、空间利用、镇村建设发展情况。在县级“双评价”[1]成果基础上，结合镇乡级数据精度，进行国土空间适宜性分析。

乡村空间是农业生产的载体、城镇建设的后备资源和生态效益发挥的潜力区域，实践中应从农田优化调整和村庄合理布局两方面展开分析[2]。以宁夏为例，对比其农业生产适宜性与现状耕地分布，有部分耕地处于不适宜区，主要分布在中部干旱带和南部山区，在该区域采用“一刀切”的退耕显然是不现实的；在系统梳理低质耕地空间分布的基础上，研究细化相关退耕还林及耕地补充的标准，实现农业耕作空间效益的最大化。在村庄合理布局分析方面，以宁夏南部的丘陵地区为例，首先要明确村庄的定位是集聚提升，还是特色保护、搬迁撤并，基于村庄所处区域的城镇建设适宜性来判断增加建设用地的合理性，如果处于不适宜区，则不建议纳入集聚提升的类型；结合村庄所处区域的农业生产适宜性和城镇建设适宜性判断村庄

1.“双评价”即资源环境承载力评价和国土空间开发适宜性评价。
2. 田川，刘广奇，李宁，等. 国土空间规划体系下“双评价”的实践与思考［J］. 规划师，2020，36（5）：15-20.

存在的合理性，若村庄周围处于农业生产不适宜区，且处于城镇建设的不适宜区，则结合实际情况考虑纳入搬迁撤并的类型。

1.3.2　目标定位、发展策略和规划指标

乡镇国土空间规划需要在分解落实上位规划要求，对乡镇整体发展情况进行研判的基础上，确定乡镇发展的目标定位，提出相应的发展策略，确定规划指标。其中，确定目标定位是指根据区域发展重大战略与上位规划要求，分析乡镇的地位作用，研究面临的发展机遇和挑战，结合基本特征研究与主要问题判识，确定发展定位、发展目标和发展思路。

同时，乡镇国土空间规划需要结合自身资源禀赋及未来发展趋势，注重引导国土空间开发保护方式转变，提升国土空间开发保护质量和效率，提高国土空间治理能力，从资源保护、开发利用、整治修复等方面提出乡镇国土空间保护利用的发展策略。

确定规划指标是乡镇国土空间规划的重要内容，在规划过程中要根据乡镇发展定位，结合传承落实上位规划明确的约束性指标，综合考虑国土空间保护、开发、整治的现状和任务，合理预测人口规模，明确国土空间开发保护的近远期规划指标。

案例

上海市松江区泖港镇国土空间总体规划综合发展指标表

上海市《松江区泖港镇国土空间总体规划（2021—2035)》中，结合区总体规划、“十四五”规划等的要求和自身发展特质，提出了“江南水乡诗意田园小镇，松江绿色发展示范区”的目标愿景，并形成包括土地利用、历史文化保护、住房保障、公共服务设施保障、公共开放空间、综合交通、生态低碳安全、产业发展等方面的综合发展指标表。

表 1-1　松江区泖港镇综合发展指标表

指标类别	序号	指标名称	单位	引导控制要求	2035 年
人口规模	1	常住人口规模	万人	引导	3.5
土地利用	2	耕地保有量	公顷	控制	2 149.17
	3	永久基本农田保护任务	公顷	控制	1 550.15
	4	新增建设用地占用耕地面积	公顷	控制	63.37

续表

指标类别	序号	指标名称	单位	引导控制要求	2035 年
土地利用	5	土地整治补充耕地	公顷	控制	143.46
	6	生态空间面积	平方公里	控制	50.57
	7	三类生态空间建设用地比例	%	控制	2.76
	8	建设用地总规模	公顷	控制	850.0
	9	城镇开发边界面积	公顷	控制	257.21
	10	城镇开发边界内新增建设用地面积	公顷	控制	54.11
历史文化保护	11	文化保护控制线范围	公顷	控制	67.0
住房保障	12	新增住房中政府、机构和企业持有的租赁性住房比例	—	控制	≥ 15%
	13	新增住房中，中小套型占比	—	控制	70.0%
	14	保障性住房套数占全镇住房总套数比例	—	控制	100.0%
	15	新增住宅适老型达标率	—	引导	95.0%
公共服务设施保障	16	文教体卫、养老等社区公共服务设施 15 分钟步行可达覆盖率	—	控制	100%
	17	老年人休闲福利及学习机构数量	处	控制	15
	18	60 岁以上老年人口人均养老床位数	张 / 人	控制	0.04
	19	人均养老用地	平方米 / 人	控制	1.54
	20	城市社区综合服务设施（文化、体育、医疗设施）覆盖率	—	控制	100.0%
	21	基础教育设施服务范围覆盖率	—	引导	85.0%
	22	人均教育用地	平方米 / 人	控制	5.43
	23	人均体育用地	平方米 / 人	控制	0.51
	24	人均医疗用地	平方米 / 人	控制	0.33
	25	社区级医疗设施覆盖率	—	引导	95.0%
	26	社区级文化设施覆盖率	—	引导	90.0%
公共开放空间	27	骨干绿道长度	公里	控制	14.3
	28	生态、生活岸线占比	—	控制	≥ 95%
	29	镇区内所有河道两侧公共空间贯通率	—	控制	100.0%
	30	人均公园绿地面积	平方米 / 人	控制	7.94
	31	400 平方米以上的公园和广场的 5 分钟步行可达覆盖率	—	控制	100.0%

续表

指标类别	序号	指标名称	单位	引导控制要求	2035 年
综合交通	32	路网密度（开发边界内）	公里 / 平方公里	引导	6.7
	33	绿色出行占全方式出行比例	—	引导	85%
	34	公共交通占全方式出行比例	—	引导	50%
	35	个体机动化交通出行比例	—	引导	60%
	36	公交线网密度	公里 /平方公里	引导	1.5
生态低碳安全	37	森林覆盖率	—	控制	30.0%
	38	河湖水面率	—	控制	10.33%
	39	水域面积	平方公里	控制	5.5
	40	水功能区达标率	—	控制	100%
	41	公交站点 300 米半径覆盖人口和岗位数的比例	—	引导	90%
	42	职住平衡指数	—	控制	75
	43	应急避难场所人均避难面积	平方米	控制	≥ 3.0
	44	消防责任区 5 分钟到达覆盖率	—	控制	100%
	45	院前紧急呼救 8 分钟到达责任区	—	控制	100%
	46	符合条件实施装配式建筑覆盖率	—	控制	100%
	47	新建建筑的绿色建筑达标率	—	控制	100%
	48	住宅全装修实施比例	—	控制	100%
	49	新建民用建筑的可再生能源应用达标率	—	控制	100%
	50	年径流总量控制率	—	引导	75%
	51	年径流污染控制率	—	引导	55%
	52	区域环境噪音符合声环境功能达标率	—	控制	100%
	53	固体废弃物资源化利用率	—	控制	100%
	54	城镇污水处理率	—	控制	100%
	55	固废无害化处理率	—	控制	100%
	56	垃圾无害化处理率	—	控制	100%
	57	化肥施用强度（折纯）	千克 / 公顷	引导	200
	58	人均综合用电量	度 / 人 · 年	引导	8000
	59	人均城市综合用水量	升 /人 · 日	引导	320
产业发展	60	工业用地占建设用地比例	—	控制	13.0%

资料来源：上海市松江区人民政府、上海市规划和自然资源局，《松江区泖港镇国土空间总体规划（2021—2035）（含近期重点公共基础设施专项规划）（公众版）》。

1.3.3 国土空间总体格局

乡镇国土空间总体格局是指对乡镇域内的结构性空间要素、发展布局和控制要求等的整体性和统筹性安排。在确定乡镇国土空间总体格局时，需要以地形地貌基本特征为基础，结合市、县“双评价”成果，落实三条控制线，合理构建生态廊道、交通网络、镇（乡）村结构，明晰开发保护区域、轴带以及重要节点，确定国土空间开发、保护总体格局。

案例

扫码了解以下内容：
安流镇国土空间总体格局规划图、安流镇重点项目布局图

广东省梅州市五华县安流镇国土空间总体格局

安流镇位于广东省梅州市五华县南部，是典型的丘陵山区农业县，整体呈现“七山一水两分田”空间特征，东部、西部山林繁茂，中部河谷地区承载农业产业发展和城镇建设。安流镇是广东省“推进镇村国土空间规划编制实施助力百县千镇万村高质量发展工程”的首批规划试点。规划研究报告结合镇域自然地理格局、人口趋势、产业发展特征，在县域总体格局的引领下，全域统筹优化国土空间资源配置，重点聚焦“促发展、强支撑、优治理”三个重点，全域推进“镇村格局、产业布局、建房空间、设施布局、用地配置、项目实施”六个统筹，构建“一主、两副、五区、多点”的国土空间总体格局，引导功能与空间布局优化。

“一主”为安流镇区，重点强化面向全域的乡村产业服务和公共服务功能培育，着力提升产业、人口及公共服务承载能力，以“一河两岸”为重点区域，优化公共空间和人居环境品质。

“两副”为文葵圩和大都圩，重点提升文葵圩公共服务设施配置水平，强化对文葵片区的服务带动能力；引导养殖加工、物流服务等农业生产功能向大都集聚，支撑红山村等特色农业产业发展。

“五区”即规划城乡融合集聚区、现代农业发展区、高效农业示范区、现代养殖发展区、生态农林发展区，引导差异化发展。

“多点”即发挥半径村、低坑村、龙中村、东礼村等中心村在产业发展模式、村庄空间品质和人居环境方面的示范带动作用，强化对安流生态产业园、循环经济产业园等土地资源要素保障，打造带动乡村高质量发展的空间节点。

资料来源：广东省城乡规划设计研究院科技集团股份有限公司，《五华县安流镇国土空间总体规划（2021—2035）研究报告》。

1.3.4　生态保护格局

不论从资源利用和管理，还是从生态保护需求出发，各个国家都对其自然生态空间进行了不同程度和不同模式的管制，减少资源开发利用过程中的负面影响，维护国家和区域的生态安全。但是，由于自然资源的多样性、生态过程的复杂性和自然生态空间的功能复合性等因素，各个国家针对不同尺度、管理目标、资源类型生态功能类别等采用了丰富的空间管制手段，制定了相应的空间管控政策，可归纳总结为区划模式、类型区管制模式、重要地类管制模式、形态管制模式、缓冲区管制模式、地块（片区、图斑、宗地）管制模式等六种类型[1]。这些自然生态空间用途管制模式有其共性特征，包括通过边界的划定、指标的设置等确保空间格局的完整性和连续性；基于功能或者质量的评价结果划定管制边界并确定各类规则；重视空间之间相互关系的动态平衡及统筹；制定精细化、差异化和体系化的管制规则。

乡镇国土空间总体规划，需要基于生态安全和生物多样性的维护，顺应丘岗山地、河沟溪流走向及完整性，明确重要生态廊道、生态屏障和网络，构建连续、完整、系统的生态保护格局，作为后续确定各类生态空间管控规则的基础。

案例

广东省东莞市厚街镇生态空间保护利用

扫码了解以下内容：
厚街镇生态格局规划图、厚街镇公园绿地与开敞空间规划图

厚街镇位于广东省东莞市西南部，全镇总面积 125.7 平方公里，辖 24 个社区，常住人口 55 万人，是广东省经济强镇，2022 年全镇实现地区生产总值 483.8 亿元。厚街位于珠江河口，是珠江－东江水系、莲花山－大岭山系、伶仃洋－狮子洋等丘岗与水网交织地区，形成大江独流入海、小河流、海岸带、丘陵、小山岗、沙田等多种地貌，地理环境独特，对矿山

1. 邓红蒂，袁弘，祁帆 . 基于自然生态空间用途管制实践的国土空间用途管制思考［J］. 城市规划学刊，2020（1）：23-30.

生态修复、水系治理、海岸带保护等生态空间保护利用提出了较高要求。厚街镇是城镇化快速发展地区，镇域生态空间与城乡空间混杂、生态空间破碎，对生态格局构建提出了艰巨的挑战。厚街镇的生态空间保护利用规划重点在于尊重生态过程，识别受损的生态空间，采取断点连通、单元修复、路径串联、蓝绿入城等策略，稳固生态格局、恢复生态网络、修复生态空间，重构生态和城镇的空间关系，支撑镇域高质量发展的绿色框架。

生态格局："一屏一带，四径八核多点"。以山林、水库、河网、大江独流入海、河口等重要生态单元构建顺应江海、山河两个生态过程的生态格局。

生态网络：搭建以"河海径""山河径"为骨架的生态网络。统筹山林、河网、江海生态系统修复，搭建以山林水库为源头，独流入海河流为廊道，河口田园为终端的完整生态网络。布局城镇绿色发展框架，探索高质量生态产品供给。发挥水系连通作用，串联流域内重要山林、农田、湿地等，打通阻断点，构建绿色生命共同体。

生态空间：分级划定生态保护红线、生态管控区及具有生态价值的公园绿地。突出厚街自然地理特征，落实上位生态保护政策，分级划定生态保护红线、生态保护区、生态控制区。规划绿地与广场用地面积573公顷，占城市总建设用地9.9%，其中公园绿地面积为460公顷。

生态修复：加强山林、河流水环境和河口湿地综合整治。实施大岭山人工造林和林相更新工程，加快城市周边低效林改造力度；实施沙溪废弃石场生态恢复工程，采取地貌重塑、土壤重构、植被重建、景观重现、生物多样性重组等措施，恢复和提升矿区生态功能；实施东引运河、大陂河综合整治工程，系统实施沿岸截污、清淤清障、引流活水、生态河岸、绿化美化、亲水景观、水面保洁等工程；实施横岗水库、三丫陂水库、沙溪水库水源保护工程，采取坡面整治、沟道保护、护坡、绿化、整地，有针对性地在主要入河支流、水源地周边及湖库内建设生态防护工程；推进生态化农田整治，实施大陂河口田园建设工程，营造农田生态景观与发展休闲观光农业相结合，营造良好的生态田园和观光游憩环境。

资料来源：广东省城乡规划设计研究院科技集团股份有限公司，《东莞市厚街镇国土空间总体规划（2021—2035）研究报告》。

1.3.5　产业空间布局

在乡镇国土空间总体规划中，需要提出乡镇产业布局规划策略，发展乡镇特色产业，增强产业竞争优势。依托乡村特有自然山水、景观风貌、历史文化等资源，合理规划特色农业全产业链、新产业新业态用地布局。充分保障乡村工业、农产品加工流通、民间手工艺、观光农业、乡村休闲旅游、乡村新型服务等产业发展用地需求，鼓励复合用地规划安排。

各层级国土空间规划对应的农业产业空间管控是一个从战略意图到实施操作逐级细化的过程，层级越高，战略性越强。空间分区是落实战略意图的有效手段，通过结构管控强化布局引导，可以传递空间保护与开发的战略意图。与市县镇国土空间规划层级相匹配，农业产业空间管控可采取“功能区划—用途单元—地块图斑”的逐级细分技术路线。

其一，依据农业产业空间主导功能和资源禀赋的差异，遵循宜农则农、宜牧则牧、宜林则林的布局原则，将农业产业空间细分为基本农田集中区、一般农地区、林业发展区、牧业发展区和农业产业配套区块。其二，综合分析耕地质量、作物类型和生产方式，将功能区划进一步分解为用途单元，以利于在县级层面落实空间管控的战略意图。如将基本农田集中区细分为保护和储备单元，一般农地区分为一般种植单元和其他种植单元，配套区块细分为畜禽养殖单元、水产养殖单元、新业态单元、设施农用地配套单元和农业基础设施单元。其三，将用途单元落实到地块图斑中，以利于在镇级层面落实农业项目的管控。如将新业态单元细分为旅游服务用地、科普教育用地和其他新业态用地，将农业基础设施单元细分为灌排设施用地、田间道路用地和农田防护用地[1]。

案例

上海市金山区廊下镇农业生产规划

扫码了解以下内容：
廊下镇农业产业发展规划图、廊下镇农业三区划定图、廊下镇设施农用地规划图

廊下镇是典型的沪郊农业大镇，现代农业发展基础好，产业特色鲜明。依托国家级现代农业产业园的建设，廊下集聚了众多优质农业产业化项目，初步形成了“现代农业生产＋农产品加工＋农业休闲旅游”第一、第二、第三产业融合的产业发展格局。相关规划从农业生产规划、农用地功能区布局、设施农用地规划三方面对全域农业生产布局作出部署：

1. 李开明，耿慧志．面向国土空间规划体系的农业产业空间管控策略：基于上海市的经验分析［J］. 城市规划学刊，2023（1）：87-95.

农业生产规划：全镇形成“一核一链五基地”产业布局。“一核”为综合服务核心，依托城镇服务中心和农业园区中心、廊下的先进农业技术，打造为田园五镇农业提供品牌推广、教育培训、技术支持等服务的综合服务核心，以及辐射全国的农业技术交流平台。“一链”为产业复合链，沿漕廊公路形成包括种源培育、创业服务、产后处理、食品加工、物流电商、休闲体验等资源集聚、景观丰富、种类繁盛、体验多样的复合产业链。“五基地”为林下经济示范基地、食用稻米生产基地、农业创新创业基地、循环生态种养基地、健康食品产业基地，结合廊下产业优势和发展定位，围绕片区主题调整农业生产结构和招商引资。

农用地功能区布局：在镇域范围内划定粮食生产功能区、蔬菜生产保护区和特色农产品优势区。在本区永久基本农田范围内，选择具有一定规模、基础设施良好、生产经营水平和组织化程度高且相对集中连片的粮田划定粮食生产功能区 3 片，保护区保护地块面积约 0.56 万亩（约 373.3 公顷）。集中建设一批蔬菜绿色高效生产基地，划定蔬菜生产保护区 5 片，保护区保护地块面积约 1.19 万亩（约 793.3 公顷）。划定特色农产品优势区 1 片，优势区保护地块面积约 0.14 万亩（约 93.3 公顷），未来将重点发展特色果蔬种植，引导乡村旅游项目向此区域集聚。

设施农用地规划：规划设施农用地总规模 152.5 公顷，严格落实设施农用地建设要求，规范设施农用地手续办理，加强设施农用地监管与执法，促进全镇农业产业化、现代化，实现传统农业向现代农业转变，加快产业结构调整进程，促进设施农业健康有序地发展。

资料来源：上海市金山区人民政府、上海市规划和自然资源局，《金山区廊下镇国土空间总体规划（2023—2035）（含近期重点公共基础设施专项规划）法定文件》。

1.3.6 建设用地布局

乡镇国土空间总体规划中的建设用地布局是规划的关键环节，需要综合考虑经济、社会、环境等多方面因素，细化落实上位国土空间总体规划的内容和要求，对乡镇域内的建设用地进行统筹安排，具体明确城镇建设用地、村庄建设用地、区域交通设施用地、区域公用设施用地和其他建设用地等各类建设用地规模、布局。

在建设用地布局中，需要落实底线约束，明确永久基本农田保护红线、城镇开发边界、生态保护红线三条控制线的边界，根据乡镇的实际情况和发展需要，确定建设用地的范围。乡镇国土空间总体规划中的建设用地布局需要合理安排居住用地、工业用地、公共服务设施用地等建设用地的结构和比例，具体确定各类建设用地的布局，考虑地形地貌、交通条件、环境因素等，优化建设用地的空间分布，满足乡镇发展和居民生活的需求。

在建设用地布局中，应正确理解“城镇开发边界”的内涵，合理确定建设用地总规模。城镇开发边界作为空间治理的一种重要政策工具，不能简单理解为建与不建的空间分界线。城镇开发边界作为国土空间管理的政策手段，不只是指物理意义上的空间边界，而是指一整套管理的措施。空间边界内与外会有不同的空间管理目标，制定和施行的管理规则因而各有不同。之所以不能用建与不建作为区分城镇开发边界内外的标识，在于界线内外其实都存在建设活动，只是对建设方式的要求内外有别，城镇开发边界的政策包里，应有对内对外怎样建、怎样管的系列规则，体现全域统筹，使城乡空间发展更加有序有度[1]。

案例

上海市青浦区练塘镇建设用地布局与减量化规划

扫码了解以下内容：
练塘镇近期减量化方案布局图

练塘镇位于上海市青浦区西南部，地处上海市与浙江省交界处，是淀山湖世界级湖区的重要组成部分。至 2016 年，练塘镇人均建设用地为 267 平方米，较 2010 年上升约 9.6%，与其他街镇相比，练塘镇建设用地集约化程度相对偏低，且近几年建设用地增长幅度远高于人口增长。《青浦区练塘镇城镇总体规划（2010 年新编版）》规划建设用地总规模控制在 1 435 公顷，但 2014 年练塘镇实际建设用地规模达到 1 623 公顷，超出原总规控制要求，建设用地减量化任务紧迫。

《青浦区练塘镇总体规划暨土地利用总体规划（2017—2035）》通过建设用地减量化潜力摸底、落实上位规划要求，划定城市

1. 张兵，林永新，刘宛，等 . 城镇开发边界与国家空间治理：划定城镇开发边界的思想基础［J］. 城市规划学刊，2018（4）：16-23.

开发边界的同时，划定现状已建区，规划新增区、限建区。其中现状已建区面积共1 056公顷，包括城市开发边界内480公顷，城市开发边界外576公顷，规划新增区均为通过对城市开发边界外的建设用地减量化获得新增建设用地区域，面积约344公顷，其中城市开发边界内217公顷，城市开发边界外127公顷，另有45公顷未落地机动指标未来用于农村旅游休闲用地建设。规划针对练塘镇建设用地存在的“指标倒挂”现象，根据新增规模以及减量化潜力调查，制定面积约609公顷的减量化目标，其中近期减量化目标约360公顷。近期减量化方案预计在5年内实现，考虑到减量化压力相对较大，本次规划建议青浦区相关部门应逐步完善村庄迁并和村民集中安置等政策机制，以有效推动减量化方案实施。

资料来源：上海市青浦区人民政府、上海市规划和国土资源管理局，《青浦区练塘镇总体规划暨土地利用总体规划（2017—2035）（含近期重点公共基础设施专项规划）》。

1.3.7 综合交通体系

乡镇国土空间总体规划中综合交通体系规划的内容主要包括：①落实上位国土空间规划及相关专项规划要求，明确落实公路、铁路、机场、航道等区域性交通基础设施布局和廊道控制要求；②提出乡镇域交通发展目标和策略，完善乡镇域道路网布局，明确道路等级、走向；③结合城乡居民点和产业空间布局，衔接区域性公共交通体系与设施布局，明确乡镇域重要农村公路、公共交通线路及公交站（点）布局安排，促进城乡公交一体化。

在进行综合交通体系规划时，应注重将交通规划总体思想从传统交通规划倡导的“供需平衡”向“刚性管控”或“半刚性管控”转变；从偏重于工程技术、规范标准的技术类规划，向着眼于空间发展策略、导向和管控的政策型规划转变；注重城镇开发边界内外的交通协调，在规划方法上从传统的交通需求预测方法，向综合运用多学科理论方法、大小数据相结合提升决策科学性的方向转变[1]。

1. 石飞. 国土空间规划体系下的交通协同规划思考［J］. 城市规划，2022，46（2）：79-83.

案例

广东省开平市赤坎镇综合交通规划

扫码了解以下内容：
赤坎镇镇域综合交通规划图

赤坎镇位于广东省珠江三角洲西南部经济开发区内，地处开平市中部的潭江之滨，毗邻开平市三埠，距开平中心城区 12 千米。规划研究报告中综合交通规划分为对外交通规划、城镇道路交通系统规划、道路交通设施规划三部分，集合为一张镇域综合交通系统规划图。

对外交通规划：镇域形成“一高一铁一轻轨”的对外交通体系，构建环湾地区快速通道，打造华侨文化区门户枢纽。“一高”指中开高速（在建），是联系中山和开平的高速通道，在赤坎镇沙溪村设有赤坎互通立交。“一铁”指深茂铁路（在建），通往中山、深圳等珠三角地区重要城市，在开平设有高铁站。“一轻轨”指江恩城际轻轨（规划中），在赤坎镇设有轻轨站。

城镇道路交通系统规划：规划城镇道路网分为主干道、次干道和支路三个层次，镇域形成“一横一纵”的交通性主干道和“两环多射”的生活性主干道。“一横”为规划 325 国道改线（远期），“一纵”为美堂大道。“两环”包括外环和内环，外环为现状 325 国道、赤坎大道组成的环道，内环为古镇大道，“多射”为古镇大道、777 县道、557 县道多条连接古镇和其他地区的东西向放射性道路。

道路交通设施规划：城市停车以配建停车为主，公共停车为辅。公共建筑配建停车场库在满足自身需求的前提下，其停车位应尽可能向社会开放，提高利用率。规划在镇域内多个节点设置社会公共停车场，每个停车场服务半径 200 ~ 300 米，最大不超过 500 米，规划布置公共加油（气）站 3 个。

资料来源：赤坎古镇文化旅游开发建设管理委员会、开平市赤坎镇人民政府、广州市城市规划勘测设计研究院，《开平市赤坎镇总体规划（2016—2035）研究报告》。

1.3.8　市政基础设施

乡镇国土空间总体规划中的市政基础设施规划的主要内容为，落实上位规划确定的区域基础设施和廊道的空间布局和防护要求，结合现状市政公用设施布局，按照“城乡一体、共建共享”的原则，明确乡镇域各类市政基础设施的建设目标，预测供水、排水、电力、电信、燃气、供热、环卫等需求总量，确定各类设施建设标准、规模和布局，落实各类管线的位置、廊道宽度和控制要求。

案例

扫码了解以下内容：
南庙镇镇域基础设施规划图

江西省宜春市袁州区南庙镇市政基础设施规划

南庙镇位于距宜春市中心城区南郊 12 公里处，与明月山温泉风景名胜区接壤，东连新坊镇，南接洪江镇，西接温汤镇，北邻宜春市中心城区。规划研究报告中的市政基础设施规划包括给水工程、排水工程、供电工程、通信工程四部分，形成一张镇域基础设施规划图和六张分系统规划图。

给水工程规划：南庙镇规划用水由宜春中心城区给水管网接入。新集镇南侧规划一个自来水厂，老集镇自来水厂保留。镇域发展条件较好的村应设置相应规模的供水净化设施，根据资源共享的原则，建议相邻村可共用供水设施，水源按就近原则取水。到 2035 年全镇自来水普及率达 100%。

排水工程规划：规划采用雨污分流制，镇区和各村庄均建设污水管网，收集并经无害化处理后，方可排入自然水体。镇区建设雨水管渠就近分散排入自然水体或低洼处。各村庄雨水顺路面或路侧明沟排出。

供电工程规划：规划在心田村新建一座 220 千伏变电站，引入 1 条 220 千伏高压线，从此站新增 10 千伏中压线路，与南庙主线连接，贯穿南庙镇各联络线。220 千伏线路高压走廊宽度为 38 米。

通信工程规划：规划在南庙新老集镇镇区增加电信光纤插入点。规划在南庙镇的新老集镇各增加一个邮政所，其他基层村实现各个村都有邮政代办点。规划期末南庙镇有线电视普及率达 100%，实现有线电视村村通，有线电视数字化，规划有线电视线路与其他通信线路共沟建设。

资料来源：宜春市袁州区南庙镇人民政府、中国建筑科学研究院有限公司，《宜春市袁州区南庙镇总体规划（2018—2035）研究报告》。

1.3.9　公共服务设施

乡镇国土空间总体规划中公共服务设施规划应分析公共服务设施现状及存在问题，统筹考虑规划期末乡镇人口规模和需求，结合城乡生活圈构建要求，提升乡镇政府驻地的区域中心服务能力，推进城乡基本公共服务均等化，分级分类确定公共管理、文体教育、医疗卫生、社会福利和商业服务等乡村公共服务设施配置原则，结合实际情况提出设施的位置、数量和建设标准。

公共服务设施规划时应重点考虑村镇公共服务设施的类型和协同布局。比如，可将公共服务设施划分为公益性设施和经营性设施，也可将其划分为职能型（作为政府职能在村镇地区延伸的公共服务类型）设施、自治型（能依靠市场机制，需独占服务产品使用权的服务，像村镇地区的文体以及其他公共事务）设施、保护型（不能依赖市场机制，也不能独占服务产品使用权的服务，像低保服务和伤残服务等方面的服务）设施、专业型（以专业技术支撑，能够依赖市场机制，而不能独占使用权的服务，例如教育和医疗方面的服务）设施、运营型（可以依托市场机制，实现社区对服务产品的共有使用权，比如便民利民的商业服务等类型的服务）设施等。在配置公共服务设施中，政府迫切要做到的是抓紧做好那些与村镇居民民生息息相关的公共服务（医疗卫生和基础教育），其他类型的公共服务则重在做好协调发展。在具体布局时不一定采取严格的等级规模和体系化的方式来配置设施，而是根据公共服务设施的空间布局、服务质量、居民出行方式、居民公共选择的习惯特点来灵活确定公共服务设施的配置方式[1]。

案例

上海市奉贤区庄行镇公共服务设施规划

扫码了解以下内容：
庄行镇镇域公共服务设施规划图

庄行镇位于上海市奉贤区西部，东接奉贤新城，北枕黄浦江，与闵行隔江相望，是奉贤新江南水乡呈现地、宜居宜业的特色小镇。

《上海市奉贤区庄行镇国土空间总体规划（2021—2035）》提出按照“区域级—镇级—社区级”三级配置公共服务设施体系，包括行政办公设施、文化设施、体育设施、医疗卫生设

1. 耿健，张兵，王宏远．村镇公共服务设施的“协同配置”：探索规划方法的改进［J］．城市规划学刊，2013（4）：88-93.

施、教育科研设计设施、文物古迹、其他公共设施、基础教育设施、社区商业设施和村级公共服务设施10类，分别提出规划并解释指标测算依据。以村级公共服务设施为例，按照各村庄等级和服务职能，对乡村基本生活圈公服配置进行分类引导，具体分为改造利用、功能完善型、重点提升型三种类型。

改造利用型：对于限制发展村的公共服务设施不再予以新增，引导村庄内公共服务设施以保留或更新改造为主。

功能完善型：对一般发展村和必配型设施不完善的村庄，引导村庄内公共服务设施以必配型设施为主，并结合各村实际情况，合理选配品质提升型设施，完善村庄公共服务设施。

重点提升型：对重点发展行政村，引导村庄内公共服务设施以必配和品质提升型设施为主，另可根据村庄自身发展需求增设其他类型公共服务设施。

资料来源：上海市奉贤区人民政府、上海市规划和自然资源局，《上海市奉贤区庄行镇国土空间总体规划(2021—2035)》。

1.3.10 安全韧性防灾

国土空间综合防灾规划应树立安全防灾的刚性底线思维，构建由灾害风险区划、防灾分区、防灾廊道、主要防灾空间等空间要素组成的国土空间防灾安全格局，加强对灾害风险源及相关用地的规划用途管制和灾害治理，将国土空间综合防灾规划关键指标作为国土空间规划指标体系的重要组成部分，将防灾减灾规划要点作为国土空间规划编制审查和实施监督的要点。

同时，国土空间综合防灾规划应坚持平灾兼顾、平灾结合的理念，强化防灾空间和防灾设施用地通常与生态空间、农业空间和城镇空间相互共用。如：生态空间、农业空间常常具有灾害缓冲、灾害隔离空间的功能；城镇空间的绿地、广场、地下空间、交通设施和公共服务设施等在紧急情况下可承担应急保障服务功能。因此，应统筹提升防灾空间和防灾设施的公共服务功能，同时增强公共服务设施和基础设施的防灾功能，平灾结合，提高国土空间的综合防灾效能[1]。

具体来看，乡镇国土空间总体规划中安全韧性防灾规划的内容主要包括：①基于灾害风险评估，确定主要灾害类型，明确防灾减灾目标和设防标准；②明确乡镇

1. 戴慎志，刘婷婷，高晓昱，等. 国土空间防灾减灾规划编制体系与实施机制［J］. 城市规划学刊，2023（1）：48-53.

域内防洪排涝、抗旱、抗震、消防、人防、防疫、地质灾害防治等各类重大防灾设施标准、布局要求与防灾减灾措施，适度提高生命线工程的冗余度，构建韧性可靠的乡村安全体系。

此外，安全韧性防灾规划还应包括加强危险源规划控制和邻避要求。针对乡镇域内已有易燃易爆设施、危化品生产、存储区域和运输等危险源，要加强研究论证，优化空间布局，落实安全防护要求。对于地质灾害风险区，应严格控制新增建设用地，对保留村庄居民点提出工程治理要求与安全保障措施。

案例

扫码了解以下内容：
冉堌镇镇域综合防灾规划图

山东省菏泽市定陶区冉堌镇综合防灾规划

冉堌镇地处菏泽市定陶区的东南部，距菏泽市中心城区 16 公里，是定陶区的重点发展城镇，交通区位优势明显。规划研究报告中的综合防灾规划包含防洪排涝规划、抗震工程规划、人防工程规划、消防规划四部分内容，集合为一张镇域综合防灾规划图。

防洪排涝规划：防洪标准规划按 20 年一遇标准设防；排涝标准规划按 5 年一遇标准设防。

抗震工程规划：规划人均避震疏散面积不低于 1.5 平方米。抗震设防烈度为 7 度；在镇区结合绿地、公园、学校、广场等设施布置避难场所；防震避灾人口主要就地疏散，疏散场地为城镇公园、绿地、运动场、广场等空地。城镇主、次干道为人员疏散和物资运输、救援的主要通道。

人防工程规划：人口疏散比例按 50% 计，并按人均 1.0 平方米的掩蔽面积标准配套建设人防掩蔽工程。

消防规划：规划设置 1 处标准消防站，占地面积 0.26 公顷。消防用水采取城镇给水管网取水方式。应采用规格统一的地上式布设，消火栓一般沿路设置，间距不应超过 120 米；消火栓建设应与市政供水工程同时设计、同时施工、同时交付使用。结合城镇道路，形成通畅的消防通道，消防通道的间距不大于 250 米，宽度不小于 6 米；长度超过 120 米的尽端式道路设 15 米 ×15 米的回车场或回车道；消防车道的宽度不

资料来源：山东建筑大学设计集团有限公司，《定陶区冉堌镇国土空间总体规划（2020—2035）研究报告》。

应小于 3.5 米，净高不小于 4 米。对镇区内重点消防单位应重点防护，冉堌镇重点消防单位主要有镇政府、医院、学校、汽车站、火车站、变电站、重要的市政设施和商业设施等。

1.3.11 历史文化保护

在不同层次的国土空间规划中，需要结合当地的整体发展水平、自然和文化资源的集中度，细化和识别各类自然与文化遗产的面要素、线要素、点要素空间资源，结合不同层次的规划要求与规划深度，框定结构性要素。其中，面要素主要包括文化遗产与自然遗产资源要素集聚区、国土风貌特色分区等，线要素主要包括各类风景道、文化遗产廊道等，点要素主要包括各类资源保护利用节点和特色城镇节点空间[1]。

在乡镇国土空间总体规划中，则应落实上位规划确定的历史文化保护线，明确控制线内外的建设管控要求，并提出风貌指引。加强历史文化名镇、名村和传统村落保护，挖掘乡土文化、地域文化、民俗文化等特色资源，制定保护、传承策略。

案例

扫码了解以下内容：
朱家角镇镇域文化保护控制线规划图

上海市青浦区朱家角镇文化保护控制线规划

朱家角镇位于上海淀山湖的东岸，北临昆山市，西望苏州吴江区。朱家角镇拥有上千年的历史和深厚的文化积淀，特色包括清幽古朴的水乡风貌、保存完整的明清建筑群落、生活气息浓厚的传统街巷、民风淳朴的传统小镇等方面。《青浦区朱家角镇总体规划暨土地利用总体规划（2017—2035）》除了提出划定与落实历史文化保护线、文物保护单位、历史文化风貌区等要素外，还在镇域尺度划定自然文化景观控制线与公共文化服务控制线，积极保护全域历史文化资源。

（1）自然文化景观控制线

规划将镇域范围内五个特色乡村的村庄风貌保护控制范围纳入自然文化景观控制线内，分别为淀峰村、淀山湖一村、安庄村、张马村和王金村，自然文化景观控制线内面积 388.7

1. 白晶，许闻博，孙昊，等. 国土空间规划中的自然与文化遗产保护利用规划探索. 城市规划学刊，2022（S1）：219-224.

公顷。另外，安庄村、张马村、王金村范围内有保留下来的圩田景观，圩田景观反映出江南地区农耕水利的先人智慧，代表了农耕文明的繁茂昌盛，是江南水乡村落地区村庄的历史记忆和特色景观。规划对该类地区的水乡村落格局进行整体保护，包括进入村庄的路径，河道水系的水面与岸线，村庄院落与河道、街巷的空间关系，村落传统的江南水乡建筑风貌等。在此基础上配套特色化的生态休闲体验设施，如特色民俗、旅游接待、特色商业餐饮等，发展郊野特色旅游休闲功能。利用圩区开发旅游休闲项目，如钓鱼、农业体验和团队训练等。

(2) 公共文化服务控制线

规划中确定的公共文化服务控制线内总面积 3.4 公顷。其中，规划保留老镇内的朱家角影剧院，并在新镇中心位置新增 1 处占地 1.8 公顷的文化设施，作为新镇的文化活动中心。

资料来源：上海市青浦区人民政府、上海市规划和国土资源管理局，《青浦区朱家角镇总体规划暨土地利用总体规划 (2017—2035)（含近期重点公共基础设施专项规划）法定文件》。

1.3.12　国土综合整治

2012 年以后，“大力推进生态文明建设”的战略决策和“山水林田湖是生命共同体”理念被先后提出，随着土地资源利用矛盾深化及土地管理方式的转变，以农用地、建设用地等分散地类为整治对象的土地整治已难以满足新时代的发展要求，土地整治逐步迈向整体保护、系统修复、综合治理的国土综合整治时代[1]。

国土综合整治是通过全域诊断全空间内的全要素问题，综合整治国土资源利用不当的问题，目标是促进人地关系协调发展，结果表现为空间复合功能的提升。2019 年，自然资源部根据《乡村振兴战略规划（2018—2022 年）》提出“加快国土综合整治”的要求，结合浙江省“千村示范、万村整治”的实践成果，印发《自然资源部关于开展全域土地综合整治试点工作的通知》（自然资发〔2019〕194 号），提出在全国范围内部署全域土地综合整治试点，以科学合理规划为前提，以乡镇为基本实施单元（整治区域可以是乡镇全部或部分村庄），整体推进农用地整理、建设用地整理和乡村生态保护修复，优化生产、生活、生态空间格局，促进耕地保护和土地集约节约利用，改善农村人居环境，助推乡村全面振兴[2]。

1. 金晓斌，罗秀丽，周寅康 . 试论全域土地综合整治的基本逻辑、关键问题和主要关系［J］. 中国土地科学，2022，36（11）：1-12.
2. 中华人民共和国自然资源部 .《自然资源部关于开展全域土地综合整治试点工作的通知》（自然资发〔2019〕194 号）.

乡镇国土空间总体规划中，应按照宜农则农、宜建则建、宜留则留、宜整则整的原则，明确全域土地综合整治的目标任务、整治区域、实施标准、主要内容和空间布局。同时，研究分析农用地、建设用地、后备土地资源开发等整治路径，统筹推进低效城乡建设用地的腾退与复垦、低效林地草地园地整理、现有耕地提质改造和高标准农田建设。

案例

广东省梅州市蕉岭县新铺镇全域土地综合整治

扫码了解以下内容：
新铺镇全域土地综合整治功能分区图

新铺镇地处广东省梅州市蕉岭县南部，位于韩江中游的石窟河畔，历史悠久，是明清时期“粤盐赣米”集散的商贸古镇，也是省级建材专业镇和富硒丝苗米产业园所在地，全镇总面积185.22平方公里，下辖21个行政村，常住人口3.03万人。2020年开展的蕉岭县国土空间总体规划双评价中提出了县域土地整治的目标，对新铺镇提出了工作要求。2021年新铺镇被列为全域土地综合整治国家试点，成为“全域土整＋山水修复”工作开展的重点区域。在镇级国土空间规划与全域土地综合整治实施方案同时推进的总要求下，构建了“三位一体”编制思路，对县级、镇级和村级规划以及全域土地综合整治实施方案进行了衔接和统筹。

新铺镇国土空间总体规划围绕建设“千年古镇·秀美新铺·稻香画廊”的目标，构建“一廊四区”的整治空间格局，在镇域内提出土地综合整治对策。

建设用地整理：围绕“腾挪拓空间，入市兴产业”的整治思路，立足宅基地“三权分置”改革，以腾挪存量地、复垦闲置地、集中宅基地、入市集建地的“四地”模式，加强农村建设用地的整理和开发利用。基于村庄分类结果和入户调查情况，探索制定调整类村庄和空心村“优迁快聚共富安居”方案，推动宅基地改革落地见效。按照“物业赔付、补差安置、奖励引导”的宅基地有偿退出机制，将碎片化宅基地收回农村集体所有，推动分散的自然村向中心村或圩镇集中，改善“有新房没新村”“建新不拆旧”“一户多宅”等问题。

与此同时，结合镇村宅基地、公共服务与基础设施用地、产业用地等需求，实施集体经营性建设用地入市改革。充分利用拆旧复垦、增减挂钩、存量建设用地规模腾挪等政策工具，将农村建设用地整合到潘田产业园。

农业用地整理：新铺镇坚持“数量不减少，质量有提高”的基本原则，遵循“田往水边聚”的整体方向，以调田、汇田、增田、聚田的“四田”模式一体化推进农用地整理。调优农田，优先将滨水连片的耕地纳入永久基本农田保护区，并逐步将其建成高标准农田，有效稳定永久基本农田规模布局，提升耕地质量，改善生态环境；沿河汇田，围绕石窟河、柚树河、石扇河等两岸沿河地区，实施补充耕地、垦造水田等项目，进一步提高了耕地质量和集中连片度；盘活增田，结合撂荒地复耕复种工作，有效增加耕地的耕作面积；流转聚田，改变小农户经营模式，通过小田并大田，聚零为整，有效引导现代化生产要素和经营主体集聚，打造耕地保护集中整治区。规划将 1 400 多块碎片土地整合为 8 块连片农田，以“四田”模式有效破解耕地碎片化、经营分散化、收益低效化等问题，适应发展现代农业和适度规模经营的需要。

生态修复与环境提升：以石窟河、石扇河、柚树河生态修复和碧道建设为引领，修复十里水脉，保护生态空间。紧抓全域土地整治与山水生态修复“双试点”的建设机遇，坚持山水林田湖草沙一体化系统治理，采取自然恢复、辅助修复、生态重塑等措施，规划实施徐溪河生态清洁小流域综合治理、石扇河水生态修复、石窟河水生态修复等多个项目，致力于打造集河流、农田、村庄等多种生态要素的复合功能山水生态系统。

资料来源：广东省城乡规划设计研究院科技集团股份有限公司，《蕉岭县新铺镇国土空间总体规划（2020—2035）研究报告》。

1.3.13　乡镇政府驻地规划

乡镇政府驻地是乡镇的行政、经济、文化和公共服务中心，聚集了乡镇级行政办公设施和主要的商业、文化、教育、体育、医疗卫生和社会福利设施，同时也是乡镇域主要的工业、物流、仓储等生产功能聚集地。

乡镇政府驻地规划需要将乡镇政府驻地建成区及规划扩展区域、邻近各功能组团、重要开发区、工矿区等需要加强用途管制的空间区域纳入乡镇政府驻地范围。在综合考虑自然地理条件、区域交通联系、历史演进规律、行政区划调整和重要设施建设等因素的前提下，确定乡镇政府驻地发展方向，对乡镇政府驻地用地结构、用地布局、住房建设和人居环境、绿化和公共空间作出系统安排，明确红线、绿线、蓝线、紫线和黄线等“五线”管控措施，以及重要交通廊道、公共安全设施等管控要求。

案例

扫码了解以下内容：
廊下镇镇区空间结构规划图、
廊下镇镇区用地规划图

上海市金山区廊下镇镇区规划

廊下镇地处上海市西南，其西、南毗邻嘉兴平湖市广陈、新仓两镇，东接张堰镇，北邻吕巷镇，以漕廊公路、朱平公路等交通道路对外联系，作为上海最西南的小镇，是金山区中部生态绿心，也是“上海后花园”。《金山区廊下镇国土空间总体规划（2023—2035）》提出，镇区功能主要由五个片区构成，分别为田园中庭核心区、魅力田园住区、智慧农谷片区、市民农园片区以及老镇更新片区。

田园中庭核心区：该片区为镇域综合服务核心。结合镇政府周边地块城市更新，重塑小镇风貌，建设文体中心，高规格规划镇区各类公共服务设施，提升人民生活水平。结合镇区东侧现状水面及勇敢河等水系，打造开放共享的中央公园以及配套的慢行系统，延伸至集建区各处重要节点，塑造镇区绿核。

魅力田园住区：完善社区生活圈，提升公共服务水平。新建社区综合养老设施、菜市场等社区服务设施，完善片区支路网及绿道系统，建设高品质公共空间。该片区主要为规划安置社区，通过立面、色彩、景观雕塑、小品、街头标识等内容突出并强化廊下“田园小镇”意象。

智慧农谷片区：结合低效工业用地腾退，根据廊下产业链薄弱环节，针对性引进后端服务及前端研发类企业，紧邻田园中庭片区，结合厂房改造或城市更新，打造田园五镇的农业智核。

市民农园片区：结合低效工业用地腾退及更新，打造具有廊下特色的市民农园，是廊下农业体验的核心区。同时结合青少年综合素质发展示范区建设，支持上海市青少年劳动教育中心营地（金山区青少年实践活动中心二期）建设，打造青少年素质教育及亲子旅游目的地。

老镇更新片区：结合城中村改造，以及廊下大街改造计划，整体改造片区风貌，融入文旅功能，延续街道肌理及空间格局，打造廊下民俗风情街。以廊下大街整体串联起整个镇区两大文旅功能片区。结合城隍庙等历史建筑，局部形成有廊下文化特色的景观节点，改造部分院落，形成移步即景的特色江南水乡小镇标志物。

资料来源：上海市金山区人民政府、上海市规划和自然资源局，《金山区廊下镇国土空间总体规划（2023—2035）（含近期重点公共基础设施专项规划）法定文件》。

1.3.14　单元规划传导

对于乡镇国土空间总体规划与详细规划的编制关系，处理方式有两种。第一种是采取“总规详规一体化”的编制方法，第二种是采取“主导功能分区 + 关键要素控制”的方法。第一种方法的适用范围存在一定局限性，在大镇强镇中适用性差，且审批修改会比较特殊，不利于国土空间规划体系下各层次规划的内容统一。第二种方法能够避免“总规详规一体化”带来的总规修改频次过多的问题，同时填补传统城总规对于控规核心指标传导和管控不足的弊端，亦能很好地与现行国土空间总体规划体系相融合[1]。这种方法在实践中逐渐演进为“城镇单元 + 详细规划引导”的传导方式。

乡镇国土空间总体规划中，需在城镇开发边界内划分城镇单元，采用“城镇单元划分 + 详细规划引导”的规划传导形式，明确城镇单元的单元编号、功能定位、开发强度、基础设施配置、公共服务设施配置等详细规划编制需遵循的管控要求。

城镇开发边界外则根据需要划分乡村单元，以一个或若干个行政村为单位划分单元，同一个乡村单元内的村庄可以多村联编的方式推进村庄规划编制。明确村级

1. 彭震伟，张立，董舒婷，等 . 乡镇级国土空间总体规划的必要性、定位与重点内容 . 城市规划学刊，2020（1）：31-36.

规划应当落实的生态红线、永久基本农田、历史文化保护等约束性指标和要求；明确农村居民点选址、用地和风貌管控等其他需要传导的内容要求。

案例

扫码了解以下内容：
吕巷镇单元划分图

上海市金山区吕巷镇单元规划

吕巷镇位于上海市金山区中西部，东与金山工业区接壤，西与浙江省平湖市新埭镇交界，南与张堰、廊下镇相邻，北与朱泾、亭林镇毗连。作为金山区中部郊野生态圈的重要组成部分，吕巷镇提出努力打造长三角地区的水果度假胜地和上海市城乡统筹示范田园小镇的发展定位。在规划传导方面，《金山区吕巷镇国土空间总体规划（2019—2035）》划分了城镇单元和乡村单元。城镇单元原则上遵循现行控规编制单元边界，共划分4个城镇单元；乡村单元以主要河流和道路为界，共划分4个乡村单元。

城镇单元中，以吕巷镇区单元为例，该单元以居住生活功能为主，用地面积约1.45平方公里。规划文本内容除说明保留、规划、迁建、新建各类公共服务与市政基础设施情况外，还对单元原控规批复、调整情况进行了说明。城镇单元规划附表包括单元总体控制一览表、单元设施规划一览表、单元街坊控制一览表、单元原控制性详细规划地块控制指标表、单元地块局部调整原控制性详细规划地块控制指标表、单元近期重点公共基础设施项目一览表等。

乡村单元中，以现代农业集中发展片区单元为例，该单元以农业生产、居住生活和区域交通等功能为主，用地面积约16.79平方公里。规划文本内容明确了单元内基本农田保护区面积、永久基本农田图斑面积与规划建设用地总规模，并明确："本单元内如需编制下位规划或专项规划，应充分考虑永久基本农田保护的要求，同时严格禁止新增经营类的建设用地规模，对现状建设用地进行减量化。"乡村单元附表包括单元总体引导一览表、单元设施规划一览表、单元街坊控制一览表、单元近期基础设施项目一览表等。

资料来源：上海市金山区人民政府、上海市规划和自然资源局，《金山区吕巷镇国土空间总体规划（2019—2035）（含近期重点公共基础设施专项规划）批后公示稿》。

关键术语

行政区划、乡镇政府驻地、用途管制、村庄规划、规划许可、双评价、规划指标、城镇开发边界、生态廊道、三区三线、全域土地综合整治

思考题

1. 乡镇在我国行政层级中的定位和基本职能分别是什么？
2. 乡镇与街道在行政管理权限、职能等方面的区别是什么？
3. 乡镇政府驻地的主要功能和空间特征是什么？
4. 如何理解乡镇国土空间规划在我国空间规划体系中的定位与作用？
5. 乡镇国土空间总体规划的组织编制主体、审批主体是什么？
6. 乡镇国土空间总体规划的主要内容是什么？
7. 如何理解“城镇开发边界”作为一种空间治理政策工具所发挥的作用？
8. 简述乡镇国土空间总体规划中“建设用地布局”的主要内容，以及应考虑哪些因素。
9. 简述乡镇国土空间总体规划中公共服务设施规划的内容和布局原则。
10. 简述国土空间综合整治的概念内涵与主要内容。
11. 乡镇国土空间总体规划如何与城镇详细规划及村庄规划进行传导衔接？

参考文献

图书和期刊

[1] 白晶，许闻博，孙昊，等．国土空间规划中的自然与文化遗产保护利用规划探索［J］．城市规划学刊，2022（S1）：219-224.
[2] 戴慎志，刘婷婷，高晓昱，等．国土空间防灾减灾规划编制体系与实施机制［J］．城市规划学刊，2023（1）：48-53.
[3] 邓红蒂，袁弘，祁帆．基于自然生态空间用途管制实践的国土空间用途管制思考［J］．城市规划学刊，2020（1）：23-30.
[4] 国家统计局．2023 中国统计年鉴［M］．北京：中国统计出版社，2023.
[5] 耿慧志，胡淑芬，徐烨婷，等．乡村建设规划许可实施的难点、问题和完善策略［J］．城市发展研究，2020，27（2）：46-53.
[6] 耿慧志，李开明．国土空间规划体系下乡村地区全域空间管控策略：基于上海市的经验分析［J］．城市规划学刊，2020（4）：58-66.
[7] 耿健，张兵，王宏远．村镇公共服务设施的“协同配置”：探索规划方法的改进［J］．城市规划学刊，2013（4）：88-93.
[8] 黄建红．三维框架：乡村振兴战略中乡镇政府职能的转变［J］．行政论坛，2018，25（3）：62-67.
[9] 金晓斌，罗秀丽，周寅康．试论全域土地综合整治的基本逻辑、关键问题和主要关系［J］．中国土地科学，2022，36（11）：1-12.
[10] 李开明，耿慧志．面向国土空间规划体系的农业产业空间管控策略：基于上海市的经验分析［J］．城市规划学刊，2023

(1): 87-95.
[11] 刘盛和，王雪芹，戚伟. 中国城镇人口“镇化”发展的时空分异 [J]. 地理研究，2019，38 (1): 85-101.
[12] 刘彦随. 中国新时代城乡融合与乡村振兴 [J]. 地理学报，2018，73 (4): 637-650.
[13] 刘彦随，陈聪，李玉恒. 中国新型城镇化村镇建设格局研究 [J]. 地域研究与开发，2014，33 (6): 1-6.
[14] 彭震伟，张立，董舒婷，等. 乡镇级国土空间总体规划的必要性、定位与重点内容 [J]. 城市规划学刊，2020 (1): 31-36.
[15] 石飞. 国土空间规划体系下的交通协同规划思考 [J]. 城市规划，2022，46 (2): 79-83.
[16] 宋明爽，王小磊. “镇改街道”研究文献述评 [J]. 山东农业大学学报 (社会科学版)，2018，20 (1): 20-28.
[17] 田川，刘广奇，李宁，等. 国土空间规划体系下“双评价”的实践与思考 [J]. 规划师，2020，36 (5): 15-20.
[18] 王新哲，钱慧，刘振宇. 治理视角下县级国土空间总体规划定位研究 [J]. 城市规划学刊，2020 (3): 65-72.
[19] 韦欣，徐佳. 基层治理改革与县域经济发展: 基于乡镇合并改革的经验证据 [J]. 经济科学，2024 (1): 85-103.
[20] 原野，赵中秋，师学义，等. 基于乡镇地域主导功能定位的农村居民点整理策略研究 [J]. 自然资源学报，2017，32 (12): 2089-2099.
[21] 张兵，林永新，刘宛，等. 城镇开发边界与国家空间治理: 划定城镇开发边界的思想基础 [J]. 城市规划学刊，2018 (4): 16-23.
[22] 赵鹏军，吕迪. 中国小城镇镇区土地利用结构特征 [J]. 地理学报，2019，74 (5): 1011-1024.
[23] 祝立雄，董文丽，李王鸣. 我国城市规划实施评估发展历程、技术特征与演变趋势 [J]. 西部人居环境学刊，2019，34 (2): 67-73.
[24] 朱介鸣. 乡镇在城乡统筹发展规划中的地位和功能: 基于案例的分析 [J]. 城市规划学刊，2015 (1): 32-38.

政策法规

[25] 中华人民共和国国务院. 国务院批转民政部关于调整建镇标准的报告的通知 [EB/OL]. (1984-11-22) [2024-08-13]. https://www.gov.cn/zhengce/content/2016-10/20/content_5122304.htm.
[26] 中共中央办公厅. 中共中央 国务院关于建立国土空间规划体系并监督实施的若干意见 [EB/OL]. (2019-05-23) [2024-08-13]. https://www.gov.cn/zhengce/2019-05/23/content_5394187.htm.
[27] 中华人民共和国自然资源部. 自然资源部关于开展全域土地综合整治试点工作的通知 [EB/OL]. (2019-12-10) [2024-08-13]. https://www.gov.cn/zhengce/zhengceku/2019-12/18/content_5462127.htm.

第 2 章

乡镇域国土空间发展战略

导语

本章内容涵盖乡镇域国土空间发展战略的基本内涵、内容与分析方法，分为四个小节。第一小节是发展战略的基础分析，包括响应宏观发展趋势与国家战略导向、落实主体功能与市县规划要求、识别乡镇的本底特征与问题，以及研判乡镇的发展潜力和挑战等四方面内容。第二小节是发展战略的目标愿景，包括四方面要求：一是有效落实上级传导，统筹本地需求；二是立足现实，遵循科学客观规律；三是城乡融合，协调统筹全域全要素；四是因地制宜，凸显乡镇差异和特色。第三小节是发展规模与指标体系，包括五方面要点：一是科学预测乡镇发展规模；二是体现综合性，突出空间属性；三是兼顾战略性和实施性、刚性与弹性；四是体现空间层级，凸显地方差异性；五是核心指标和一般指标。第四小节是国土空间发展战略，包括发展战略的多情景分析，以及乡镇的差异化发展战略、生态战略、产业战略、城乡融合战略等相关内容。

2.1 发展战略的基础分析

乡镇被称为“城市之尾、乡村之首”，自古以来是联系城市和乡村的最基层的纽带，承担着重要战略功能。乡镇域国土空间的发展战略是指导乡镇域国土空间规划的思路总纲，应在响应宏观发展趋势与国家战略导向、落实国家和省级主体功能要求的同时，兼顾地方的本底特征与问题，发展潜力和挑战。本小节即对上述乡镇域国土空间发展战略的分析思路进行解读。

2.1.1 响应宏观发展趋势与国家战略导向

改革开放以来，我国的乡镇在20世纪80年代后期到90年代初期蓬勃发展，对推动我国工业化和城镇化发挥了重要的作用。进入21世纪后，随着“三农”问题受到国家自上而下的关注，小城镇作为城乡要素流动最直接的传导载体，成为落实新型城镇化、城乡融合发展和乡村振兴等与“三农”发展密切相关的国家战略的空间实施平台。随着当前我国的发展开始从工业文明向生态文明转型，高质量发展已经成为当前宏观环境转型的新要求，创新、协调、绿色、开放、共享成为当前发展的新理念、新方向。乡镇的发展也应该适应当前宏观环境转变的新要求，从传统的粗放发展转向绿色低碳、以人为本、集约节约的精明增长战略方向转变。

近年来，国家发布的一系列政策文件对乡镇战略地位提出了新的要求。2017年2月，中共中央办公厅、国务院办公厅印发的《关于加强乡镇政府服务能力建设的意见》提出以强化乡镇政府服务功能为重点，以优化基本公共服务资源配置为手段，以创新公共服务供给方式为途径，有效提升乡镇政府服务水平[1]。2018年5月发布的《乡村振兴战略规划（2018—2022年）》在“统筹城乡发展空间”章节从强化空间用途管制、完善城乡布局结构、推进城乡统一规划等方面提出策略，强调因地制宜发展特色鲜明、产城融合、充满魅力的特色小镇和小城镇，加强以乡镇政府驻地为中心的农民生活圈建设，以镇带村、以村促镇，推动镇村联动发展[2]。2022年7月发布的《“十四五”新型城镇化实施方案》在“优化城镇化空间布局和形态”章节提出，坚持规模适度、突出特色、强化功能，因地制宜发展小城镇，针对大城市周边小城镇、具有区位优势或独特资源的小城镇、远离城市的小城镇等制定分类引导策略；在“推进城乡融合发展”章节提出，统筹县域城镇和村庄规划建设，通盘考虑土地利用、产业发展、居民点建设、人居环境整治、生态保护、防灾减灾和历史文化传承，实现县乡村功能衔接互补[3]。

2.1.2 落实主体功能与市县规划要求

乡镇国土空间发展战略应落实国家和省级主体功能的要求。我国国土幅员辽阔，不同区域之间自然本底条件和经济社会发展水平具有很大差异，在全国空间

---

1. 中共中央办公厅，国务院办公厅.《关于加强乡镇政府服务能力建设的意见》（中办发〔2017〕11号）.
2. 中共中央，国务院.《乡村振兴战略规划（2018—2022年）》，2018.
3. 国家发展改革委.《“十四五”新型城镇化实施方案》（发改规划〔2022〕960号）.

格局中承担的主体功能也不同。城镇化地区、农产品主产区和重点生态功能区由于主体功能不同，其发展和保护的首要任务和重点内容也不同，开发模式和强度也相应有所差异。确定乡镇空间发展战略目标需要明确乡镇所处县市的主体功能，通过对主体功能在乡镇层面的进一步深化细化研究，识别乡镇在县市中的定位和主体功能，明确乡镇空间发展的目标和战略任务。除了所处区域的主体功能之外，乡镇国土空间发展战略还需要综合考虑乡镇在区域中的定位，落实区域对乡镇的发展要求。因此，乡镇的战略要落实区域、市、县等上级规划的刚性要求和战略指引。

表 2-1　不同主体功能区的内涵、功能定位和发展方向

主体功能区类型	内涵	功能定位	发展方向
优化开发区域	优化进行工业化城镇化开发的城市化地区	提升国家竞争力的重要区域，带动全国经济社会发展的龙头，全国重要的创新区域，我国在更高层次上参与国际分工及有全球影响力的经济区，全国重要的人口和经济密集区	优化空间结构、城镇布局、人口分布、产业结构、发展方式、基础设施布局、生态系统格局等
重点开发区域	重点进行工业化城镇化开发的城市化地区	支撑全国经济增长的重要增长极，落实区域发展总体战略、促进区域协调发展的重要支撑点，全国重要的人口和经济密集区	统筹规划国土空间，健全城市规模结构，形成现代产业体系，提高发展质量，完善基础设施，保护生态环境，把握开发时序
限制开发区域（农产品主产区）	限制进行大规模高强度工业化城镇化开发的农产品主产区	保障农产品供给安全的重要区域，农村居民安居乐业的美好家园，社会主义新农村建设的示范区	加强土地整治，优化农业生产布局和品种结构，提高粮食主产区生产能力，加强农业基础设施建设，以县城为重点推进城镇建设和非农产业发展等
限制开发区域（重点生态功能区）	限制进行大规模高强度工业化城镇化开发的重点生态功能区	保障国家生态安全的重要区域，人与自然和谐相处的示范区。分为水源涵养型、水土保持型、防风固沙型和生物多样性维护型四种	以保护和修复生态环境、提供生态产品为首要任务，因地制宜地发展不影响主体功能定位的适宜产业，引导超载人口逐步有序转移
禁止开发区域	禁止进行工业化城镇化开发的重点生态功能区	我国保护自然文化资源的重要区域，珍稀动植物基因资源保护地	依据法律法规规定和相关规划实施强制性保护，严格控制人为因素对自然生态和文化自然遗产原真性、完整性的干扰，严禁不符合主体功能定位的各类开发活动，引导人口逐步有序转移，实现污染物“零排放”，提高环境质量

资料来源：中华人民共和国国务院 .《国务院关于印发全国主体功能区规划的通知》(国发〔2010〕46 号).

案例

辽宁省海城市腾鳌镇主体功能区规划

在辽宁省主体功能区划分中，海城市被列为重点开发区域，位列鞍山市域重点开发区域，其功能定位为重点进行工业化城镇开发的地区。加强产业配套能力建设，增强吸纳产业转移和自主创新能力，引导限制开发区域发展特色产业，限制不符合主体功能定位的产业扩张。

在辽宁省城镇体系规划纲要中，腾鳌镇被定位为辽宁省重点镇、新型工业化小镇。对重点镇主要职能指引是：以产业结构调整促进重点镇发展，引导农产品深加工企业在重点镇布局，发展服务业，为乡村旅游做好配套；加强市政基础设施和公共服务的财政支持力度，为重点镇对接周边大城市创造有利条件，同时增强为周边农村提供服务能力。

落实辽宁省主体功能区战略，海城市作为辽中高质量发展核心区，定位为城市发展区，实现扩展发展。腾鳌镇定位为东北经济振兴的新引擎、辽宁新型工业化示范镇、鞍辽海先进制造转型示范区、鞍山市城市功能南移承载区、海城市副中心城镇。

资料来源：辽宁省城乡建设规划设计院有限责任公司，《海城市腾鳌镇国土空间总体规划（2021—2035）研究报告》。

2.1.3 识别乡镇的本底特征与问题

乡镇国土空间发展战略应在落实上级战略的同时，兼顾地方发展的需求，形成融合国家意志与地方发展的综合蓝图。我国乡镇单元数量众多，其资源禀赋、发展阶段以及城镇化水平等都有较大的差异性。乡镇单元自身复杂的多样性和差异性，决定了其空间战略目标需要因地制宜地考虑乡镇的实际情况和具体特征综合制定。

乡镇国土空间规划应当加强本底评价、现状评估与风险评估，作为战略制定的基础。首先是自然地理格局评价，在县级资源环境承载力评价和国土空间开发适宜性评价（双评价）的基础上，根据需要因地制宜增加评价要素或对县级结果进行深化，识别乡镇的资源特征、底线约束和本底问题。其次是乡镇发展的现状评估和风险评估，通过对乡镇国土空间开发保护利用现状的数量、质量、结构、布局、效率等的评估，结合现行空间类规划的实施评估，分析乡镇发展的阶段特征，识别各类规划之间的冲突与矛盾，总结乡镇国土空间开发的特征、成效与问题，明确乡镇未来发展的诉求。

案例

辽宁省大石桥市水源镇本底特征与问题识别

规划研究报告从特色优势和国土本底两方面识别水源镇发展的本底特征。其中，特色优势包括交通和生态区位、文化历史脉络、物产资源与产业实力；国土本底包括自然基底、生态保护情况、河流水系，以及地类底图底数。

通过规划评估与问题梳理分析水源镇发展的不足。规划评估包括对原土地利用总体规划、城乡总体规划实施评估，灾害风险评估，以及国土空间双评价；问题梳理从人口流动与老龄化、民生设施与公服配套、产业经济等方面进行。通过上述评估和梳理可知：水源镇耕地保护任务紧张，建设用地指标急需盘活；空心村、老龄化对劳动结构和文脉延续带来冲击；公共服务配套和基础设施缺乏；产业经济急需转型升级。

由此得出水源镇战略发展的几大核心问题：新背景要求下的水源产业如何转型？如何重拾水源大米品牌引导一产？如何有序引导文旅产业融合锦上添花？围绕这些核心问题，将水源镇发展定位为辽河流域的优质品牌农业科技示范镇，辽河口的营盘都市休闲后花园，大石桥市的工业加工、石化循环经济产业强镇。

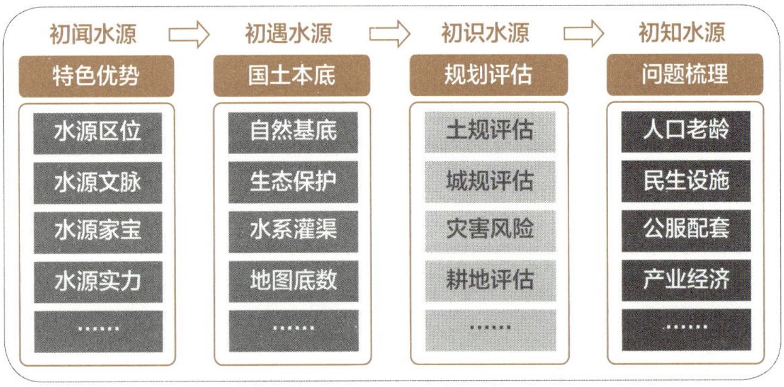

图 2-1　水源镇本底特征与问题分析思路

资料来源：辽宁省城乡建设规划设计院有限责任公司，《大石桥市水源镇国土空间规划（2021—2035）研究报告》。

2.1.4　研判乡镇的发展潜力和挑战

在确定乡镇发展战略的过程中，还需要结合宏观环境变化、区域协调政策和城乡融合发展趋势等外部条件的分析，研究乡镇国土空间保护与开发利用的变化趋势、发展的动力与潜力以及面临的挑战。

正确分析乡镇的发展潜力和挑战，是确定乡镇发展战略和进行土地及空间资源配置的重要支撑。与乡镇本底评价、现状评估与风险评估已经形成一套较为完善的定量技术工具相比，对乡镇发展潜力、机遇和挑战的研判主要是基于规划的未来性和不确定性特征，更加侧重逻辑上的定性判断和主观引导。具体而言，包括国际国内双循环转变的形势对边境乡镇产生对外贸易发展的消极影响，重大赛事的举办为乡镇提供公共服务发展的提升机遇，国家产业重大战略对乡镇产业发展方向的引导，等等。

案例

辽宁省大石桥市水源镇区位条件分析

规划研究报告从国家、省域、区域和自身的多重空间层级提出了水源镇发展面临的五大战略机遇。一是国家新要求，2022年中央一号文件提出国际局势动荡之际粮食安全的重要性，明确了保障国家粮食安全的“两条底线”任务，因此必须做优做强一批种业龙头企业，这为作为国家优质粮食生产示范基地的水源镇带来了机遇。二是文旅新契机，党中央作出了整合文化、旅游等部门职责的重大部署，重塑了文化和旅游工作的新格局，文旅融合的体制机制日益理顺，政策法规环境逐步优化，文旅产业迎来发展黄金机遇期，正逐步成为城市和区域经济发展新引擎，为水源镇所处的大辽河生态文化旅游带的构建带来机遇。三是省域新举措，辽宁省全面推进辽河治理，创建辽河国家公园，为生态建设带来机遇，水源镇作为大石桥市西北部门户，并位于辽河国家公园东部入海口处，未来生态、乡村休闲、文旅产业、风貌景观将受到全面带动。四是区域新格局，水源镇位于营盘辽东湾产业高地的核心区，区域形成营口—大石桥—水源“空间金三角”。五是自身新要求和空间新变化，《水源镇“十四五”规划》提出落实乡村振兴战略、加速农村产业融合发展，推动工业高质量发展、基于现有产业基础延长产业链条，发展现代服务业、实现运输物流产业的高速发展，同时水源镇在大石桥市城镇体系中从一般镇上升为重点镇，从工业加工型转为农工农贸型。

资料来源：辽宁省城乡建设规划设计院有限责任公司，《大石桥市水源镇国土空间规划（2021—2035）研究报告》。

2.2 发展战略的目标愿景

乡镇发展战略的目标愿景需要基于宏观和微观、外部与内部相结合的基础分析提出，科学合理的目标愿景能够指导发展规模与指标体系，以及多情景、差异化的生态、产业、城乡融合等战略内容制定。本小节对乡镇域国土空间发展战略目标愿景的制定思路和方法进行解读，包括统筹规划传导与本地需求、立足现实遵循客观规律、协同统筹全域要素以及凸显乡镇特色等内容。

2.2.1 有效落实上级传导，统筹本地需求

在确定目标愿景的过程中，首先是有效落实上级规划的传导要求，同时统筹乡镇发展中的本地需求，并对两者进行协调统筹。

国土空间规划体系强调自上而下地传导，下级规划应落实上级规划中的战略要求，不得突破上级规划的约束性要求和内容，这是规划体系能够有效运行的重要条件。同时，乡镇政府是我国行政体系的基础单元和最接近基层的政府层级，乡镇国土空间规划还应服务于地方发展诉求。因此，乡镇域国土空间发展战略的目标制定首先要统筹自上而下的传导要求和自下而上的发展诉求。通过系统解读上位规划，依据上级规划中对乡镇的定位指引和管控要求，综合评价乡镇发展条件，提出乡镇发展的总体目标。

案例　**辽宁省沈阳市铁西新区新民屯镇发展定位分析**

相关规划研究从沈阳都市圈、沈阳市中心城区、铁西新区和城镇圈多个空间层面分析上位规划对新民屯镇发展的要求，同时根据现状调研、问卷调查与实地访谈总结本地发展需求，结合本地现有资源禀赋，提出总体发展定位与目标。

上位规划要求包括：在沈阳都市圈空间层面，形成新型工业化示范区、东北振兴发展的增长极、沈辽鞍营产业带及城乡资源流动支点；在沈阳市中心城区层面，成为承担沈阳西部发展重任的西部副城区；在铁西新区层面，在空间发展战略规

划中发展为西部产城融合区，在区国土空间总体规划中为产业承接与三产融合示范的西部空间协同区；在城镇圈层面，新民屯镇为综合服务中心、产业引领中心和起步发展中心。

本地发展的核心规划需求：盘活冶金园，注入新产业，管控镇域范围。

现有资源禀赋：农林用地质量较好，建设用地规模控制良好，对外交通便利，市政基础设施条件完备，历史文化丰富悠久。

在以上分析基础上提出新民屯镇的总体发展定位为产业转型升级新高地，科技高效农业示范镇、三产融合引领镇、创新文旅融合引领区、生态复兴先导区。规划确定农业保特色、工业开新局、文旅拓新机的总体发展战略，并从社会经济、资源保护、开发利用、城乡品质、整治修复等五方面提出国土空间确定近远期规划目标。

资料来源：辽宁省城乡建设规划设计院有限责任公司，《沈阳市经济技术开发区新民屯镇国土空间规划（2021—2035）研究报告》。

2.2.2 立足现实，遵循科学客观规律

乡镇域空间发展战略目标的制定要体现科学性、遵循客观规律，在对宏观背景和发展条件深入分析的基础上，合理判断乡镇发展所处的发展阶段和可能的前景，制定切实可行的目标。

在具体制定战略目标时，可采用村委或居委访谈、企业座谈、现场踏勘、资料分析等形式“开门编规划”，积极对接各行政村、村民、企业等主体的诉求，深入调研乡镇当前发展的现状。制定战略目标应立足乡镇现实，摸清生态、建设、耕地、民生等各方面的底数，明确各类土地和空间要素的规模、数量、空间分布，结合科学合理的评估分析，提出未来发展的目标愿景。

案例

辽宁省沈阳市铁西新区新民屯镇战略目标设定

相关规划研究从生态空间、农业空间、建设空间、社会民生、产业经济等方面入手，通过摸清现状、明确底数等为制定目标愿景提供科学支撑。生态空间方面，对接土地利用

总体规划和林斑数据，林地生态空间维系良好，林斑存在冲突。农业空间方面，耕地质量整体良好，但基本农田稳定耕地有所减少，耕地可提升潜力有限，空间分布碎片化，耕地保护任务依然艰巨。建设空间方面，城乡建设用地规模控制良好。社会民生方面，人口外流，人口增长动力不足，老龄化现象严重；作为沈阳西部五镇中心人口集聚度不高，城镇化率较低，村庄空心化现象明显；公共设施和基础设施不完善，区域设施品质有待提升；村庄人均收入水平较低，产业类型单一。产业经济方面，农业产品优质不优价，设施农业产出效能潜力大，土地效能同周边乡镇差距明显，亟待强化；工业空间产出效能较低，总用地集约性差；用地型服务业配套缺乏，旅游业农旅产业处于起步阶段。

确定阶段性的规划目标，需要由高品质空间环境的近期目标，到高能级空间用途的远期目标，再到高效率空间治理的远景目标。到 2025 年，产业融合度明显提升，新产业引入初步落实，工业集中度得到提高；到 2035 年，西部新城中心镇体系职能发挥良好，产业发展空间结构基本形成，文旅产业运营良好，生产空间集约高效。

资料来源：辽宁省城乡建设规划设计院有限责任公司，《沈阳市经济技术开发区新民屯镇国土空间规划（2021—2035）研究报告》。

2.2.3　城乡融合，协调统筹全域全要素

传统乡镇规划存在重点关注镇区、过于强调城镇引领作用的倾向，忽视了全域的统筹以及乡镇与农村间特定问题的解决。当前国土空间规划中的重要命题是“多规合一”和“全域全要素”管控。在“多规合一”方面，强调对传统城乡规划、土地利用规划等的整合，进一步发挥国土空间在保障乡镇发展方面的支撑性、基础性作用。在“全域全要素”管控方面，强调对乡镇域内覆盖的各类土地、空间及发展要素进行统筹安排，在此基础上通过空间规划对各类要素进行科学合理地配置，促进城乡融合和要素之间的流动。

因此，乡镇域空间发展战略要贯彻科学发展观、生态文明等发展理念，协调保护与发展的关系，统筹资源环境保护与社会经济发展，坚持节约集约利用资源，严

控各类刚性安全底线的同时，要体现乡镇域城乡融合的特征，突出全域统筹，重视城乡融合和乡村振兴等国家战略在本层级的体现和落实。

案例

重庆市大足区铁山镇城乡协调发展目标

规划研究中提出要对城镇体系规划进行调整，协调镇域和镇区之间的关系。要在镇区进行核心区的规划建设，镇区规模与人口规模需要作出相应的调整，同时需要重新编制城镇体系规划。在镇区规模改变、升级的情况下，对各个村的规模、职能、定位等重新评估，从而增强各个村相互之间的横向联系，降低城镇体系职能同构现象，充分发挥各个村优势条件，形成合理的职能分工与协作。随着现代农业园区核心区的规划建设，规划需重新考虑镇域内原有的产业布局以及城市基础服务设施的配置，提出相应的镇域发展战略，从而更好地承接镇区定位与功能。

在总体目标上，面向乡村，铁山镇要成为农业发展的引擎；面向城市，铁山镇要成为工业转移的落脚点。由此确立了四个发展目标：①绿色的、清新的、洁净的，发展为环境优美的生态铁山镇；②环保的、高效的、高价值的、可持续的，发展为有经济实力的生产城镇；③有品质的、安全的、舒适的、便利的，发展为生活舒适的生活城镇；④文明的、和谐的、友善的、公正的，发展为有情怀的氛围城镇。

资料来源：辽宁省城乡建设规划设计院有限责任公司，《重庆市大足区铁山镇总体规划（2020—2035）研究报告》。

2.2.4 因地制宜，凸显乡镇差异和特色

大城市周边乡镇的目标愿景除了需要考虑上述内容外，还需要突出城乡融合，强化与大城市各方面的联系，承接大城市不同的产业转移和城市功能，把小城镇的产业发展纳入都市区整体产业发展战略之内，同时通过建设或就近与都市中心共享的形式提升配套设施和服务的品质，吸引人口、产业的不断集聚，最终发展成为大城市功能区的一部分。

常见的乡镇类型有生态型、农业型、特色型、一般型等。

生态型乡镇：目标愿景需要突出乡镇自然生态和资源禀赋特征，处理好保护、利用与发展的关系，加强生态功能维育和生态修复，同时探索如何在生态底线约束之上，实现生态资源的价值转换，将生态价值转变为社会价值和经济价值。

农业型乡镇：目标愿景需要突出农业特色资源和产业优势，创建产品品牌，利用乡镇和农村的天然联系形成完整经济和产业体系，逐步提高农业规模化与现代化、专业化与精细化水平。

特色型乡镇：主要包括工矿类、旅游类和历史文化类等特色，目标愿景的制定要突出特色要素。工矿类乡镇充分发挥产业集聚与规模效应，延伸产业链和提升产业能级；旅游类和历史文化类乡镇应围绕如何盘活生态自然、历史文化等资源要素，探索突破资金匮乏对专业化分工水平提升限制的发展模式，实现基础设施和公共服务供给与配置的整合优化。

一般型乡镇：应重点培育“社会化服务”功能，不以做大产业和人口规模为目标，而以加强公共设施供给度为目标，加大教育、医疗等公共服务设施的投入建设，服务城镇居民及农民的生产生活。以服务功能吸引人口集聚，推进乡镇发展成为农村公共产品供给和配置的组织中心，农村经济的集聚中心和服务中心。

在实际规划应用中，乡镇分类引导的目标愿景通常基于本地特征和需要重点解决的问题综合考虑各类因素，如《北京市乡镇国土空间规划编制导则（试行）》中重点考虑了第二道绿化隔离地区、新城集中建设区周边地区、浅山区等区域要素，将北京市的乡镇分为疏解提升型乡镇、平原完善型乡镇、浅山整治型乡镇、山区涵养型乡镇四类，明确其分布范围、特征、发展与管控指引[1]。《河北省乡镇国土空间总体规划编制导则（试行）》考虑乡镇区位条件、资源禀赋、产业发展、空间特征和生态保护等因素，将乡镇分为城郊服务型、工贸带动型、特色保护型、资源生态型和现代农业型等[2]。类似的，《湖南省乡镇国土空间规划编制指南（试行）》中也将乡镇分为城郊服务型、产业发展型、商贸物流型、现代农业型、文旅融合型、生态保护型和其他特色型，对不同类型乡镇的主导功能、生态保护、产业发展、设施配建、特色风貌和空间治理等提出差异化的要求[3]。

1. 北京市规划和自然资源委员会 .《北京市乡镇国土空间规划编制导则（试行）》，2019.
2. 河北省自然资源厅 .《河北省乡镇国土空间总体规划编制导则（试行）》，2020.
3. 湖南省自然资源厅 .《湖南省乡镇国土空间规划编制指南（试行）》，2020.

案例

江苏省昆山市淀山湖镇产业定位及布局规划

扫码了解以下内容：
淀山湖镇产业空间布局引导图、
淀山湖镇旅游发展引导图

淀山湖镇位于江苏省苏州市昆山市，是昆山旅游度假区的重要组成部分，具备得天独厚的风景资源和旅游功能，在《昆山市城市总体规划（2017—2035年）》中被确定为风景旅游镇。淀山湖镇的总体规划研究报告进一步强调淀山湖镇邻沪临湖的区位优势特征，突出创新创业和生态宜居特征，强化休闲度假产业，确定城镇性质为“邻沪科创度假基地，临湖生态宜居小镇”。

“邻沪科创度假基地”强调充分发挥淀山湖毗邻上海的优势，利用滨湖资源及现有旅游基础，与锦溪镇、千灯镇等错位发展，打造高品质的郊野休闲旅游目的地。将农业、旅游业结合发展，聚焦主题体验度假旅游，形成1+1>2的产业效果，形成淀山湖镇特色旅游品牌。同时发展创新创意产业，在制造业上实现绿色制造、创新转型，成为高效益低能耗的创新制造小镇示范。

在创新产业方面，把握上海市青浦区“一带三中心四社区”创新产业布局带来的发展机遇。通过构建东西向的淀山湖新乐路发展带，可对接青浦新城科创功能集聚区；通过南北向的曙光路可向南对接青浦朱家角地区中心，从而构成科创“新三角”的空间结构。

在旅游产业方面，形成由彩虹湖岸游憩带、滨湖旅游度假区、田园农趣休闲区、湖塘生态旅游区构成的整体结构，注重从创新、科技、网络等方面丰富休闲度假产品内涵。

资料来源：江苏省城市规划设计研究院、江苏省城市交通规划研究中心，《昆山市淀山湖镇总体规划（2018—2035）研究报告》。

2.3 发展规模与指标体系

目标愿景确定后，乡镇域国土空间规划需要在战略层面科学预测乡镇发展规模，在战略目标导向下将目标定位进行指标量化，从而转化为一套可控制、可传导、可实施、可考核的指标体系，为国土空间规划的实施监督和监测预警提供依据。本小节包括发展规模预测，指标体系构建的思路、类型等。

2.3.1　科学预测乡镇发展规模

乡镇域空间发展规模控制的重点是生态保护红线、永久基本农田保护红线和开发边界三条空间资源保护与利用的控制线。前两者刚性较强，主要是对县级划定的生态保护红线和永久基本农田保护红线的规模和用地图斑进行落实划准。乡镇国土空间规划中需要确定城镇建设用地和村庄建设用地规模，划定镇级城镇开发边界和村庄建设边界。

规模预测应针对乡镇特色，合理预判乡镇的所处的发展阶段，在预测时叠加各类因素对规模的影响，对发展型、存量型和收缩型等不同类型的乡镇的规模预测应有不同的侧重。发展型乡镇发展动力足、空间利用潜力大，应引导人口向这类地区集中，城镇开发边界划定中建议适度增量发展、适度提高弹性发展区比例；存量型乡镇发展动力足，但空间利用潜力小，或者发展动力不足，但空间利用潜力大，在存量发展基础上优化空间品质，总体上以微增量发展，适度提高弹性发展区比例；收缩型乡镇发展动力不足，受生态约束大，空间利用潜力小，控制人口导入并通过生态搬迁等逐渐减小规模。

规模预测方法主要有人地协调类预测方法、趋势推断类预测方法和其他预测方法。规模校核方法主要有资源环境承载能力校核方法、以供给引导需求的校核方法和其他校核方法。不同的城镇和村庄建设用地的预测和校核方法都只是基于某一角度的分析，具有各自的优势和缺陷。但乡镇的发展是一个复杂的过程，城镇和村庄建设规模的增减也是一个复杂变化、相互关联的过程，需要从多个角度、多种方法进行综合预测和校核，提升规模预测的科学性。

2.3.2　体现综合性，突出空间属性

乡镇国土空间发展战略指标体系要体现综合性、突出空间属性，面向全域、全类型、全要素，对国土空间开发、保护、利用和修复等进行综合统筹。在国家规划体系中，国土空间规划的定位是为发展规划提供空间保障，同时为其他相关部门的规划提供空间性的约束和指引，因此乡镇国土空间发展战略指标体系也应系统协调原有各部门相关空间性规划的指标体系，并与地方发展规划指标体系有效衔接，体现空间属性。

传统乡镇土地利用总体规划的指标偏向于对各类用地规模的管控，指标体系包括总量指标、增量指标以及效率指标（人均城镇用地）。传统乡镇总体规划的指标体系较广，包括经济指标、社会指标、资源环境指标等各方面，但并不覆盖非建设

用地的相关指标。

在国土空间规划体系下，乡镇域国土空间规划的指标体系需要从全域全要素管控的要求出发，建立较为综合的指标体系。比如，北京市在乡镇国土空间规划编制导则中确定的指标体系包括人口规模、城乡建设用地及建筑规模、非建设用地、资源、市政、公共服务、历史文化以及可选指标共 8 类，并针对每类设置了具体的控制指标（表 2-2）。以城乡建设用地及建筑规模为例，包含了不同管控要求建设用地的面积规模和比例，以及乡镇域建筑规模、拆建比等指标。相关指标的设定充分考虑了北京乡镇发展的阶段与未来导向，并与市政、公共服务等专业管理部门的管控指标对接，形成了特色化的指标体系。

表 2-2 《北京市乡镇国土空间规划编制导则》中的指标体系

分类	指标名称	备注指导性或约束性
人口	常住人口规模（万人）	—
城乡建设用地及建筑规模	城乡建设用地规模（平方公里）	—
	集中建设区内城乡建设用地规模（平方公里）	—
	集中建设区面积占镇（乡）面积的比例（%）	—
	集中建设区外城乡建设用地规模（平方公里）	—
	城乡建设用地减量规模（平方公里）	—
	战略留白用地面积（平方公里）	—
	全乡镇域总建筑规模（万平方米）	—
	集中建设区内规划总建筑规模（万平方米）	—
	集中建设区外建筑规模（万平方米）	—
	拆占比（1∶x）	—
	拆建比（1∶x）	—
非建设用地	生态控制区面积占镇（乡）面积的比例（%）	—
	生态保护红线面积（公顷）	—
	两线三区比例（%）	—
	森林覆盖率（%）	—
	永久基本农田保护面积（万亩）	—
	耕地保有量（万亩）	—
资源	用水总量（万立方米）	—
	清洁能源供热比例（%）	—
	新能源和可再生能源供热比重（%）	—
市政	城乡污水处理率（%）	—
	天然气气化率（%）	—

续表

分类	指标名称	备注指导性或约束性
公共服务	千人医疗卫生机构床位数（张 / 千人）	—
	千人养老机构床位数（张 / 千人）	—
	人均公共文化服务设施建筑面积（平方米）	—
	人均公共体育用地面积（平方米）	—
	建成区人均公园绿地面积（平方米）	—
	一刻钟社区服务圈覆盖率（%）	—
历史文化	全国重点文物保护单位数量（项）	—
	北京市文物保护单位数量（项）	—
	区级文物保护单位数量（项）	—
	中国历史文化名村数量（个）	—
	中国传统村落数量（个）	—
	北京市传统村落数量（个）	—
可选指标	重要江河湖泊水功能区水质达标率（%）	涉及乡镇必填
	绿道长度（公里）	山区涵养型必填
	减量增绿面积（公顷）	疏解提升型必填

资料来源：北京市规划自然资源委 .《北京市乡镇国土空间规划编制导则（试行）》，2019.

2.3.3　兼顾战略性与实施性、刚性与弹性

乡镇国土空间发展战略指标体系要注重兼顾战略性和实施性。在“五级三类”的国土空间规划体系中，乡镇国土空间规划的定位和侧重与国家级、省级和市县级国土空间不同，作为介于总体规划与详细规划之间的总体规划的底层，其最大的特征是实施性。因此既要体现国土空间规划的战略性，同时也要可落地、可操作。

乡镇国土空间发展战略指标体系的构建也要兼具刚性与弹性。刚性主要体现在约束性的指标，重点用于体现用途管制、底线保障等方面的目标，同时体现传导要求，承接上层级规划传导的指标要求。上层级市县国土空间总体规划指标体系中分解传导的约束性指标一定要纳入本级乡镇指标体系中。弹性主要是从地方发展的角度考虑，面向未来发展的不确定性，为地方政府预留空间治理的灵活性，主要体现在以引导为主的预期性指标上。

2.3.4 体现空间层级，凸显地方差异性

乡镇域空间发展战略指标体系的构建要体现空间层级的差异，指标体系需从镇域和镇区两个空间层次考虑。镇域层面主要为需要进行全域管控的指标，包括生态保护红线面积、永久基本农田保护面积、耕地保有量、城乡建设用地规模等。镇域层面的指标多为约束性指标，此外，在镇域层面还需要增加体现城乡融合和农村农业发展的指标。镇区层面主要为体现空间品质类的指标，如人均公园绿地面积、公共服务设施和基础设施配置相关指标。

乡镇域空间发展战略指标体系的建构也需要体现地方差异性。指标体系除了与国土空间规划紧密关联的共性指标，如自上而下分解传导的底线保障方面的约束性指标，还应充分考虑地区发展特色和特征差异，根据地方资源特色和差异化管控的要求，科学、灵活选择个性指标。

案例

乡镇指标体系的空间层级和地方差异性

此处以山东省菏泽市定陶区冉堌镇和辽宁省葫芦岛市建昌县大屯镇的规划指标体系对比，来展示乡镇域国土空间规划指标体系的共性与差异。具体对比见下表。

表 2-3 山东省菏泽市定陶区冉堌镇和辽宁省葫芦岛市建昌县大屯镇规划指标体系对比

指标类型	指标名称	冉堌镇	大屯镇	指标属性	指标层级
底线管控	生态保护红线面积（公顷）	√	√	约束性	镇域
	永久基本农田保护面积（公顷）	√	√	约束性	镇域
	耕地保有量（公顷）	√	√	约束性	镇域
	建设用地规模（公顷）	√	○	约束性	镇域
	城乡建设用地规模（公顷）	√	○	约束性	镇域
	城镇建设用地规模（公顷）	○	√	约束性	镇域
	村庄建设用地规模（公顷）	○	√	约束性	镇域
	林地保有量（公顷）	√	√	约束性	镇域
	河湖水面率（%）	√	○	约束性	镇域
	湿地保有量（公顷）	√	√	约束性	镇域
	自然岸线保有率（%）	√	○	约束性	镇域

续表

指标类型	指标名称	冉堌镇	大屯镇	指标属性	指标层级
底线管控	自然和文化遗产（处）	√	○	预期性	镇域
	新增生态修复面积（公顷）	√	√	约束性	镇域
空间利用效率	镇域常住人口规模（万人）	√	√	预期性	镇域
	户籍人口规模（万人）	○	√	预期性	镇域
	镇区常住人口规模（万人）	√	○	预期性	镇区
	常住人口城镇化率（%）	√	○	预期性	镇域
	国土开发强度（%）	○	√	预期性	镇域
	人均村庄建设用地面积（平方米/人）	√	√	预期性	镇域
	人均城镇建设用地面积（平方米/人）	√	√	预期性	镇域
	人均紧急避难场所面积（平方米/人）	√	○	约束性	镇区
	道路网密度（公里/平方公里）	√	○	预期性	镇区
	低效用地再开发面积（公顷）	√	○	预期性	镇域
城乡品质提升	城乡社区生活圈覆盖率（%）	√	○	预期性	镇域
	人均公园绿地面积（平方米/人）	√	○	预期性	镇区
	公园绿地、广场 5 分钟覆盖率（%）	○	√	约束性	镇区
	人均公共服务设施用地面积（平方米/人）	√	○	预期性	镇区
	公共服务设施 5 分钟覆盖率（%）	○	√	约束性	镇区
	千人医疗卫生机构床位数（张/千人）	√	√	预期性	镇域
	千人养老机构床位数（张/千人）	√	√	预期性	镇域
	生活垃圾无害化处理率（%）	√	√	预期性	镇域
	污水处理率（%）	√	○	预期性	镇域
	村组等级公路通达率（%）	○	√	预期性	镇域
	农村卫生厕所普及率（%）	○	√	预期性	镇域
	村卫生室数量（个）	○	√	预期性	镇域
整治修复	农用地整理面积（公顷）	○	√	预期性	镇域
	建设用地整理面积（公顷）	○	√	预期性	镇域

注：√代表有，○代表无。

资料来源：山东建筑大学设计集团有限公司，《定陶区冉堌镇国土空间总体规划（2020—2035）研究报告》；大屯镇人民政府、辽宁省城乡建设规划设计院有限责任公司，《建昌县大屯镇国土空间总体规划（2021—2035）研究报告》。

2.3.5 核心指标和一般指标

在内容构成上，乡镇域空间发展战略指标体系应以国土调查成果数据为基础，结合基础测绘和地理国情监测成果，收集整理包括自然地理、自然资源、生态环境、人口、经济、社会、文化、基础设施、城乡建设、灾害风险等方面的基础数据和资料，以及上位国土空间规划和相关规划成果、审批数据。在战略目标导向下将目标定位进行指标量化，对指标依据主体或管控目标进行分类，比如可以归类为“底线管控、结构效率、生态保护、要素配置”四大类指标，每大类指标可再细分为各个预期性和约束性的指标项，从而转化为一套可控制、可传导、可实施、可考核的指标体系。

乡镇域空间发展战略指标体系的输出要明确核心指标和一般指标。核心指标是包括全部的刚性传导的约束性指标及需要重点监管的指标，是监测预警和审批监督的重要依据。其他指标，包括空间质量提升或发展引导类指标则属于一般指标。

案例

核心指标和一般指标示例

在盘锦市大洼区唐家镇的相关规划研究中，共提出了包括社会经济发展、资源环境约束、空间利用效率、城乡品质提升、国土整治修复共五大类16个指标。其中生态保护红线控制面积、永久基本农田保护面积、城镇开发边界面积、耕地保有量、城乡建设用地规模、国土开发强度6项指标为核心指标，并都是约束性指标，其余10项指标则为一般的预期性指标。

表 2-4 辽宁省盘锦市大洼区唐家镇发展目标指标体系

类别	具体指标		指标属性
社会经济发展	1	常住人口规模（万人）	预期性
	2	常住人口城镇化率（%）	预期性
资源环境约束	3	生态保护红线控制面积（公顷）	约束性（核心）
	4	永久基本农田保护面积（公顷）	约束性（核心）

续表

类别	具体指标		指标属性
资源环境约束	5	城镇开发边界面积（公顷）	约束性（核心）
	6	耕地保有量（公顷）	约束性（核心）
	7	城乡建设用地规模（公顷）	约束性（核心）
	8	国土开发强度（%）	约束性（核心）
空间利用效率	9	人均农村居民点用地面积（平方米/人）	预期性
	10	人均城镇建设用地面积（平方米/人）	预期性
城乡品质提升	11	城镇人均公园绿地面积（平方米/人）	预期性
	12	城镇人均公共服务设施用地面积（平方米/人）	预期性
	13	城乡千人医疗卫生机构床位数（张/千人）	预期性
	14	城乡生活垃圾无害化处理率（%）	预期性
国土整治修复	15	新增国土生态修复面积（公顷）	预期性
	16	低效用地再开发面积（公顷）	预期性

资料来源：辽宁省城乡建设规划设计院有限责任公司，《盘锦市大洼区唐家镇国土空间总体规划（2021—2035）研究报告》。

2.4 多情景分析下的不同发展战略

在目标愿景的整体指导和指标体系的具体控制下，乡镇域国土空间发展战略应探讨不同的情景方案下可能的国土空间开发保护格局，并在多情景对比分析后确定最终的发展战略方向，进而提出生态、产业、城乡融合等方面的具体战略措施。本小节对乡镇域国土空间发展战略的多情景分析以及不同维度战略的内容进行解读。

2.4.1 发展战略的多情景分析

情景分析是一种应对发展不确定性、进行多个预案的系统分析的规划方法。国外情景分析方法在城市规划中的应用主要在城市空间拓展及生态效应评估、环境变化与社会变革应对、规划政策评估与公众参与三个主要领域[1]。国外情景分析方法在城市规划中的应用领域对空间规划布局更加关注，主要集中在基于战略的空间方案生成、基于专项研究的空间要素评价、针对规划方案的绩效评价等方面[2]。情景规划分析过程可分为识别关键事件及其趋势、关键变量分类、识别关键驱动力、建立情景生成逻辑、情景构建、情景应用、情景评估等步骤[3]。

基于乡镇本底特征与问题的基础性评估及国土空间开发保护的适宜性评价，可能会产生一些多宜性空间。在制定具体的空间发展战略时，可应用多情景分析的方法，从生态保护、农业发展、城镇建设等角度出发，建构不同的发展情景，并进行重点差异化的战略多情景比较分析，探讨不同的情景方案下可能的国土空间开发保护格局，在对不同方案进行优劣势对比后确定最终的发展战略方向。

2.4.2 乡镇的差异化发展战略

统筹区域整体格局，首先要在区域层面对乡镇的发展战略进行差异化和特色化引导。比如在战略研判和基础评估分析的基础上，划分发展型、存量型和收缩型乡镇，限制部分衰退收缩乡镇的发展，合并优化部分乡镇，减少数量，提高规模，扩大乡镇服务的辐射范围，实现乡镇的数量、规模和布局的合理化。

其次，根据乡镇特色要素，对不同的乡镇发展进行引导。不同的乡镇在城乡统筹、生态保护、产业赋能等不同维度发展战略的侧重各异。比如，在《湖南省乡镇国土空间规划编制指南（试行）》中，将乡镇划分为城郊服务型、产业发展型、商贸物流型、现代农业型、文旅融合型、生态保护型和其他特色型，明确了各类型乡镇的特征，并提出了相应的发展指引。

表 2-5 《湖南省乡镇国土空间规划编制指南（试行）》中的“特色引导”

乡镇类型	特征	发展指引
城郊服务型	位于市县城区周边、与城区联系紧密、涉及市县城市开发边界的乡镇	重点考虑城乡产业融合发展、基础设施互联互通、公共服务共建共享；产业发展以服务周边市县城区为主，主动承接城市外溢功能；因地制宜发展农业观光、近郊休闲旅游等绿色产业，满足城市休闲、消费需求；建筑风格、高度应与毗邻城区相协调，强化门户节点和重点区域的建筑群落和景观环境设计，体现视觉品质

1. 窦寅，张尚武 . 情景分析在城市规划中的应用：基于 1991—2020 年文献计量的研究综述与展望［J］. 国际城市规划，2024，39（2）：55-64.
2. 吴一洲，游和远，陈前虎，等 . 基于多维 GIS 情景分析的战略规划技术研究［J］. 城市规划，2014，38（10）：35-43+58.
3. 郑迪，吴志强 . 大都市战略制定中的情景分析方法［J］. 国际城市规划，2022，37（4）：92-102.

续表

乡镇类型	特征	发展指引
产业发展型	涉及现代制造和产业园区的，且经济发展较好、产业优势和特色明显，对周边乡镇和村庄有一定辐射和带动作用的乡镇	重点考虑巩固现有优势产业，充分发挥产业园区的集聚带动效应，拓展上下游产业；处理好乡镇与产业园区的关系，引导工业企业向产业园区集中，盘活低效闲置土地，适当提高工业用地占比，注重产业配套居住，促进产城融合；完善与产业发展相适应的教育、培训、医疗等公共服务配套设施；强化与区域航空、铁路、公路、港口等交通网络联系，打造高效便捷的交通、物流通道；住宅、厂房、综合办公楼、行政办公楼等功能性建筑，其风格、高度应与建筑功能相匹配，打造具有时代特色的产城融合风貌区，提高生态宜居宜业环境品质
商贸物流型	位于交通节点、交通区位突出、交通优势明显、以商贸物流为主的乡镇	重点考虑巩固现有商贸物流产业基础，加强电子商务物流、冷链物流等基础设施建设，促进商贸市场改造升级，适当提高商业服务业设施用地、物流仓储用地和道路交通用地比例；强化与区域航空、铁路、公路、港口等交通网络联系，加快农村公路、宽带网络、配送中心设施建设，构建农村物流网络节点，提高物流网络连通度和覆盖面，完善镇村商贸物流服务网络；商业、仓储、住宅、酒店等功能性建筑，其风格、高度应与建筑功能相匹配，突出商贸特色，通过街道、广场、雕塑、标识等元素体现商贸文化
现代农业型	位于粮食生产功能区、重要农产品生产保护区，以农业生产为主，域内耕地、永久基本农田面积比重大，在农业发展效率、规模、质量等方面优势突出的乡镇	巩固高标准农田建设和中低产田改造成果，重点考虑农业生产与农产品加工、农业观光、电子商务和冷链物流的融合发展，合理安排电子商务、冷链物流等用地布局；充分保障灌溉、排涝、抗旱等农田水利设施用地，及农业种植养殖配建的管理看护、农资农机具存放场所、烘干晾晒、分拣包装、保鲜存储等设施农业用地；重点开展农用地整理、建设用地整理和乡村生态保护修复；强化建（构）筑物与乡村自然风光和田园景观环境的风貌协调，提升人居环境品质，打造生态宜居舒适的现代城镇
文旅融合型	历史文化名镇或拥有重点文物保护单位、非物质文化遗产、重要革命旧址和历史文化名村，以及其他具有文化保护、教育和科技价值，且具备一定旅游开发基础和潜力的乡镇	重点考虑在保护前提下，整合资源要素，发展特色文化旅游，推进“文化＋旅游”产业发展模式；处理好文化资源保护和开发建设的关系，注重保护传统格局、历史风貌和山水环境，划定保护范围，提出管控措施；完善与旅游发展相适应的配套服务设施体系；合理组织旅游交通，提出旅游游线、骑行及步行道布局，设置旅游交通标识；保护好历史建筑和历史环境的原真性，保持集中建设区整体格局和风貌特色，新建建筑应与周边整体风貌统一协调，鼓励使用竹、木、砖、瓦等地方性乡土材料，传承创新传统工艺手法，延续地域特色和民族特色
生态保护型	生态重要性、生态敏感性较高，域内生态保护红线面积比重大，具有生态屏障作用的乡镇	重点考虑处理好保护、利用与发展的关系，以自然保护地、生态保护红线为重点，统筹山水林田湖草一体化保护修复，提出用途管制措施，严格控制开发强度，保持生态系统的完整性、连续性；产业发展以生态旅游、健康疗养为主，严格落实产业准入条件；为居民点搬迁撤并预留建设用地；新建建筑风格、色彩和高度应与周边生态环境协调，抓住山、水、村相依的特色，集中建设区内紧凑发展，形成现代宜居生态社区，集中建设区外形成山清水秀村容美的乡村风貌

续表

乡镇类型	特征	发展指引
其他特色型	暂不具备上述类型突出特色的乡镇	根据乡镇的资源禀赋、经济社会发展阶段、历史文化传统、农民发展意愿等，合理确定乡镇发展定位和方向；根据乡镇定位及发展方向，适当提高相应的建设用地结构比例，充分保障乡村发展所需空间；根据人口集聚、产业发展、资金投入等情况，合理配置各类基础设施和公共服务设施，建立覆盖城乡均衡布局的公共服务体系；加强风貌管控，提升人居环境品质

资料来源：湖南省自然资源厅.《湖南省乡镇国土空间规划编制指南（试行）》，2020.

2.4.3　乡镇发展的生态战略

在当前生态文明建设时期，“生态建设”应是乡镇域国土空间发展战略的重要组成部分。乡镇发展的生态战略在具体内容方面，包括：①加强生态环境保护与修复，保障生态本底安全，突出生态涵养修复、自然遗产保护等功能；②以生态保护红线为基础，建立乡镇域生态安全总体格局，延续区域绿色空间格局、连通乡镇域和镇区的绿色空间体系；③提高生态空间规模与景观品质，保持山体和河湖水系自然形态；④围绕休闲旅游、健康疗养等绿色产业统筹自然资源保护和合理开发利用，严格落实产业准入条件；⑤加强人口、用地、各类资源要素管控，严格控制开发强度，保持生态系统的完整性和连续性；⑥对乡村地区的生态保护修复提出指引和管控要求。

从国土空间规划视角来看，在上述生态战略中，最为核心的是确定乡镇域生态安全格局，并针对各生态要素提出规划引导与管控的具体内容。比如，北京在乡镇国土空间规划编制导则中，分别针对区域绿色空间体系、自然生态系统以及生态廊道体系等构成生态安全格局的要素，以及山体、水体、林地、农田等生态要素，分别提出了规划编制内容方面的相应要求。

表 2-6 《北京市乡镇国土空间规划编制导则（试行）》中的“生态安全与生态要素”

规划要素		具体内容
生态安全格局	延续区域绿色空间体系，明确空间管控要求	做好乡镇涉及部分与整体格局的连通性与系统性，研究制定绿色空间的规划实施策略，探索低效国有用地的更新机制，减少绿色空间内的新增建设，对生态绿地登记造册
	构建自然生态系统，明确生态控制区内的重点管控地区	以生态保护红线为基础，明确生态控制区内的重点管控地区，构建乡镇域生态基础设施
	确定重要的生态廊道体系和生态功能分区	对一些生态敏感性较高、生态安全级别较高的区域，划定重要的生态廊道体系；按照生态涵养、农业生产或休闲游憩等主导功能，确定功能相对统一的生态功能分区，明确生态功能分区的范围、类型、主导功能、管控要点

续表

规划要素		具体内容
生态要素规划引导与管控	山体	依据相关专项规划，结合地形、地貌进一步细化乡镇范围内深山区、浅山区范围和面积，明确浅山保护、矿山修复的地区范围，落实相应管控要求
	水体	严格落实地表水源保护区、地下水源涵养区、自然保护区等各级各类水生态保护区。明确水源保护地以及河流的常水位线、水域管理线、蓝线和绿线的位置。有效保护河湖水系，加强河湖生态空间管控，落实河湖管理和保护范围，对具有重要生态价值的河湖生态用地实施严格的空间用途管制，开展国土空间综合整治
	林地	划定重点生态公益林地、一般林地斑块集中连片区，明确规模布局，提出树种引导要求
	农田	将符合条件的优先保护类耕地划为永久基本农田，确保面积不减少，土壤环境质量不下降。优先在永久基本农田上开展高标准农田建设，提高永久基本农田质量。划定永久基本农田储备用地
	其他	对牧草地、自然保留地等其他各类生态要素实施统一保护和监管，明确保护范围、保护数量，加强生态系统整体保护

资料来源：北京市规划自然资源委.《北京市乡镇国土空间规划编制导则（试行）》，2019.

案例

辽宁省葫芦岛市建昌县大屯镇生态优先战略

大屯镇发展定位为以发展生态旅游、商贸物流产业为主导，以特色种植、养殖业为辅的综合型小城镇。规划中提出，大屯镇要全域强化生态主导功能，锚固生态空间，形成区域生态屏障，打造“畅游青山绿水，相约百里画廊”的生态旅游特色乡镇形象。

相关规划研究从四个方面制定生态优先战略：

保护生态本底，严格保护马道子水库、建昌画廊谷省级地质公园，严格保护云濛河两岸、王子山、五指山的山水空间格局；

优化生态格局，构建绥凌高速、绥珠线（国道 306）、大养线（省道 320）、高压走廊等重大基础设施廊道形成的绿色生态廊道，完善区域生态安全格局；

资料来源：大屯镇人民政府、辽宁省城乡建设规划设计院有限责任公司，《建昌县大屯镇国土空间总体规划（2021—2035）研究报告》。

构建生态景观系统，建设遵循自然，采取与地形地貌、生态环境相适应的建设模式，构建多样化的城乡生态景观系统；

乡村生态保护修复，加大云濛河下游环境综合整治力度，强化生态修复。

2.4.4 乡镇发展的产业战略

乡镇发展的产业战略可从以下三个方面进行分析。首先是产业转型提升方面，需巩固现有优势产业，发挥产业集聚带动效应，寻求与周边乡镇形成产业优势互补，打造特色产业集群，拓展上下游产业链，引导产业转型升级。其次，在产业空间布局方面，明确不同规模和类型产业布局的基本原则，处理好产业园区与乡镇开发边界、村庄建设边界的关系，引导工业企业向乡镇政府驻地或产业园区集中。最后，在产业设施配套方面，注重提高宜居环境品质，建设与产业发展相适应的公共服务配套服务设施，推动产城融合和职住平衡，强化与外部区域交通的联系，打造高效便捷的物流通道。

例如，《天津市乡镇国土空间总体规划编制指南（试行）》“产业融合发展”章节中提到，在产业发展方向上，应围绕产业振兴，以区域产业协调发展为前提，坚持以农民为主体，以乡村优势特色资源为依托，明确产业培育的方向、类型、重点和目标[1]。在产业布局方面，针对不同规模、不同品类的产业、不同门类的产业，分别提出发展战略引导。在用地保障方面，提出以土地利用提质增效为目标，明确产业用地结构、规模和布局，重点保障农村一二三产业融合发展用地。

案例

辽宁省海城市腾鳌镇产业战略

研究报告提出，腾鳌镇总体发展定位为辽宁新型工业化示范镇、鞍辽海先进制造转型示范区、鞍山市城市功能南移承载区、海城市副中心城镇。

产业兴旺战略围绕新旧动能转换重点工程，聚焦钢铁、新型材料等产业技术领域，促进产业转型升级。优化整合科技资

1. 天津市规划和自然资源局.《天津市乡镇国土空间总体规划编制指南（试行）》，2021.

源，坚持创新驱动发展工业先行区转变，努力做优钢铁精深加工、精细化工、数字经济等产业，加速推进农业现代化。

产业发展定位为聚焦全镇国土空间，兼顾传统优势产业，大力推动三产融合的发展模式，形成新的产业增长点。以金属新材料、精细有机化工新材料、装备制造为主导产业，以现代物流产业为产业延伸抓手，以现代服务业为新兴产业打造鞍山城市发展协调区、鞍山城市南移承载区和未来鞍山城市主体功能区，全力将腾鳌镇打造为产业升级引领区、先进制造业转型区和温泉旅游特色区。

资料来源：辽宁省城乡建设规划设计院有限责任公司，《海城市腾鳌镇国土空间总体规划（2021—2035）研究报告》。

2.4.5　乡镇发展的城乡融合战略

乡镇域国土空间规划的城乡融合战略在空间层次上，既要考虑与市县的衔接，也要考虑与乡村的融合。要在镇域和镇区两个层次促进社会经济、空间建设和政策治理的城乡一体化、镇村一体化。通过城乡产业融合发展、基础设施互联互通、公共服务共建共享，积极融入城市经济圈、生活圈和交通圈；主动承接城市功能和产业外溢，为周边市县城区提供服务，为城市发展预留弹性发展空间；提供政策支持，完善市民化保障机制和乡镇治理体系，促进人力、资金、资源等要素在城乡之间的双向流动。

具体战略内容中，可针对发展方向、村庄布局、产业发展、美丽乡村等方面提出城乡融合发展的具体战略。比如，按照城乡资源统筹、村地区管的原则，以乡镇为单元进行城乡建设用地布局规划，明确城乡建设用地指标、建筑规模总量等村庄发展要求；分析村庄布局现状，引导镇中心区和其他集中建设区、农村居民点的布局；结合上位规划的要求，提出产业培育的方向和类型，促进一二三产业融合发展等。

案例　**重庆市大足区铁山镇总体规划**（2020—2035）

相关规划研究分别从镇村经济一体化、城镇化一体化、镇村空间一体化、基础设施一体化、公共政策一体化、生态一体化等方面提出城乡融合战略的具体内容。

镇村经济一体化战略，铁山镇镇区以发展特色园区产业及服务业为主导，带动铁山镇经济发展，吸引农村地区部分剩余劳动力进城镇工作。

城镇化一体化战略，促进人口和产业向镇区的合理集聚，提高城镇发展的集约程度；积极发展中心村，全面提高乡镇发展质量。

镇村空间一体化战略，加快发展中心镇区，培育扶持中心村和基层村，加强宜居乡村建设，构建社会主义新农村。

基础设施一体化战略，实行高起点规划；加快交通网络建设，加快推进城乡公交一体化进程；加大学校医院等公共服务设施向农村转移的力度；加大水、电、气等基础设施建设。

公共政策一体化战略，大力推进铁山镇的城镇化和农村城市化；大力发展第三产业，增强城镇经济对农业转移劳动力的吸纳能力；逐步实现城乡统一的劳动就业、公共物品供给、社会福利、社会保障；逐步实现统一的城乡居民政治权利，最后实现真正意义的城乡一体化。

生态一体化战略，以区域性生态空间建设为基础，以区域生态重点空间整治与生态廊道建设为重点，构筑城乡生态网络体系，不断优化城乡生态网络结构，增强城乡生态网络功能。

资料来源：辽宁省城乡建设规划设计院有限责任公司，《重庆市大足区铁山镇总体规划（2020—2035）研究报告》。

关键术语

乡镇发展战略、主体功能区、乡镇发展规模预测、刚性指标、弹性指标、核心指标、情景分析

思考题

1. 分析制定乡镇国土空间发展战略时应考虑哪些方面的内容？
2. 如何识别乡镇发展的本底特征与问题？
3. 发展型、存量型和收缩型等不同类型的乡镇的规模预测侧重点有何不同？
4. 乡镇国土空间发展规模预测的方法有哪些？
5. 乡镇国土空间指标体系的构建需要考虑哪些要求？

6. 举例说明乡镇国土空间指标体系中刚性指标和弹性指标的特征和作用。
7. 举例说明乡镇国土空间指标体系中核心指标的特征和作用。
8. 举例解释乡镇国土空间发展战略的差异化类型。
9. 乡镇发展的城乡融合战略应从哪些方面入手?

参考文献

图书和期刊

[1] 曹靖，张敏，魏宗财，等. 从战略到行动：特色小城镇规划路径探索：以安徽省界首市光武镇为例［J］. 小城镇建设，2019，37（1）：71-79.
[2] 窦寅，张尚武. 情景分析在城市规划中的应用：基于 1991—2020 年文献计量的研究综述与展望［J］. 国际城市规划，2024，39（2）：55-64.
[3] 王志玲，董彦，张琳，等. 乡镇国土空间总体规划编制重点及对策：以广西融水县香粉乡国土空间总体规划为例［J］. 规划师，2020，36（11）：40-48.
[4] 吴一洲，游和远，陈前虎，等. 基于多维 GIS 情景分析的战略规划技术研究［J］. 城市规划，2014，38（10）：35-43+58.
[5] 吴志强. 国土空间规划原理［M］. 上海：同济大学出版社，2022.
[6] 郑迪，吴志强. 大都市战略制定中的情景分析方法［J］. 国际城市规划，2022，37（4）：92-102.
[7] 庄凯月，杨培峰，谭少华，等. 国土空间规划体系重构语境下乡镇级国土空间规划编制探索：以重庆市兴隆镇国土空间规划为例［J］. 小城镇建设，2021，39（2）：38-47.

政策法规

[8] 中共中央办公厅，国务院办公厅. 关于加强乡镇政府服务能力建设的意见［EB/OL］.（2017-02-20）［2024-08-13］. https：//www.gov.cn/gongbao/content/2017/content_5174507.htm.
[9] 中共中央，国务院. 乡村振兴战略规划（2018—2022 年）［EB/OL］.（2018-09-26）［2024-08-13］.https：//www.gov.cn/zhengce/2018-09/26/content_5325534.htm.
[10] 国家发展改革委. “十四五”新型城镇化实施方案［EB/OL］.（2022-06-21）［2024-08-13］. https：//www.gov.cn/zhengce/zhengceku/2022-07/12/content_5700632.htm.
[11] 中华人民共和国国务院. 国务院关于印发全国主体功能区规划的通知［EB/OL］.（2010-12-21）［2024-08-13］. https：//www.gov.cn/gongbao/content/2011/content_1884884.htm.

第 3 章

乡镇域国土空间总体布局

■ 导语

本章为乡镇域国土空间总体布局相关内容，分为三个小节。第一小节是国土空间底线约束相关内容，包括耕地和永久基本农田、生态保护红线、城镇开发边界、其他各类保护控制线、其他各类开发建设控制线、灾害风险控制线等。第二小节是国土空间格局优化相关内容，包括国土空间总体布局中各环节和各要素布局的要点。第三小节是国土空间用途管制与功能结构调整相关内容，包括划分规划分区、功能结构调整、弹性发展空间、留白机制、零星建设用地规划使用、村庄建设“通则式”管理、分期实施等。

3.1 国土空间底线约束

乡镇国土空间规划应严格落实耕地和永久基本农田、生态保护红线、城镇开发边界三条控制线，并根据当地实际情况，确定其他类型保护控制线、开发建设控制线，以及灾害风险与安全防控线等，锚固乡镇域底线空间。本小节主要对上述乡镇国土空间底线约束的内容进行解读。

3.1.1 耕地和永久基本农田

粮食安全是“国之大者”，耕地是粮食生产的命根子。乡镇国土空间规划应坚持最严格的耕地保护制度，落实上位规划确定的耕地和永久基本农田等约束性指标和保护范围。确保现状耕地应保尽保、应划尽划，纳入耕地保护目标的必须是现状耕地，永久基本农田原则上应在纳入耕地保护目标的可长期稳定利用耕地上划定。

规划实施期间，应依法依规，严格落实耕地和永久基本农田调整与管控要求。积极开展耕地后备资源调查，制定耕地整理、复垦及高标准农田建设计划，建立配套的耕地保护和约束机制，推动乡镇在规划期内稳妥有序恢复一部分耕地，切实履行耕地保护责任。

1998 年修订的《中华人民共和国土地管理法》确立了以“占补平衡”为核心的土地用途管制制度。20 多年来，这项制度不断完善，有效遏制了耕地被乱占滥用。原先，“占补平衡”制度仅适用于非农建设占用耕地。2017 年，《中共中央 国务院关于加强耕地保护和改进占补平衡的意见》对严格控制建设占用耕地、改进耕地占补平衡管理、推进耕地质量提升和保护、健全耕地保护补偿机制、强化保障措施和监管考核等方面提出了系统性要求。文件提出：“严格落实耕地占补平衡责任。非农建设占用耕地的，建设单位必须依法履行补充耕地义务，无法自行补充数量、质量相当耕地的，应当按规定足额缴纳耕地开垦费。”同时，文件也明确了地方各级政府组织实施土地整治，推进高标准农田建设，落实补充耕地任务的责任，以及省（自治区、直辖市）政府制定耕地开垦费标准的责任。

2020 年以来，随着党中央、国务院连续作出坚决制止耕地“非农化”、防止耕地“非粮化”的决策部署，“占补平衡”制度迎来了改革，由“小占补”升级为“大占补”。2021 年，《自然资源部 农业农村部 国家林业和草原局关于严格耕地用途管制有关问题的通知》首次提出耕地“进出平衡”的概念，即除国家安排的生态退耕、自然灾害损毁难以复耕、河湖水面自然扩大造成耕地永久淹没外，耕地转为林地、草地、园地等其他农用地及农业设施建设用地的，应当通过统筹林地、草地、园地等其他农用地及农业设施建设用地整治为耕地等方式，补足同等数量、质量的可以长期稳定利用的耕地。2023 年 7 月 20 日，习近平主持召开中央财经委员会第二次会议强调：要改革完善耕地占补平衡制度，将各类对耕地的占用统一纳入占补平衡管理。2023 年 12 月 29 日第十四届全国人民代表大会常务委员会第七次会议通过的《中华人民共和国粮食安全保障法》第十一条第一款规定：国家实行占用耕地补偿制度，严格控制各类占用耕地行为；确需占用耕地的，应当依法落实补充耕地责任，补充与所占用耕地数量相等、质量相当的耕地。2024 年，《中共中央办公厅 国务院办公厅关于加强耕地保护提升耕地质量完善占补平衡的意见》进一步明确：改革完善耕地占补平衡制度。将非农建设、造林种树、种果种茶等各类占用耕地行为统一纳入耕地占补平衡管理。这一系列法律与文件的出台，从法律和政策层面完善了“占补平衡”内涵与要求，为各级政府如何落实耕地保护进一步指明了方向。

近年来，多样化的“田长制”成为各地强化耕地和永久基本农田保护，明确责任主体的重要抓手。例如，山东省在《关于推行耕地保护“田长制”的指导意见》（鲁自然资发〔2020〕11 号）中明确：“田长制”是在落实政府耕地保护主体责任的基础上，建立的以村集体经济组织为主体，以村“两委”成员或村民小组长、村民代表为日常管护责任人的基层耕地保护机制。“田长”由村“两委”成员、村民小组长、村民代表或新型农业经营主体负责人担任，对本辖区内的耕地和永久基本农田进行日常管护。“田长”的主要职责包括：落实党委政府关于严格耕地保护的工作措施，宣传耕地和永久基本农田保护的法律法规，对违法用地、耕地“非农化”“非粮化”行为进行劝诫、报告，协助乡镇政府或有关部门对耕地生产配套设施进行管护等。再如，在中共山西省委办公厅、山西省人民政府办公厅 2023 年印发的《关于全面推行田长制的意见》中，则提出设立省、市、县、乡、村五级田长，并明确了各级田长设置、职责、工作机制等。

3.1.2　生态保护红线

乡镇国土空间规划应严守自然生态安全边界，在严格落实上位规划确定的生态保护红线等约束性指标和保护范围的基础上，可统筹考虑自然生态整体性和系统性，开展科学评估，将具有重要水源涵养、生物多样性维护、水土保持、防风固沙、海岸防护等功能的生态功能极重要区域，以及生态极敏感脆弱的水土流失、沙漠化、石漠化、海岸侵蚀等区域纳入生态保护红线管理，系统构建地方生态安全格局。评估调整后的自然保护地应划入生态保护红线，自然保护地发生调整的，生态保护红线相应调整。

规划实施期间，应依法依规，严格落实生态保护红线的管理规定，加强生态保护红线范围内人为活动管控。2019 年中共中央办公厅、国务院办公厅印发的《关于在国土空间规划中统筹划定落实三条控制线的指导意见》指出，生态保护红线内，自然保护地核心保护区原则上禁止人为活动，其他区域严格禁止开发性、生产性建设活动，在符合现行法律法规前提下，除国家重大战略项目外，仅允许对生态功能不造成破坏的有限人为活动，主要包括：①零星的原住民在不扩大现有建设用地和耕地规模前提下，修缮生产生活设施，保留生活必需的少量种植、放牧、捕捞、养殖；②因国家重大能源资源安全需要开展的战略性能源资源勘查，公益性自然资源调查和地质勘查；③自然资源、生态环境监测和执法包括水文水资源监测及涉水违法事件的查处等，灾害防治和应急抢险活动；④经依法批准进行的非破坏性科学研究观测、标本采集；⑤经依法批准的考古调查发掘和文物保护活动；⑥不破坏生态功能的适度参观旅游和相关的必要公共设施建设；⑦必须且无法避让、符合县级以上国土空间规划的线性基础设施建设、防洪和供水设施建设与运行维护；⑧重要生态修复工程[1]。

案例

上海市崇明区长兴镇生态空间划定

扫码了解以下内容：
长兴镇生态空间划定图

资料来源：上海市长兴岛开发建设管理委员会、上海市崇明区人民政府、上海市规划和自然资源局，《崇明区长兴镇国土空间总体规划（2021—2035）（含近期重点公共基础设施专项规划）法定文件》。

总体规划对生态空间划定作出如下要求：落实上位规划要求，提升地区生态环境品质，规划至 2035 年，在规划范围内划定生态空间面积 12 841 公顷，其中二类生态空间（生态保护红线）7 900 公顷，三类生态空间 4 230 公顷，四类生态空间 711 公顷。生态保护红线的划定以后续国务院批复的相关规划为准。

此外，须严格落实市级生态走廊，青草沙饮用水水源一级保护区为二类生态空间（生态保护红线）。

3.1.3　城镇开发边界

城镇开发边界是在国土空间规划中划定的，在一定时期内因城镇发展需要，可以进行城镇开发和建设、完善城镇功能、提升空间品质的区域边界，涉及城市、建制镇以及各类开发区等[2]。作为城镇空间增长管控的政策工具，它兼顾保护与发展的需求，推动城镇化发展由外延扩张式向内涵提升式转变。乡镇城镇开发边界应在落实上位规划确定的规模指标要求下，以乡镇城区范围为基础，结合乡镇发展意图与空间布局优化方案统筹划定。城镇开发边界的划定，应以节约土地、促进城镇功能布局优化为基本导向，同时保障一定的容量和弹性以应对未来发展的不确定性。其调整应遵循国家与地方规定。

在城镇开发边界内，乡镇应合理安排城镇建设的规模、布局和建设时序，促进建设用地结构优化和功能提升。城镇开发边界外，应合理引导城镇建设用地减量和布局调整。例如，在上海市规划和自然资源局印发的《关于落实“上海 2035”，进一步加强四条控制线实施管理的若干意见》中，明确提出“新增城市开发项目和工

1. 中共中央办公厅，国务院办公厅 .《关于在国土空间规划中统筹划定落实三条控制线的指导意见》，2019.
2. 中华人民共和国自然资源部 .《市级国土空间总体规划编制指南（试行）》，2020.

业项目一律在城镇开发边界内建设”“实行城镇开发边界外低效建设用地减量与开发边界内新增建设用地全面挂钩”等要求，使城镇开发边界切实成为引导乡镇空间布局优化调整的有效工具。

案例

扫码了解以下内容：
廊下镇慢行系统规划图

上海市嘉定区江桥镇城市开发边界划定

该规划落实上位规划要求，根据城镇建设用地集中连片的原则，划定城市开发边界范围。同时结合开发时序划定现状已建区、允许建设区、有条件建设区、限建区。

分析现状建设用地布局情况，通过增减挂钩分析，划定现状建设用地中规划保留的区域为现状已建区。

允许建设区是江桥镇通过近期对城市开发边界外的建设用地减量化获得新增建设用地区域，扣除交通用地后，近期新增建设用地面积共 124 公顷，其中城市开发边界内 88 公顷，城市开发边界外 36 公顷。规划期末，江桥镇规划建设的交通用地为 1 065 公顷，该部分将纳入允许建设区进行管控。

有条件建设区是江桥镇远期对城市开发边界外的建设用地减量化获得新增建设用地区域，扣除交通用地后，远期新增建设用地面积共 100 公顷，均位于城市开发边界外。

限建区是江桥镇域内位于生态红线二级保护区中除去现状已建区、允许建设区和有条件建设区外的区域，该区域的控制要求应根据生态红线二级保护区的相关要求执行。

资料来源：上海市嘉定区人民政府、上海市规划和国土资源管理局，《嘉定区江桥镇总体规划暨土地利用总体规划（2015—2040）（含近期重点公共基础设施专项规划）法定文件》。

3.1.4 其他各类保护控制线

乡镇国土空间规划还应加强自然资源保护管理。根据地方特色，落实、细化市县级国土空间总体规划和相关专项规划确定的关于森林、湿地、河流、海洋、矿产等各类自然资源保护利用的控制范围和管控要求，如生态公益林、林地集中保护区、基本草原等各类林草资源保护范围，湿地保护范围，饮用水水源保护区、水源涵养区、河湖管理范围、水土流失重点防治区等水生态保护区，水产种质资源保护区、纳入无居民海岛保护名录的海岛及其周围海域范围、大陆自然岸线等海域、海岛、海岸线保护范围，矿产资源开采保护线等。

案例

扫码了解以下内容：
重固镇文化保护控制线图

上海市青浦区重固镇文化保护控制线划定

在青浦区重固镇国土空间总体规划中，将历史文化遗产保护控制线、自然景观保护控制线、公共文化服务设施控制线等作为文化保护控制线，在规划中明确了各保护线的面积、空间范围以及管控要求。

(1) 文化保护控制线

重固镇内划定文化保护控制线面积 21.18 公顷，其中历史文化遗产保护控制线面积 19.19 公顷，自然景观保护控制线面积 0.08 公顷，公共文化服务设施控制线面积 3.09 公顷（其中 1.18 公顷位于历史文化遗产保护控制线内）。

(2) 历史文化遗产保护控制线

老通波塘历史文化风貌区包含老通波塘两侧及庙泾两侧的历史街区。

核心保护范围面积 8.26 公顷，建设控制地带面积 10.93 公顷，风貌区保护范围总面积 19.19 公顷。此外，重固镇镇域内现有区级文物保护单位 5 处，登记不可移动文物 17 处。

(3) 自然景观保护控制线

镇域内有古树名木 2 棵，均位于毛家角村南侧沿河位置，1 处丝棉木及 1 处榉树，树龄均为 80 年，属于古树后续资源保护的三级保护。根据《青浦区古树名木及后续资源保护规划》，丝棉木理想控制区直径 19 米，范围为 284 平方米；榉树理想控制区 26 米，范围为 531 平方米，共计 815 平方米。

(4) 公共文化服务设施控制线

根据上位规划，重固镇有 1 处文化设施，即原福泉山遗址博物馆，面积 0.96 公顷。规划将重固镇中学改建为文化博物馆，面积 3.09 公顷。

(5) 其他保留历史建筑

保留历史建筑主要为《上海市重固镇老通波塘历史文化风貌区保护规划》中确定的 6 处保留历史建筑，以及老通波塘、章堰村普查中认定风貌较好、有保留价值的建筑。

资料来源：上海市青浦区人民政府、上海市规划和自然资源局，《青浦区重固镇国土空间总体规划（2017—2035）（含近期重点公共基础设施专项规划）法定文件》。

案例

山东省菏泽市定陶区冉堌镇林地资源保护和利用规划

扫码了解以下内容：
冉堌镇林地资源保护和合理利用规划图

冉堌镇国土空间总体规划中提出通过建立完善林地保护利用的各项政策、法规和制度，严格实行林地用途管制，有效保护林地面积，提高重点公益林占比，提升森林覆盖率，使林业的生态功能、经济功能和社会功能进一步增强，构筑完备的森林生态安全保障体系、发达的林业产业体系、和谐的森林文化体系，推进冉堌镇经济社会可持续发展。规划至2035年，以建设防风固沙、农田防护林、水系绿化、道路绿化、村镇绿化为重点，建成“水清、岸绿、路彩、镇美”的镇村样貌。冉堌镇林地保有量不低于346.91公顷，森林覆盖率不低于5%。

资料来源：山东建筑大学设计集团有限公司，《定陶区冉堌镇国土空间总体规划（2020—2035）研究报告》。

3.1.5 其他各类开发建设控制线

为了促进建设用地集约高效利用，不少地方提出了在划定城镇开发边界之外，确定其他各类开发建设控制线的要求，最常见的包括村庄建设边界和工业用地控制线。村庄建设边界可以被认为是城镇开发边界概念的延伸。其确定应以优化村庄建设空间布局、促进村庄建设用地集约利用为导向，结合村庄的发展水平及未来发展潜力确定。村庄建设边界可以由乡镇国土空间规划划示，并在村庄规划中划定，也可以在乡镇国土空间规划中直接划定。工业用地控制线则是为保障工业空间，助力实体经济发展，促进产业集聚而产生。工业用地控制线一般要求位于城镇开发边界内。当前，全国已有多地出台了有关工业用地控制线划定的规则、管理办法及实施细则。

乡镇国土空间规划编制，应落实上位规划及标准规范确定的各类开发建设控制线。除了城镇开发边界，以及上述的村庄建设边界和工业用地控制线以外，还包括重要基础设施和廊道控制线等。

案例

陕西省咸阳市泾阳县王桥镇社树村村域开发建设控制线划定

扫码了解以下内容：
王桥镇社树村村域国土空间
分区管控图

村庄规划中建设空间的划定可为乡镇域国土空间规划中划定村庄建设边界提供参考。泾阳县王桥镇社树村村庄规划中提出，划定村庄建设边界应坚持集约利用、存量优化的校核原则，将“三调”结果与现已明确制定项目或开发意向的区域范围进行校核，以推进高质量发展、集约利用土地开发建设为根本原则。在划定建设空间边界的基础上，提出了相应的管控要求。

建设项目符合土地使用规定的，可依程序办理建设用地审批手续，核减相应村庄建设边界规模后，可在有条件建设区内进行建设。

规划期内村庄建设边界原则上不得调整，如需调整应按规划修改处理，严格论证，报规划审批机关批准。村庄建设空间内的产业用地，应按照集体土地入市方式进行相应出让。

新建住宅要满足宅间路布局、道路退线、防火等相关规范，不准在本次规划划定的村庄建设边界外建设。

资料来源：陕西省城乡规划设计研究院、泾阳县自然资源局，《泾阳县王桥镇社树村村庄规划（2020—2035）研究报告》。

3.1.6 灾害风险控制线

应建立灾害风险控制线的动态维护机制，结合各灾种灾害管理部门对本灾种灾害风险控制线的科学调整情况，定期评估、调整主要灾害风险控制线。

案例

山东省东营市广饶县化工园区安全控制线划定

相关规划研究中针对重大危险源安全防护提出，加强化工园区的安全风险控制，合理划定化工园区安全控制线。化工园区安全控制线范围内不应新建居住用地及国家、山东省、东营市相关要求所规定的其他高敏感防护目标、重要防护目标和一类防护目标。新开发建设项目应经过安全风险评估，满足安全风险控制要求。化工园区安全控制线采用动态管理，应定期或在新建、调整各级各类化工园区前开展化工园区整体性安全风险评估，及时优化、更新化工园区安全控制线。

资料来源：上海同济城市规划设计研究院有限公司，《广饶县国土空间总体规划（2021—2035）研究报告》。

新建化工园区应根据国家和山东省有关要求，远离居住生活片区，科学划定安全防护和缓冲空间。新建危险化学品生产企业应全部入园集中管理，其他大型易燃易爆物品生产、存储场所及周边区域应根据有关法律法规，落实安全防护相关要求。

3.2 国土空间格局优化

乡镇国土空间规划需在厘清现状底图的基础上规划确定镇域国土空间开发保护总体格局，根据乡镇差异性分类引导空间布局，保障粮食安全、生态安全，引导城乡融合、乡村特色，推进资源利用、产业发展、基础设施、安全韧性等方面的空间布局优化。本小节即针对乡镇国土空间格局优化的要点进行解析。

3.2.1 开展补充调查，统一底图底数

工作底图应统一采用 2000 国家大地坐标系和 1985 国家高程基准作为空间定位基础。基于第三次全国国土调查及其年度变更调查、海岸线修测成果，按照国土空间用地用海分类等有关要求，形成坐标一致、边界吻合、上下贯通的工作底图。

根据需要可开展补充调查，应用基础测绘和地理国情监测成果，收集地形地貌、自然资源、生态环境、经济产业、人口社会、历史文化、基础设施、城乡发展、区域协调、灾害风险、水土污染、海洋空间保护和利用等相关资料，以及相关规划成果和用地审批等数据。

3.2.2 综合确定镇域国土空间开发保护总体格局

乡镇国土空间规划可以在市、县“双评价”的基础上，结合当地地形地貌、用地布局、发展条件等空间本底特征，细化识别重要生态空间，明确农业生产和城镇建设的适宜空间。

各地乡镇级国土空间规划指南中对衔接落实“双评价”成果提出了相关要求。例如，《四川省乡镇级国土空间总体规划编制指南（送审稿）》（厅规划函〔2021〕24 号）提出，全面分析区位关系、资源环境、空间利用、产业基础和镇村建设等基本情况。在县级“双评价”成果基础上，结合乡镇级数据精度，进一步深化国

土空间适宜性评价等内容。深入研究乡村人口流动趋势，梳理经济社会、产业发展、空间利用、农房建设和设施配套等方面存在的突出问题[1]。《贵州省乡镇级国土空间总体规划编制技术指南（试行）》（黔自然资函〔2021〕1542 号）提出，对原土地利用总体规划、乡镇总体规划等空间类规划进行评估，总结乡镇空间类规划的实施成效和存在问题。在此基础上，结合上级资源环境承载力评价和国土空间开发适宜性评价成果，对自然资源、历史文化资源、经济社会发展、人口分布、土地利用与生态环境现状进行分析，客观分析乡镇国土空间开发保护的现状情况、变化趋势、结构布局、空间绩效，总结特点和问题，提出规划编制主要任务和重点内容，分析乡镇在区域发展、国土空间保护开发、生态修复与国土整治等方面的机遇挑战[2]。

镇域国土空间开发保护总体格局应综合考虑资源保护与城镇发展要求，立足自然本底和乡镇特色，结合"双评价"结果、自然地理格局、社会经济发展、人口空间分布、土地利用情况、公共管理与公共服务设施和基础设施布局等的系统分析，科学合理布局优化农业、生态、城镇和乡村空间，因地制宜地确定全域国土空间保护、开发、利用、修复、治理的重点。镇域总体格局不应突破上位规划明确的生态环境容量、耕地保护目标、国土空间承载能力等底线要求，同时强化对市、县空间发展战略的落实。

目前，各地乡镇级国土空间规划指南中也对构建国土空间开发保护格局的技术路径提出了相关要求。例如，《湖南省乡镇国土空间规划编制指南（试行）》（湘自然资办发〔2020〕144 号）提出，以区域内地形地貌基本特征为基础，结合市、县"双评价"成果，落实三条控制线，合理构建生态廊道、交通网络、镇（乡）村结构，明晰开发保护区域、轴带以及重要节点，确定国土空间开发、保护总体格局[3]。《贵州省乡镇级国土空间总体规划编制技术指南（试行）》（黔自然资函〔2021〕1542 号）提出，结合新时代高质量发展和贵州省生态文明试验区建设要求，落实上级战略部署，遵循自然地理格局，加强底线约束，科学布置生产、生活、生态空间，落实永久基本农田、生态保护红线，划定城镇开发边界。优化国土空间结构，提升国土空间开发保护质量和效率，构建绿色、集约高效、全域统筹、城乡融合、安全韧性的国土空间总体格局[4]。

1. 四川省自然资源厅.《四川省乡镇级国土空间总体规划编制指南（送审稿）》（厅规划函〔2021〕24 号）.
2. 贵州省自然资源厅.《贵州省乡镇级国土空间总体规划编制技术指南（试行）》（黔自然资函〔2021〕1542 号）.
3. 湖南省自然资源厅.《湖南省乡镇国土空间规划编制指南（试行）》（湘自然资办发〔2020〕144 号）.
4. 贵州省自然资源厅.《贵州省乡镇级国土空间总体规划编制技术指南（试行）》（黔自然资函〔2021〕1542 号）.

案例

扫码了解以下内容：
广饶县大王镇国土空间“双评价”分析及开发保护格局图

山东省东营市广饶县大王镇“双评价”与开发保护格局分析

根据广饶县“双评价”分析，大王镇国土空间承载能力较好，对农业生产和城镇建设无明显约束，镇域大部分空间呈现农业生产和城镇建设多宜性的特征。生态保护极重要区主要分布在淄河沿岸，织女河郊野公园附近为生态保护重要区。规划在“双评价”分析的基础上，以大王镇“东城、中林、西田”的自然地理格局为基础，落实广饶县域核心区一体化发展的空间战略要求，强化大王镇城镇组团、产业组团和乡村组团之间的生态隔离与功能联动，形成“三片一带多廊、一心双轴多点”的国土空间开发保护格局。其中“三片”即东部城镇发展片区、中部生态休闲片区和西部的农业发展片区，与自然地理特征相呼应；“一带”即沿淄河形成的淄河生态绿带，也是镇域最重要的生态保育空间；“多廊”为依托河流水系、重要的交通基础设施等形成的生态廊道，搭建网络化的生态基底；“一心”即镇中心，也是服务于大王镇，辐射马店乡、高柳镇等周边乡镇的县域副中心；“双轴”即沿潍高路形成的联动广饶县中心城区、大王镇中心及两片产业园区的城镇发展轴和南北向的泰山路城镇服务轴；“多点”即围绕城乡社区生活圈的打造形成的多个社区中心。

资料来源：上海同济城市规划设计研究院有限公司，《广饶县大王镇国土空间总体规划（2021—2035）研究报告》。

3.2.3　差异化引导乡镇空间布局

我国乡镇规模、人口密度、自然地理条件差异较大，在乡镇国土空间规划布局优化时，应综合考虑不同自然地理分区、人口规模、产业发展及地区特有的发展要求，通过差异化的空间布局引导方式，统筹城乡建设、生态保护、经济发展等需求的同时，彰显地方特色。

重要生态保育地区的乡镇应重点保护自然生态系统的完整性，强化生态空间管控，在开发建设的过程中做好自然资源和生态环境的保护修复。以农牧业为主导功能的乡镇重点保障粮食安全，推动高标准农田建设，保障重大农业基础设施和现代农业发展用地。经济基础较好、以产业发展为主导的乡镇应处理好乡镇政府驻地与产业园区的关系，引导产业用地集约高效发展，推动工业反哺城镇建设，提升城镇空间品质，推动产城融合、职住平衡。文化旅游资源富集的乡镇，应强化对历史文化、山水环境等特色资源的保护与利用，完善旅游配套服务设施体系，合理组织旅游交通。城市中心城区周边的城郊型乡镇在功能布局中应突出城郊服务，承接城市外溢功能，加强与中心城区基础设施的联通与公共服务设施的统筹配置。位于边境地区的乡镇应突出运输、贸易等门户职能，加强口岸布局的统筹研究与对外发展交流的服务配套设施建设。沿海的乡镇应强化陆海统筹，统筹海岸带空间保护与利用，落实并细化海域、海岛、海岸线等结构优化、布局调整。人口规模逐渐减少的收缩型乡镇，在空间布局上应尽量以存量挖潜为主，原则上不新增建设用地，在现有基础上补齐完善基础设施和公共服务设施，提升生活品质。

各地乡镇级国土空间规划编制导则中因地制宜地提出了适应当地实际情况的乡镇空间布局分类指引要求，例如，《河北省乡镇国土空间总体规划编制导则（试行）》（冀自然资字〔2020〕29 号）提出，考虑乡镇区位条件、资源禀赋、产业发展、空间特征和生态保护等因素，可分为城郊服务型、工贸带动型、特色保护型、资源生态型和现代农业型等类型，乡镇根据发展实际落实一种或多种类型的编制指引[1]。

3.2.4　保障粮食安全，推动农业空间高效稳产

农业空间包含永久基本农田、耕地、园地等农业生产空间，也包含农村居民点等以农村生活为主的区域。

乡镇国土空间规划应严格落实上位规划提出的永久基本农田与耕地保护任务，在保障数量不减少、质量不降低的前提下，按国家要求优化布局。同时，应落实粮食生产功能区和重要农产品生产保护区，优化农业生产布局。加强南方地区酸化耕地改良治理和北方盐碱耕地压盐改良治理，因地制宜推广保护性耕作。以高标准农田建设为抓手提升耕地质量，因地制宜建设高效节水灌溉工程，在水土适宜地区有序推进大型灌区建设。强化农业空间的生态功能，保护修复农村生态系统，完善农田生态廊道，营造复合型、生态型农田林网，提升农业生态系统碳汇能力。

乡镇国土空间规划还应以粮食、林果和蔬菜种植等农业功能区为核心，合理布局各类农业园区、田园综合体等现代农业发展平台，推动各乡镇因地制宜发展特色优势产业，促进农业现代化。合理规划乡村产业用地和农业种植养殖配建的设施农业用地布局，推动一二三产业融合发展。

---

1. 河北省自然资源厅 .《河北省乡镇国土空间总体规划编制导则（试行）》（冀自然资字〔2020〕29 号）.

案例

上海市崇明区堡镇农业空间规划

扫码了解以下内容：
堡镇基本农田和建设用地管制图、堡镇农业生产布局规划图

相关规划严格落实崇明区总体规划划定的基本农田保护区管控要求及耕地保有量任务，鼓励通过土地整备引导区内农村建设用地复垦，增加有效耕地面积，提高耕地质量，促进基本农田集中连片，改善农村生产、生活和生态环境。划定土地整备引导区共 2 725.16 公顷（其中镇域 2 725.10 公顷，岸线调整区域 0.06 公顷），其中位于土地整备引导区内的永久基本农田约 1.64 万亩（约 1 090 公顷），占全域永久基本农田总规模的 83.92%。

规划严格按照上海市国土空间用途管制相关要求，落实全面锁定、分类管理的保护体系，实施空间准入许可，严格限定分区空间允许准入行为。在符合准入许可，确实无法避让耕地和永久基本农田的前提下，按照“永久基本农田－部管储备地块－市管储备地块－土地整备引导区”进行梯次增补，原则上均应及时落实“先补后占”。

堡镇郊野地区以农业生产功能为主，同步提升农业生产地区的生态功能、休闲农业功能。衔接崇明区农业三区划定，堡镇郊野地区主要以粮食生产功能片区和蔬菜生产保护片区为主。规划划定粮食生产功能区 1.47 万亩（约 980 公顷），主要布局在堡北村、财贸村、营房村、四滧村、五滧村等村庄范围内，未来以引导高标准农田建设为主；划定蔬菜生产保护区 0.48 万亩（约 320 公顷），主要布局在桃源村、彷徨村、米行村等村庄范围内，未来以保护蔬菜生产功能、提升农业生产能力为主。

资料来源：上海市崇明区人民政府、上海市规划和自然资源局，《崇明区堡镇国土空间总体规划（2021—2035）（含近期重点公共基础设施专项规划）法定文件》。

3.2.5 细化生态网络结构，保障生态空间安全稳定

生态空间包含生态保护红线、各类自然保护地和风景名胜区等具有重要生态功能、需要严格保护、限制开发的区域，也包含农业空间与城镇空间里具有生态服务价值的区域。

乡镇国土空间规划中在落实上位规划确定的生态保护红线及各类自然保护地、风景名胜区的规模、范围与管控要求及其他重要生态空间的基础上，以保障生态系

统完整性、连续性及生态服务功能稳定性为目标，顺应乡镇自然地理格局，将本级重要的生态廊道、生态屏障、生态网络，以及农业空间、城镇空间中集中连片的具有生态功能的园地、林地、草地、湿地、陆地水域、绿地与开敞空间用地等用地纳入生态空间进行统筹考虑，细化乡镇生态系统保护格局。可结合交通发展廊道，将生态廊道与道路绿化建设有机结合；也可以结合工业组团空间布局，在不同工业组团间、工业组团与城镇组团间设置结构性绿化廊道，有效限制工业用地环境外部效应外溢。镇区内部应结合公园与开敞空间系统的建设，提升环境质量，为居民提供生态服务。

宜对生态空间进行分区分级管控保护。对于生态保护红线内的部分，应落实上位规划提出的整体管控要求，并针对不同类型的生态区域严格按照相关政策规范明确的管控要求进行管控。对于自然生态空间（即与城镇空间、农业空间不交叠的部分），应根据其生态功能重要性等配套不同严格程度的管控政策，建立严格的项目准入制度，采取积极保护措施。对于城镇空间、农业空间内的生态空间，应根据其生态功能重要性以及其自身主导功能，在其原有管控政策上叠加相应的生态发展与管控策略，如：在与农业空间叠加的区域积极推进生态产业、打造具有生态风貌的乡村景观；在与城镇空间叠加的区域内，对于工业防护绿地宜严格项目准入的同时不断进行产业优化和升级，对于公园等游憩场所，宜严格项目准入的同时提出实施多元化经营的发展引导策略。

案例

辽宁省大石桥市水源镇生态空间格局规划

规划中落实生态保护红线评估调整结果，将大石桥市辽河干流及周边水土保持功能红线区，将大石桥市辽河三角洲生物多样性维护功能红线区纳入生态保护红线，明确空间范围和坐标界线。落实大石桥市生态保护红线面积 575.88 公顷，占全镇面积 4.96%。

将除生态保护红线、永久基本农田和城镇开发边界外的湿地、陆地水域及林地等其他自然保留地，以及需要加强生态功能管控的区域纳入一般生态空间，一般生态空间总面积 1 159.01 公顷，占全镇面积 9.98%，构建蓝绿交织、水绿交融的生态空间格局。

资料来源：辽宁省城乡建设规划设计院有限责任公司，《大石桥市水源镇国土空间规划（2021—2035）研究报告》。

3.2.6 合理优化镇村布局，引导城乡融合发展

乡镇国土空间规划应根据上位规划，综合政策与变化趋势，合理预测城镇化率，镇域和镇区、各村庄常住人口规模，明确人口结构。落实新型城镇化、城乡融合发展及乡村振兴等战略要求，按照用地和人口、土地和产业相匹配的要求，合理确定镇村体系的规模等级和职能分工，优化镇村空间布局。可按照乡镇政府驻地、中心村、基层村进行分级。确定中心村时，应综合考虑村庄人口规模、经济实力、基础设施和公共服务设施建设情况、村庄实际管辖情况、对周围村庄的带动和辐射作用等因素，同时需注意中心村个数与基层村个数的比例。

引导城乡融合发展，应将镇区作为城乡融合的重要节点、乡村振兴的着力点，进行镇村统筹，构建全面覆盖的城乡社区生活圈单元，推动基础设施和公共服务设施共建共享。顺应城乡发展趋势和规律，可以将镇驻地和重要城乡交通干线沿线空间作为引导乡村人口集聚、更新提升人居环境、实现城乡功能转换的实体空间，引导外围农民向城乡融合实体空间内集聚，更高效地配置乡村发展资源。

鼓励资源禀赋接近、交通联系紧密的相邻街镇，以优化生产力布局、促进公共服务设施共建共享为目标联合编制国土空间规划，通过中心镇带动一般镇，统筹配置资源，协调发展。

案例

上海市崇明区港沿镇镇村体系规划

扫码了解以下内容：
港沿镇村庄体系规划图

编制背景与上位规划要求：崇明区结合各乡镇现状发展特征，延续原城镇圈发展模式，深化衔接“崇明 2035 总规”中的五大城镇圈空间架构。同时基于崇明区建制镇乡数量多、一般镇功能类似、建设规模小且区内镇外土地多等现实情况，以城桥城镇圈（堡镇片区）为单元组织开展编制新市镇国土空间总体规划，落实加快推进新市镇总规全覆盖工作的要求。港沿镇属城桥城镇圈堡镇片区，在保障片区整体人口及用地规模符合《上海市崇明区总体规划暨土地利用规划（2021—2035)》管控要求的前提下，对港沿镇人口及用地管控内容进行优化：至 2035 年，港沿镇常住人口规模 1.65 万人，建设用地总规模 849.00 公顷。

镇村体系结构：至 2035 年，全镇常住人口规模 1.65万人，其中城镇人口 0.55 万人，农村人口 1.1 万人。加强人口空间引导，优化人口结构，提升人口素质。规划形成“1 镇区—1 集镇—7 中心村—13 一般村（3 垦区）”的镇村体系。“1 镇区”为港沿镇区；“1 集镇”为合兴集镇；“7 中心村”包含富国村、骏马村、齐力村、港沿村、惠军村、鲁屿村及园艺村；“13 一般村（3 垦区）”为合兴垦区、新垦区、富军垦区。镇区和集镇未来应进一步提升公共服务能级，为周边村庄提供高等级配套服务设施。中心村结合自身区位、交通、产业、历史文化资源等优势，发展成为郊野地区的综合服务与产业发展的重要节点。一般村分为休闲旅游型、生态农业型和生态保育型三类，分别提出发展引导。

资料来源：上海市崇明区人民政府、上海市规划和自然资源局，《崇明区港沿镇国土空间总体规划（2021—2035）（含近期重点公共基础设施专项规划）法定文件》。

3.2.7　分类引导村庄布局优化

乡镇国土空间规划中应综合考虑人口规模、区位条件、经济社会发展条件和未来发展变化趋势，明确村庄类型，并从产业发展、资源保护利用、规模控制、设施配套等方面分类提出村庄规划要求与发展指引，推动村庄布局优化。同时，落实上级规划下达的城乡建设用地规模，统筹安排村庄建设用地指标，结合村庄布局划定村庄建设边界，并提出管控要求。

中共中央、国务院发布的《乡村振兴战略规划（2018—2022 年）》中提出，应顺应村庄发展规律和演变趋势，根据不同村庄的发展现状、区位条件、资源禀赋等，按照集聚提升、融入城镇、特色保护、搬迁撤并的思路，分类推进乡村振兴，不搞“一刀切”。各地可结合实际，推进人口和产业向集聚提升型村庄集聚，推动城郊融合型村庄与小城镇接轨，重点保护特色保护型村庄，发展文旅产业，有序安排搬迁撤并型村庄搬迁、撤并。对区位较偏、规模较小、产业基础薄弱但暂时看不准是否搬迁的村庄可以先不予分类，视村庄发展情况确定发展类型，动态更新村庄分类名录。

3.2.8　强调绿色发展，推进各类资源的保护与合理利用

乡镇国土空间规划应在落实上位规划确定各类资源保护目标和分配指标的基

础上，细化耕地、水、森林、草原、湿地、海域海岛和岸线资源、矿产资源、土地资源、历史文化资源、山体资源等各类资源要素的管控边界和保护范围。秉承山水林田湖是一个生命共同体的理念，对各类自然要素进行整体保护、系统修复和综合治理。

乡镇国土空间规划应坚持绿色发展理念，推动各类资源的节约集约利用，强化资源利用总量和强度双控，积极推广节水、节地、节能技术的应用，协调资源开发与保护的关系，提高各类资源的利用效率。

各地乡镇国土空间总体规划编制导则中应对自然资源保护利用提出相关要求，例如，《福建省乡镇国土空间总体规划编制指南（试行）》提出，按照山水林田湖草系统保护要求，统筹耕地、森林、草原、湿地、河湖、海洋、荒漠、矿产、海洋等各类自然资源的保护利用，落实乡镇规划确定的土地利用目标、规划分区及管控要求，确定乡镇自然资源保护利用的项目和上限[1]。《河南省乡镇国土空间规划编制导则（试行）》（豫自然资发〔2024〕4 号）提出，深入践行“两山”理念，落实“双碳”目标，深化细化各类自然资源要素的管控边界、保护范围，提出管控措施[2]。

3.2.9　明确产业发展策略与空间布局

乡镇需结合上位规划发展定位，着眼于区域统筹，在分析自身产业发展优劣势的基础上，明确全域产业结构调整目标，提出三次产业发展的主要目标和产业功能格局。落实上位规划确定的产业正负面清单，合理确定现代农林牧渔业、农副产品加工业、制造业、商贸物流、旅游业等产业发展方向和重点和各类产业功能集聚区空间布局，强化第一、二、三产业融合发展，制定具有地方特色的差异化产业发展策略。

第一产业，根据乡镇现状种植条件和格局，提出具有地方特色的农业生产空间布局方案。落实上位规划确定的粮食生产功能区和重要农产品保护区，因地制宜地布局果蔬生产、畜牧、养殖及特色农产品生产区布局和规模，明确重要农业生产基地，推动农业现代化、规模化、品质化发展。

第二产业，根据乡镇工业基础和农业发展实际需求，明确各类产业园区和产业组团、农副产品加工区等产业集中区的选址和用地规模。引导产业向高等级工业园区集中，促进低效用地集约高效利用，加强污染管控。有发展基础的地方，应当积

1. 福建省自然资源厅.《福建省乡镇国土空间总体规划编制指南（试行）》（闽自然资发〔2024〕30 号）.
2. 河南省自然资源厅.《河南省乡镇国土空间规划编制导则（试行）》（豫自然资发〔2024〕4 号）.

极打造创新创业平台，引导产业化、规模化、专业化经营。宜优先利用存量产业用地、农村现状集体经营性建设用地和腾退的宅基地等低效、闲置的建设用地，除少量必需的农产品生产加工外，一般不宜在农村地区安排新增工业用地。

第三产业，根据乡镇主导产业发展方向，结合当地资源优势，明确商贸物流、旅游业等第三产业发展方向和重要项目空间布局。鼓励新产业新业态发展，在确保粮食安全和生态安全不受影响，历史文化风貌不受破坏的前提下，可利用本地资源和实际条件，就近布局乡村旅游、农村电商等服务业。

案例

江西省宜春市袁州区南庙镇产业发展规划

扫码了解以下内容：
南庙镇镇域产业布局规划图、
南庙镇“一三互动”产业模式

规划提出了发展循环经济、培育重点产业以及与周边协同发展的产业发展原则。

发展循环经济，建立节约型社会。积极推动经济增长方式的转变，从传统增长模式向“减量化，高效率，再利用、再循环”的良性增长模式转变。

培育重点产业。通过规划与政策加强对生态恢复、文化旅游、现代服务业、生态农业等新兴产业的引导和扶持，调整和优化布局，促进城镇化产业集群的形成。

与温汤镇、宜春市中心城区建设、空间发展结合。统筹区域及城乡产业的协调发展，城镇集中发展旅游服务、运动休闲、文化娱乐、居住等产业，积极推动区域产业发展带的形成。

规划提出以“一三互动、二三互送、三三互融”为方针，以发展全域旅游为导向，优化产业布局，调整产业结构，提升产业层次，促进产业融合，突出重点、统筹兼顾、循序渐进，发展文化产业、健康产业、休闲农业，有效推动农产品、工艺品、文化创意产品等向旅游商品转化，夯实旅游产业基础，推进旅游产业全面升级。文化结合旅游做新、农业转换休闲做活、节庆依靠活动做响，实现新常态下产业之间的有效转化。

根据前述镇域产业发展战略，立足现状产业分布与资源禀赋，规划南庙镇镇域产业空间布局的结构为“三轴、三心、三组团”。

资料来源：宜春市袁州区南庙镇人民政府、中国建筑科学研究院有限公司，《宜春市袁州区南庙镇总体规划（2018—2035）研究报告》。

3.2.10 优化镇域交通网络

乡镇国土空间规划应落实上位规划确定的公路、铁路、机场、港口等重要交通廊道和设施布局控制要求，梳理全域现状交通系统的发展情况，明确镇域综合交通体系发展目标与策略。加强与周边市、县、乡镇的联系，镇域交通网络应主动对接上位市县规划交通系统。

根据乡镇实际发展需求，论证客货运交通廊道布局与特色，确定客货运通道布局。完善全域道路网络布局，合理布局不同类型和功能的道路，使道路系统与空间布局相互协同。加强内部镇区与各村庄居民点的衔接，确保“村村通”等低等级道路的贯通，为乡村振兴发展创造良好交通条件。

明确全域公共交通线网结构与布局要求，落实公交场站布局，促进城乡公交一体化。若规划提出慢行系统规划线位和控制要求，应鼓励依托水系、公园、历史文化遗存等自然人文资源，建设绿道、骑行道等慢行交通设施。

规模较大的城镇，应考虑静态交通组织，科学制定停车策略，合理规划公共停车场，明确用地规模和位置。位于旅游景区或富有旅游发展潜力的乡镇，需开展旅游交通分析，研究旅游游线布局，制定合理的旅游公交场站、公共停车场布局及用地规模，明确旅游交通组织及与重大交通设施接驳方案等。

案例

辽宁省兴城市徐大堡镇综合交通规划

规划从下面四个方面对镇域综合交通进行了优化提升：①加强城镇对外交通设施与镇内道路系统的衔接，提高城镇交通的综合效率。加快对城镇现有的对外公路的改建，降低不同类型交通间的相互影响。②结合近远期建设，合理布局和调整优化各项城市对外交通设施，尽量降低过境交通对城市的干扰，满足城市空间发展需要。③城市道路交通与未来城市布局形态、人口和产业分布相协调。规划方案实施要采取近远期结合的策略，对于近期实施有难度的路段，如外部环线，要从长远发展的观点出发，在规划方案中予以保留。④明确道路系统功能层次和等级结构，使城市道路布局更加合理。并将城市道路、广场、停车场及交通设施相结合进行系统规划。要充分体现“以人为本”的规划设计原则，为行人、自行车等慢行交通创造良好交通环境。

规划将外部过境交通与镇区内部交通相分离，保证镇区交通安全，提高镇区对外交通能力，带动全镇经济发展。内部交通则以通达性和景观性为目的，充分体现“以人为本”的设计原则。同时，规划完善镇区道路网络，提高道路网密度，合理确定道路等级，提高道路通行能力，同时完善静态交通设施的规划和建设。

资料来源：辽宁省城乡建设规划设计院有限责任公司，《兴城市徐大堡镇总体规划（2018—2035）研究报告》。

3.2.11　提升基础设施支撑能力

乡镇国土空间规划应落实上位规划确定的区域能源、水利等重大基础设施布局及廊道控制要求，落实重大邻避设施布局和管控要求。综合城镇与农村生产、生活方式，预测全域供水、排水、供电、燃气、供热、环卫、通信设施需求，统筹确定各类设施建设标准、规模及空间布局。基础设施布局规划具体内容参见第7章。

根据乡镇实际，科学谋划风、光、热、生物质等清洁能源利用，提高可再生能源的利用比例。同时根据实际情况，提出海绵城市、垃圾分类处理、5G 信息、智能电网等建设目标。

3.2.12　提高安全韧性水平

在确定乡镇国土空间布局时，应衔接市县灾害风险评估成果，结合现状实际，明确本地在自然灾害和生态、水、地质等方面的安全风险隐患，确定主要灾害类型和风险区。应落实上位规划确定的各类防灾空间和防灾设施，明确防洪（潮）、抗震、消防、人防、森林防火、防疫、地质灾害防治、生物灾害等重大灾害设防标准，合理布局各类防灾减灾设施。明确地质、洪涝等灾害可能影响的村庄数量、人口规模等，提出防护措施。加强油气走廊、危险化学品仓储设施等危险源防控，划定安全防护和缓冲空间。

应统筹考虑全域各类国土空间兼顾防灾功能，以及国土空间的防灾功能弹性预留，充分考虑防灾设施的防灾功能和常态功能的兼容共用；协调防灾设施与公共服务设施、市政基础设施共建共享。在灾害多发地区，研究战略预留区和留白用地的防灾功能启用机制。乡镇域国土空间综合防灾规划的具体内容详见本书第8章。

3.2.13 彰显地方特色，塑造各美其美的镇村风貌

乡镇国土空间规划应彰显地方特色，综合分析地方发展文化脉络、历史文化资源、地形地貌特征等要素，研判地方特色，确定乡镇整体的风貌特征。加强历史文化资源的保护与利用，在落实各类历史文化保护线的基础上，深入挖掘乡土文化、民俗文化及地域文化特色资源，制定具有地方适应性的保护、传承、利用策略。

在规划中应协调镇区、村庄居民点与各类自然资源景观要素的关系，优化全域景观风貌格局。加强乡村地区空间形态引导，对滨水地区、山麓地区、滨湖地区、沿海地区等特色景观地区提出针对性管控要求。加强城市设计引导，对重要山水轴线、街巷空间、建筑肌理、建筑高度与天际线、建筑风貌等提出管控引导要求。

案例

扫码了解以下内容：
长三角生态绿色一体化发展示范区城乡风貌分区指引图

长三角生态绿色一体化发展示范区城乡风貌规划

示范区位于两省一市交界地带，地处太湖流域碟形洼地，地势平坦，湖荡水网纵横，形成了以中小城镇为发展主体的城乡空间格局。示范区文化底蕴深厚，历史文化遗产丰富，但特色彰显不足，新旧建筑风貌协调不够，整体空间秩序欠佳。

规划提出保护自然景观格局，加强城乡建设与自然景观有机融合，塑造“江南韵、小镇味、现代风”的新江南水乡风貌。尊重水绿一体、桑基圩田的地域空间特征，延续城镇乡村与河湖圩田相融合的传统城乡肌理控制街区尺度和建筑体量，营造规模适度、活力宜人的小镇空间。提高生活设施密度，丰富文化体验，增进休闲交往，加强地区中心、交通枢纽与门户地区等标识地区的城市设计，塑造丰富的建筑空间层次和鲜明的建筑形象，彰显面向未来的现代化城市形象。

规划提倡城镇紧凑布局，整体维持中等建设密度，营造“小尺度、低高度、人性化”的整体空间感觉，凸显小镇味道。强调塑造兼具传统韵味、现代技术、当代审美的新江南水乡风格。在建构筑物色彩方面，以传统城镇地区宜以水墨淡雅色调为主，承继江南水乡“粉墙黛瓦”的色彩格调；新建城区色彩控制总体以亮丽柔和、清晰质朴、雅致和谐为原则，建构筑物外观宜采用高明度、低彩度的暖色系。同时规划提出了城镇地区建筑形式管控和园林景观设计引导方面的内容。

资料来源：上海同济城市规划设计研究院有限公司，《长三角生态绿色一体化发展示范区国土空间总体规划(2021—2035)研究报告》。

3.3 国土空间用途管制与功能结构调整

乡镇国土空间规划应合理划分全域规划分区，提出稳定耕地、园地、林地、牧草地（耕林牧草）等农用地结构，优化城乡建设用地结构，恢复湿地和陆地水域等国土空间结构调整优化的重点、方向及时序安排，同时注重刚弹兼顾、增存并举。本小节即围绕乡镇域土地用途管制与结构优化的方法和路径进行解析。

3.3.1 确定国土空间规划分区

乡镇国土空间规划应以上位规划确定的规划分区为基础，结合全域国土空间开发保护格局，按照全域全覆盖、不交叉、不重叠的原则，充分考虑生态环境和资源要素保护、经济人口分布等因素，合理优化全域规划分区，细化至二级规划分区，确定各规划分区国土空间主导功能，并明确用途准入原则和管控要求。城镇发展区内二级规划分区，应根据城镇空间结构和功能布局优化目标确定。乡村发展区内二级规划分区，应注重山水林田湖草等各类资源的开发保护管控，结合村庄分类与整理、复垦要求确定。

当出现多重使用功能时，应突出主导功能，选择更有利于实现规划意图的规划分区类型。规划分区应以行政边界、道路、水系、山体等具有实际意义的地理边线为界。

案例

辽宁省海城市腾鳌镇规划分区方案

扫码了解以下内容：
腾鳌镇规划分区图

资料来源：辽宁省城乡建设规划设计院有限责任公司，《海城市腾鳌镇国土空间总体规划（2021—2035）研究报告》。

结合腾鳌镇国土空间格局，相关规划研究提出腾鳌镇农业空间、生态空间、城镇空间的空间布局及管控要求。将镇域空间分为生态保护区、生态控制区、农田保护区、城镇发展区、乡村发展区、矿产能源发展区等六个大区，并对各分区的管控提出了相应要求。城镇发展区和乡村发展区内，则根据主导功能的不同进一步细分。

3.3.2 优化国土空间功能结构

乡镇国土空间规划应落实上位规划的规划分区和调控目标，立足国土空间开发保护现状，稳定耕园林牧草等农用地结构，优化城乡建设用地结构，恢复湿地和陆地水域等原有空间，提出国土空间结构调整优化的重点、方向及时序安排，制定国土空间功能结构调整表。确定全域主要用地用海类型的规模和比例，难以确定规模的用地用海类型，可以明确“保持稳定”“持续增加”等控制导向。

耕地：严格落实上位规划确定的耕地保护目标，以保障和提高粮食生产为核心，稳定和优化农业生产空间，细化落实上位规划确定的耕地集中连片整治、耕地补充与质量提升任务，明确规划耕地规模与布局。

园地：根据农业产业结构优化调整目标和实际发展需求，保障名、特、优、新果品基地生产用地，合理确定园地规模与布局。

林地：落实上位规划确定的森林覆盖率等指标要求，以及生态修复、造林绿化任务，加强对位于生态保护红线内、生态脆弱敏感区、重要生态功能区及生态廊道内的林地保护，确定林地规模与布局。

湿地和陆地水域：落实上位规划确定的湿地和陆地水域保护要求，结合新开、改道、取消的水系范围和规模，确定湿地、陆地水域规模与布局。

农业设施建设用地：以全面推进乡村振兴为指引，促进一二三产业融合发展，分类落实乡村道路用地、种植设施建设用地、畜禽养殖设施建设用地、水产养殖设施建设用地等农业设施建设用地安排。

城镇建设用地： 优化居住用地结构，满足不同人群对居住点选择的要求，提高居住品质；配备多层级商业服务业设施，鼓励商业设施向基层布局，基本便民商业设施实现社区全覆盖；合理布局工矿用地与仓储用地，综合考虑用地与居住之间的关系以及环保要求；合理进行绿地与开敞空间用地规划布局调整，保障人均指标，提高空间可达性；保证公用设施用地比例与道路与交通用地；合理安排公共管理与公共服务用地、公用设施用地，保障道路与交通用地。

村庄建设用地： 综合新产业新业态、乡村振兴等要求，统筹确定村庄建设用地规划与布局。分析村庄空心化趋势，提出村庄搬迁撤并方案与时序安排，明确规划撤并村庄及安置用地布局。对一时难以明确具体用途的城乡建设用地，可暂不明确规划用地性质，作为留白用地。

区域基础设施用地： 结合综合交通规划、公用设施规划和综合防灾规划中确定的相关设施用地需求，明确区域性交通运输用地、公用设施用地规模。

其他建设用地： 合理划定采矿用地规模，保障涉及军事、外事、殡葬等特殊用地需求。

其他土地： 结合农用地综合整治方案、耕地后备资源开发利用，科学预测其他土地规模。

案例

山东省菏泽市高庄镇国土空间利用规划

扫码了解以下内容：
高庄镇镇域国土空间利用规划图

高庄镇国土空间规划用途分类按照山东省相关要求，落实粮食安全重大战略，按照粮食安全、生态安全、多层次开发的顺序，建设用地增存并举，明确用地需求，优化土地资源配置。用地分类体现主要功能导向，便于表达国土空间规划意图与规划实施监督，满足差异化管理和精细化管理的需求。

高庄镇规划农林用地 7 404.99 公顷，占全域比例为 87.67%。其中，耕地 6 383.16 公顷，园地 295.41 公顷，林地 295.06 公顷。

建设用地综合考虑用途属性对应的管制方式不同，划分为城乡建设用地与其他建设用地两大类。建设用地总量 948.75

公顷，占比11.23%，其中城乡建设用地741.70公顷，其他建设用地207.05公顷。

自然保护保留用地92.26公顷，占比1.09%。

与现状相比，农林用地共增加297.87公顷，其中耕地增加468.06公顷，园地减少20.52公顷，林地增加11.43公顷，坑塘、沟渠、田间道共减少161.09公顷。建设用地共减少297.40公顷，其中城乡建设用地减少400.00公顷，主要表现为现状低效居住、工业等用地有序向镇驻地及社区、园区集中；其他建设用地增加102.60公顷，增加用地主要为公路用地。自然保护保留用地共减少0.47公顷。

资料来源：菏泽市牡丹区高庄镇人民政府、山东建筑大学设计集团有限公司，《菏泽市高庄镇国土空间总体规划（2020—2035）研究报告》。

3.3.3 预留弹性发展空间

乡镇级国土空间规划在强化底线约束等刚性管控要求的同时，鼓励在其他方面通过多种方式给予适度的弹性空间，建立留白机制，以应对乡镇未来发展的不确定性，增加规划的可执行性，减少规划实施过程中可能面临的频繁调整。

比如，对集中建设区内难以明确具体用途的建设用地，可暂不明确用地性质，作为留白用地，允许未来开展符合特定条件的建设活动。同样的，可将开发边界内暂时不具备开发条件的区域进行时序留白，明确规划区域空间布局，根据区域发展情况适时启动。镇级层面可预留一定量建设用地机动指标，用于规划村庄道路交通、农房建设、公共服务设施和公共空间建设，保障乡村发展重大项目。对于影响乡镇全域发展的重要发展节点、交通廊道、重大设施等，需在乡镇全域层面进行统筹布局，但是在设施配置等方面应给予更多的弹性，区别于精确到选址的管控方式，可制定公共设施配置要求，明确配置标准、类型和选址要求，实际建设选址或进一步的精确管控措施可交由详细规划或专项规划来进一步落实。

各地乡镇国土空间规划导则对弹性用地提出了相关要求，可以作为参照。如《北京市乡镇国土空间规划编制导则（试行）》中提出，各乡镇根据分区规划要求落实战略留白用地。原则上战略留白用地应选择集中连片、具有一定规模的区域在集中建设区内划定，计入城乡建设用地指标。各乡镇可根据实际情况对战略留白用地进行细化，鼓励在乡镇建成区边缘对于地上无现状建设、近期无实施项目或现状易于拆迁的空间进行留白；鼓励将乡镇集中建设区内现状低效利用待转型、待腾退区域，尚未明确建设意向的空间以及邻近生态敏感度相对较高区域的集中建设地块进行留白，作为功能优化和承接中心城区功能疏解空间。原则上应避免将现状村庄、近期已有建设项目安排、纳入供地计划的区域划入战略留白用地[1]。《山东省乡镇级国土空间规划编制技术规程》（鲁自然资字〔2023〕195 号）提出，乡镇规划可预留不超过 5% 的建设用地机动指标，用于乡镇域内村民居住、农村公益设施、零星分散的乡村文旅设施及农村新产业新业态等用地。留白用地和机动指标使用均不得占用永久基本农田、生态保护红线[2]。

案例

上海市崇明区堡镇战略预留区划定

扫码了解以下内容：
堡镇战略预留区规划图

资料来源：上海市崇明区人民政府、上海市规划和自然资源局，《崇明区堡镇国土空间总体规划（2021—2035）（含近期重点公共基础设施专项规划）法定文件》。

总体规划中提出，落实区总规要求，规划堡镇滨江战略留白区面积 0.7 平方公里，位于城市开发边界内南侧滨江地区。战略预留区实施过渡期管控政策，战略预留区的现状建设用地，在不影响规划长远战略发展的情况下，可以继续使用。除完善生态环境、公共服务以及基础设施配套外，原则上不得进行大规模改建、扩建和新建。

3.3.4　零星建设用地规划使用

按照因地制宜的原则，根据上位规划及相关要求，预留一定比例城乡建设用地指标（一般不超过 10%），用于统筹解决农村公共公益、民生工程、农业生产、农业科研的用地需求，确保用于零星分散的单独选址农业设施、乡村旅游设施等建设，并合理保障农业产业园、科技园、创业园建设用地需求，促进农村一二三产业融合发展。零星分散的城乡建设用地使用应符合上位规划确定的用途管制要求，不得占用永久基本农田等刚性管控范围。

对暂时无法明确具体地块及规模边界的重点项目，可在规划成果中可采用“点位”预控的方式，表达项目的类别和意向性位置，并纳入项目清单管理。后续可根

1. 北京市规划和自然资源委员会.《北京市乡镇国土空间规划编制导则（试行）》，2019.
2. 山东省自然资源厅.《山东省乡镇级国土空间规划编制技术规程》（鲁自然资字〔2023〕195 号）.

据项目建设需要，再确定具体边界、规模和相应的规划管控要求。

以浙江的管控为例，《浙江省自然资源厅关于进一步做好城镇开发边界管理的通知（试行）》（浙自然资规〔2023〕19号）中提出，各地在城镇开发边界外不得进行城镇集中建设，不得规划建设各类开发区和产业园区，不得规划城镇居住用地或兼容城镇居住功能的用地。符合该通知列举的用地类型，确需安排在城镇开发边界外的规划城镇建设用地，应依据国土空间规划，按照“三区三线”管控和城镇建设用地用途管制要求，纳入国土空间规划“一张图”严格实施监管，所涉规划新增城镇建设用地规模，一般不超过当地规划新增城镇建设用地规模的10%，并需相应调减城镇开发边界内规划新增城镇建设用地规模，确保城镇开发边界扩展倍数和规划新增城镇建设用地规模不突破[1]。

3.3.5 增存并举，推动土地节约集约利用

乡镇国土空间规划应加强土地节约集约利用。以“严格控制总量、优化配置增量、盘活利用存量、用好用活流量、着力提升质量”为目标，围绕城市更新、农村建设用地盘活、存量工矿用地再利用等方面，积极开展农村闲置宅基地、工矿废弃地、低效建设用地的整理，明确建设用地整理的范围以及空间布局，确定存量建设用地再开发的重点工程及时序安排。农村建设用地整治结余的建设用地指标，应优先用于保障农村居民安置、农村公共服务配套设施建设及农村新产业新业态发展的用地需求。

以乡镇为基本实施单元推进土地综合整治，按照宜农则农、宜林则林、宜牧则牧、宜渔则渔、宜建则建的原则进行统筹安排，整体推进农用地整理、建设用地整理和乡村生态保护修复，提升空间利用效率。

案例

辽宁省沈阳市铁西新区新民屯镇土地综合整治方案

扫码了解以下内容：
新民屯镇土地综合整治图

新民屯镇隶属辽宁省沈阳市辽中区，由铁西新区代管，位于新沈西工业走廊中部，东与高花街道相接，南与长滩镇相连，西与四方台镇接壤，北与杨士岗镇毗邻。与周边乡镇相比，一产土地效能差距明显，工业空间产出效能较低，总用地集约性差。现有工业园区土地效能低下，产业过多，布

1. 浙江省自然资源厅.《浙江省自然资源厅关于进一步做好城镇开发边界管理的通知（试行）》（浙自然资规〔2023〕19号）.

局杂乱，存量空间待进一步整理，宅基地闲置待进一步探索。规划通过对村庄建设用地整合度、生态基质完整度、农田耕种水平、零散建设用地利用、山林生态景观和生态水系功能性的综合性评价，得出村庄存在的主要问题是生态功能保护以及镇内零散建设用地的利用。基于以上研究，提出全域土地综合整治策略。

强化水体、湿地、林地生态修复工程。

大力推进农用地综合整治。改善农业生产条件，提高农田质量。规划在永久基本农田保护区、永久基本农田储备区以及中低质量耕地的集中区域进行高标准农田建设工程，主要涉及土堡子村、中后村及前村。

以整治促建设，以建设促保护，挖掘耕地潜力，补充后备资源。严格落实耕地保有量，增加有效耕地面积，提高耕地集中连片度和耕地质量，提高农田生产系统稳定性，规划建设农用地整理项目区和潜力耕地提升区。建设用地腾挪区，主要为新西、新东社区两个行政村，将三调数据中标注为即可恢复、工程恢复、未耕种的农用地进行整理，优先复垦为水田，其次为旱地。

修复闲置杂乱土地，有序引导零散宅基地定向集中。在村庄范围内重点整治空心村（宽场村）、拆并的自然村（宽场村）、实施增减挂的项目区及其他土地利用不合理区域。与农用地整治结合，进行整理复垦，优先复垦为耕地，结余指标优先用于农村基础设施和公共服务设施建设，预留部分用地指标，用于村庄产业项目点状落地，其余指标用于城乡增减挂钩指标向开发边界内转移。

转换土地换财政思路，存量空间挖掘，增强土地效能。规划中优先将建设用地盘活作为近期建设工程，盘活存量增强土地效能。结合控规编制，完善用地手续，主要针对可腾挪企业 21 家，盘活建设用地 73 公顷。盘活原冶金园空间，重点引进汽车制造配套产业、高端装备制造、循环科研和农副产品精深加工等产业，打造铁西西部地区的发展引擎。

资料来源：辽宁省城乡建设规划设计院有限责任公司，《沈阳市经济技术开发区新民屯镇国土空间规划（2021—2035）研究报告》。

3.3.6 面向实施，探索村庄建设“通则式”管理

乡镇国土空间规划作为“五级”总体规划的最后一个层级，应强化对规划实施管理的引导作用。针对没有特殊开发建设需要的村庄，可以通过乡镇国土空间规划中的“通则式”管理规定进行控制引导，依法报批后即可作为乡村规划建设管理的依据。

“通则式”管理规定应包括“三区三线”、历史文化保护线等保护控制线、工业用地控制线及村庄建设边界等开发类控制线，灾害风险类控制线等底线空间的管控要求，以及村庄公共服务设施配置、风貌引导等引导性要求，能够较好地指导不编制村庄规划的村庄实施国土空间用途管制、核发乡村建设规划许可。

如《山东省乡镇级国土空间规划编制技术规程》（鲁自然资字〔2023〕195 号）中提出了村庄建设通则的相关要求，村庄建设通则纳入乡镇级国土空间规划，乡镇级国土空间规划作为不编制村庄规划的村庄实施国土空间用途管制、核发乡村建设规划许可的依据。村庄建设通则不得与法律法规和有关政策冲突，各地可根据村庄分类和建设需求，补充其他管控内容。该技术规程中的村庄建设通则包括以下内容。

农村住房：明确村民自建住房用地标准、建筑面积、建筑层数、建筑高度等建设要求，加强风貌管控，传承当地民居特色。

市政公用设施和公共服务设施：结合当地实际提出乡村市政公用设施、公共服务设施的配套标准、建筑层数、建筑高度和风貌管控要求等。

乡村产业：提出乡村产业准入清单和负面清单，明确产业用地开发强度和产业项目建筑层数、高度等控制要求，鼓励产业空间复合高效利用。

历史文化保护：明确文物保护单位、历史建筑、古井、古桥、古树等保护内容和管控要求，历史文化保护线范围内禁止开展影响历史风貌的各类建设行为。

安全防灾减灾：对自然灾害易发区、蓄滞洪区等危险区域，提出防灾减灾要求和措施。对于确需在危险区域范围内开展建设行为的，应提供相关部门的支持性意见[1]。

3.3.7 分期有序推动城镇开发边界内资源管控与开发建设

城镇开发边界内的开发建设应结合城镇化推进分期有序推进，统筹存量和增量用地，合理安排新增建设用地规模、结构、布局和时序，明确近期重点建设项目清

1. 山东省自然资源厅.《山东省乡镇级国土空间规划编制技术规程》（鲁自然资字〔2023〕195 号）.

单与用地布局及近期重点推进的村庄减量、土地整备及城市更新计划。纳入城镇开发边界内的村庄应在系统开展土地、房屋、权属、人口、产业等情况摸底调查的基础上，综合考虑现状特征、村民意愿及经济测算，分类施策提出规划管控与更新改造方式。统筹考虑多方利益平衡方案，通过土地征收、土地置换、拆旧复垦、收购归宗、联动改造、混合开发等多种方式促进成片改造。

对于城镇开发边界内的耕地、林地、湿地等各类自然资源，仍应按照相应资源的管控方式进行管理，并严格落实相应占用程序。鼓励利用城镇开发边界内集中连片的林地、湿地等生态资源建设城市公园，推进生态产品价值转换。

案例

扫码了解以下内容：
堡镇近期重点发展区域引导图、堡镇近期减量化发展用地指引图、堡镇近期重点建设项目用地指引图

上海市崇明区堡镇近期实施规划

规划文件中从五个方面对近期实施提出了引导。

明确近期发展重点区域，作为近期资源投放的重点地区。规划提出将堡镇地区中心、镇滨江更新区域、农民集中安置先行区、五滧撤制镇社区、桃源村乡村振兴发展区作为近期资源投放的重点地区。

明确公共服务、道路交通设施、市政基础设施、生态环境、重点住宅供应及经营性用地项目等各类近期重点建设项目，为重点项目的落地实施提供空间保障。

加强用地保障，提出近期建设用地减量化目标和实施路径。

划定近期土地整备引导区，规划期内应积极引导近期土地整备引导区内低效建设用地减量和统筹开展农用地综合整治，促进耕地集中连片发展，全面提升永久基本农田质量。

确定近期重点城市更新范围，为保障公益性、底线型设施的近期优先实施落地，组团实施过程中应明确组团内未建成道路、社区级公共服务设施等基础配套设施的资金来源、实施主体及建设时序，计划竣工期不得晚于组团内住宅用地，确保配套设施优先落地实施。

资料来源：上海市崇明区人民政府、上海市规划和自然资源局，《崇明区堡镇国土空间总体规划（2021—2035）（含近期重点公共基础设施专项规划）法定文件》。

关键术语

永久基本农田、占补平衡、进出平衡、田长制、生态保护红线、历史文化保护线、村庄建设边界、底图底数、战略留白用地、村庄建设通则

思考题

1. 乡镇国土空间布局时乡镇国土空间总体布局中需要落实的底线管控内容?

2. “占补平衡”和“进出平衡”涉及的地类和管控规则分别是什么?

3. 在乡镇国土空间规划布局优化时，如何根据乡镇的差异性进行分类引导?

4. 如何在乡镇国土空间总体布局中对乡村地区的发展建设进行管控和引导?

5. 乡镇国土空间规划中如何对零星建设用地进行管控?

6. 镇村布局的内容是什么，以及如何通过镇村布局引导城乡融合发展?

7. 乡镇国土空间规划中的分区如何与市县级国土空间规划中的规划分区进行衔接?

8. 解释乡镇域土地用途管制“刚弹结合”和“增存并举”的原则内涵及其目的。

9. 举例说明村庄建设通则的内容和作用。

参考文献

政策法规

[1] 北京市规划和自然资源委员会 . 北京市乡镇国土空间规划编制导则（试行）[EB/OL].（2020-01-06）[2024-08-13]. https: //www.planning.org.cn/news/view？ id=10314&cid=12

[2] 福建省自然资源厅 . 福建省乡镇国土空间总体规划编制指南（试行）[EB/OL].（2022-07-07）[2024-08-13]. https: //www.guoturen.com/wenku-1152.

[3] 贵州省自然资源厅 . 贵州省乡镇级国土空间总体规划编制技术指南（试行）[EB/OL].（2022-02-21）[2024-08-13]. https: //www.dejiang.gov.cn/zfbm_5646712/zrzyj/zcwj_5646807/202202/t20220221_72621113.html.

[4] 河北省自然资源厅 . 河北省乡镇国土空间总体规划编制导则（试行）[EB/OL].（2020-04-17）[2024-08-13]. https: //zrzy.hebei.gov.cn/heb/gongk/gkml/gggs/tz/gtkjgh/101586925628642.html.

[5] 河南省自然资源厅 . 河南省乡镇国土空间规划编制导则（试行）[EB/OL].（2024-01-19）[2024-08-13]. https: //www.guoturen.com/wenku-10491.

[6] 湖南省自然资源厅 . 湖南省乡镇国土空间规划编制指南（试行）[EB/OL].（2020-08-11）[2024-08-13]. http: //www.cnll.gov.cn/llqgtzyj/0500/202012/5e944178a62746a09e8a5247d291c61a.shtml.

[7] 山东省自然资源厅 . 山东省乡镇级国土空间规划编制技术规程 [EB/OL].（2023-12-20）[2024-08-13]. http: //dnr.shandong.gov.cn/zwgk_324/xxgkml/ywdt/tzgg_29303/202312/t20231225_4609123.html.

[8]　山东省自然资源厅 . 山东省自然资源厅关于推行耕地保护“田长制”的指导意见 [EB/OL] . (2020-12-28) [2024-08-13] . https: //gtj.yantai.gov.cn/art/2020/12/28/art_107947_2914820.html.
[9]　四川省自然资源厅 . 四川省乡镇级国土空间总体规划编制指南 (送审稿) [EB/OL] . (2022-03-13) [2024-08-13] . https: //www.guoturen.com/wenku-287.
[10]　上海市规划和自然资源局 . 关于落实“上海 2035”，进一步加强四条控制线实施管理的若干意见 [EB/OL] . (2022-11-30) [2024-08-13] . https: //ghzyj.sh.gov.cn/zcfg-zhl/20221129/efdfd8d2896549d8920d4dea6f45bebc.html.
[11]　浙江省自然资源厅 . 浙江省自然资源厅关于进一步做好城镇开发边界管理的通知 (试行) [EB/OL] . (2023-12-25) [2024-08-13] . https: //zrzyt.zj.gov.cn/art/2023/12/25/art_1229098242_2504853.html.
[12]　中华人民共和国自然资源部 . 自然资源部关于在经济发展用地要素保障工作中严守底线的通知 [EB/OL].(2023-06-13) [2024-08-13] . https: //www.gov.cn/zhengce/zhengceku/202306/content_6886473.htm.
[13]　中华人民共和国自然资源部 . 市、县级国土空间综合防灾规划编制指南 [EB/OL] . (2023-08-18) [2024-08-13] . https: //m.mnr.gov.cn/gk/bzgf/202308/P020230818687469704226.pdf
[14]　中共中央，国务院 .中共中央 国务院关于加强耕地保护和改进占补平衡的意见 [EB/OL].(2017-01-23) [2024-08-13]. https: //www.gov.cn/zhengce/2017-01/23/content_5162649.htm.
[15]　中共中央办公厅，国务院办公厅 . 关于在国土空间规划中统筹划定落实三条控制线的指导意见 [EB/OL].(2019-11-01) [2024-08-13] . https: //www.gov.cn/zhengce/2019-11/01/content_5447654.htm.

第 4 章

乡镇域国土生态空间规划

导语

本章为乡镇域国土生态空间规划内涵与方法的相关内容，分为五个小节。第一小节是生态空间规划目标，主要对乡镇国土生态空间的概念与内涵、治理的逻辑转型、规划目标与任务、价值评估和资源产权进行了阐述。第二小节是乡镇国土生态空间布局结构，包括建立乡镇国土空间的生态安全格局和构建连续的乡镇国土生态空间网络两方面内容。第三小节是乡镇国土生态空间功能组织，包括乡镇国土生态空间的功能复合、主导功能以及优化乡镇生态空间的要素布局等相关内容。第四小节是乡镇国土生态空间规划控制，重点介绍了乡镇国土生态空间的分级分类管控、要素管控体系、分期实施规划三方面内容。第五小节是乡镇国土生态空间规划传导，包括衔接上级规划、划定管制分区，明确用途指引、指导规划实施等方面的要求。

4.1 生态空间规划目标

生态空间即具有重要生态服务功能的国土空间，生态空间规划是国土空间规划中的基础前提与核心内容，最终目的是实现社会、经济、生态效益相统一[1]。本小节将从认知乡镇国土生态空间的概念与内涵开始，依次讲解乡镇国土生态空间治理的逻辑、目标与任务，以及相关的价值评估与资源产权等内容。

1. 高吉喜，徐德琳，乔青，等. 自然生态空间格局构建与规划理论研究［J］. 生态学报，2020，40（3）：749-755.

4.1.1　乡镇国土生态空间的概念与内涵

乡镇国土生态空间是指乡镇层级的、具有自然属性、以提供生态服务或生态产品为主体功能的国土空间。乡镇域拥有丰富的生态资源，乡镇国土生态空间的划分和管理通常需要考虑到生态要素、主导功能、单元传导、管控要求等多个方面，需要综合考虑当地的自然环境条件、社会经济状况、历史文化传承等。同时，乡镇国土生态空间格局的构建，也有助于加强乡村规划、土地利用管理等工作的系统性和整体性。

按照构建全域全要素管控体系的要求，乡镇国土空间规划不仅要划出哪里不准建，更要通过空间管控和政策引导“山水林田湖草沙”，从重数量、守底线的生态保护走向促进生态空间格局优化和质量提升，编制生态要素和生态空间规划。比如,《北京市乡镇地区生态要素和生态空间规划编制指引（试行）》对乡镇国土空间规划中的生态要素与生态空间规划的解释为：主要针对乡镇域空间中的非建设用地进行规划布局引导与管控，是乡镇国土空间规划的重要组成部分，是各乡镇用途空间划定及管控的基础和关键。在编制过程中，研究关键在于选取和识别生态要素和生态过程，建立生态安全格局，构建乡镇域生态基础设施，保护和修复生态空间。做好与各类专项规划的衔接协调，有条件的乡镇可结合具体情况开展乡镇生态要素与生态空间专项规划[1]。

4.1.2　乡镇国土生态空间治理的逻辑转型

生态空间过去常被当作建设用地的附属空间考虑，为经济发展提供空间支撑。生态空间规划多关注生态空间内部功能和格局优化，未考虑生态空间、生产空间、生活空间三者的协调性与适宜性，导致生态空间在布局和规模上不能够满足生活、生产需求。

实际上，生态空间网络通过生态系统服务流将生态功能和社会需求紧密联系在一起，为提升人类福祉提供重要途径。生态空间网络是促进区域生态系统服务供需协同与优化国土空间格局的重要途径。构建生态系统服务供需协同的生态空间网络，有助于明确每个网络要素的主导功能和复合功能，优化提高有限生态空间资源提供的居民福祉[2]。国土空间规划背景下生态文明建设应放在突出的战略位置，在供

1. 北京市规划和自然资源委员会 .《北京市乡镇地区生态要素和生态空间规划编制指引（试行）》，2020.
2. 陈卉，颜文涛，李子豪，等 . 面向生态系统服务供需协同的大都市区生态空间网络构建：以上海市为例［J］. 中国园林，2023，39（6）：70-76.

需关系视角下实施“生产－生活－生态”空间的协调发展[1]，这就需要改变以建设用地为核心的规划理念，将生态文明理念纳入空间治理逻辑的全过程，从数量管控向布局优化和质量提升转变，从划定刚性生态保护红线的“底线”思维，转向充分发挥生态空间服务价值的“供需协同”思维。具体的逻辑转型表现如下。

从“补丁”转向“统筹”。国土空间规划背景下，强调规划编制要突出生态空间格局的整体性和连续性。生态空间是棋盘，生态空间保护、修复、建设和治理是区域发展和空间治理的前提。因此规划编制应以生态保护为基础，构建完整连续的生态空间网络体系，为开发建设做好“棋盘”，把城市视为大自然整体系统的有机组成。

从“标准”转向“定制”。国土空间规划背景下，高质量发展要求规划编制遵循“先布棋盘、再落棋子”的程序逻辑。生态空间规划作为区域空间发展和空间治理的核心政策工具，则需要有效发挥其约束、协调和优化城乡建设用地选址和布局的基础性作用。因此，生态空间规划应围绕预判和预防区域及城市的重大生态风险要求，强化国土生态空间格局与“山水林田湖草沙”的衔接，着力于生态空间保护与城镇空间发展的协调耦合，有效发挥其约束与引导城乡建设用地布局结构的统筹性作用，为土地资源的可持续利用提供保障。

从“管控”转向“治理”。规划转型背景下，传统自上而下的单边“管控”思维亟待调整。首先，建立“多元共赢”的统筹思维模式。未来国土空间治理体系必须采取多元主体、多维角度的空间治理模式和治理手段，生态空间治理应坚持政府主导、引入市场机制、尊重土地持有者权益、发挥多方社会力量的原则，充分调动多元主体保护、建设和参与生态空间治理的积极性。其次，打好“多管齐下”的治理组合拳。生态空间规划编制绝不是生态空间治理的全部，应按照国土空间规划“四体系”的要求，探索构建生态空间规划的编制审批、实施监督、法规政策和技术标准体系[2]。

4.1.3　乡镇国土生态空间规划目标与任务

当前生态空间规划体系构建的宏观背景可以概括为生态文明新要求、美好生活新需要和规划改革新形势。生态文明理念是空间规划体系建立的根本出发点，生态文明新时代是空间规划体系的逻辑起点和工作基点，以“美丽和谐”为目标支撑生

1. 杨蔡少洁，杨冬冬．国土空间规划背景下中国生态空间规划研究进展［J］．风景园林，2023，30（S2）：13-17.
2. 吴岩，王忠杰，杨玲，等．中国生态空间类规划的回顾、反思与展望：基于国土空间规划体系的背景［J］．中国园林，2020，36（2）：29-34.

态空间治理是生态空间规划的使命。生态空间毫无疑问是提供“优质生态产品”的重要空间载体，而“提供更多优质生态产品以满足人民日益增长的优美生态环境需要”是生态空间规划和治理的根本指向之一[1]。

乡镇国土生态空间规划的规划目标，是推进乡镇生态文明建设、促进人与自然和谐共生、建设美丽中国。保障乡镇生态安全、优化土地使用效率、提升乡镇生态环境、促进资源节约和保护、维护生物多样性、支持乡镇地区的经济发展，保障生态与环境的可持续性。

乡镇国土生态空间规划的主要任务，是识别重要的生态源地并构建乡镇国土生态空间网络，保护具有地方性、人文性特征的生态系统结构，发挥其高效的生态系统服务功能；从供需视角优化生态空间网络，引导和约束乡镇建设用地和农业用地的布局结构，避免无序开发所带来的生态退化；促进城乡融合的绿色发展路径，引导乡镇合理建设和农村经济绿色转型。

4.1.4　乡镇国土生态空间的价值评估

生态空间价值评估是生态空间重要性的主要衡量手段之一，通过对生态系统的生产总值进行测度与评估，将其转换成有统一衡量标准的价值量，从而判断该生态系统服务的重要性，指导提出相应的规划策略。生态系统生产总值是人类福祉和经济社会可持续发展提供的各种最终产品与服务价值的总和。通常的评估步骤为：编制服务清单—调查收集数据—确定核算方法—实物量与价值量评估。

《陆地生态系统生产总值（GEP）核算技术指南》中提出，陆地生态系统生产总值核算的主要工作程序包括：根据核算目的，确定生态系统生产总值核算区域范围，明确生态系统类型以及生态系统服务的清单，确定核算模型方法与适用技术参数，开展生态系统生产总值实物量与价值量核算[1]。具体内容如下。

确定核算的区域范围：根据核算目的，确定生态系统生产总值核算的空间范围。核算区域可以是行政区域，如村、乡、县、市或省，也可以是功能相对完整的生态地理单元，如一片森林、一个湖泊、一片沼泽或不同尺度的流域，以及由不同生态系统类型组合而成的地域单元。

明确生态系统类型与分布：调查分析核算区域内的森林、草地、湿地、荒漠、

1. 生态环境部环境规划院，中国科学院生态环境研究中心 .《陆地生态系统生产总值（GEP）核算技术指南》，2020.

农田、城镇等生态系统类型、面积与分布，绘制生态系统空间分布图。

编制生态系统产品与服务清单： 根据生态系统类型及核算的用途，如生态补偿、离任审计、生态产品交易，调查核算范围内生态系统服务的种类，编制生态系统产品和服务清单。

收集资料与补充调查： 收集开展生态系统生产总值核算所需要的相关文献资料、监测与统计等信息数据以及基础地理与地形图件，开展必要的实地观测调查，进行数据预处理以及参数本地化。

开展生态系统产品与服务实物量核算： 选择科学合理、符合核算区域特点的实物量核算方法与技术参数，根据确定的核算基准时间，核算各类生态系统产品与服务的实物量。

开展生态系统产品与服务价值量核算： 根据生态系统产品与服务实物量，运用市场价值法、替代成本法等方法，核算生态系统产品与服务的货币价格；无法获得核算年份价格数据时，利用已有年份数据，按照价格指数进行折算。

核算生态系统生产总值： 将核算区域范围内的生态产品与服务价值加总，得到生态系统生产总值。

4.1.5 乡镇国土生态空间的资源产权

2019 年 4 月 14 日中共中央办公厅、国务院办公厅印发的《关于统筹推进自然资源资产产权制度改革的指导意见》中指出：开展自然资源统一调查监测评价。加快研究制定统一的自然资源分类标准，建立自然资源统一调查监测评价制度，掌握重要自然资源的数量、质量、分布、权属、保护和开发利用状况。研究建立自然资源资产核算评价制度，开展实物量统计，探索价值量核算，编制自然资源资产负债表。建立自然资源动态监测制度，及时跟踪掌握各类自然资源变化情况，建立统一权威的自然资源调查监测评价信息发布和共享机制[1]。

盘清各类自然资源的自然底数与权属底数，是开展乡镇生态空间价值评估的基础。首先，选用统一的资源统计口径，统计乡镇内各类自然资源的类型、数量、特征、分布与现状开发利用情况。其次，理清自然资源的产权归属，进一步明确各部门的管理权责，避免因重复利用造成资源过度利用，导致生态系统退化，价值折损。

1. 中共中央办公厅，国务院办公厅 .《关于统筹推进自然资源资产产权制度改革的指导意见》，2019.

4.2 生态空间布局结构

生态空间规划是前瞻性规划，不是基于现状的画圈和圈地，需要以生态保护需求和国土空间开发适宜性为基础，纵向优化现状与未来的自然生态空间配置。梳理乡镇生态安全格局是生态空间规划的基础，构建科学合理的生态网络是生态空间规划的关键。

4.2.1 建立乡镇国土空间的生态安全格局

生态要素的空间分布构成了生态空间格局，主要取决于宏观的地理格局和地貌形态，制约着各种生态过程。对生态空间进行格局优化，提高空间利用效率，可以更好地发挥生态空间对生产、生活空间的支撑作用。构建乡镇国土空间生态安全格局应当先了解当地的水文、气候、土壤等自然环境现状，收集山、水、林、田、湖、草、沙等生态要素的分布与特征，挖掘其资源禀赋及现存问题；然后围绕不同自然生态类型分布展开风险评估、调节作用、景观连通性等评价、分析与模拟，识别应重点修复或利用的重要生态源地与生态廊道；最后梳理出乡镇国土空间的生态安全格局。

其中，生态源地指对区域生态安全具有重要意义的生态用地，是构建生态安全格局的基础，通常从景观连通性、生态敏感性、生态系统服务价值、生境质量评估、生态风险评估等方面综合确定[1]。生态廊道则表征了源地间物种与生态要素流动的通道，生态断裂点、生态障碍点是生态廊道中阻碍物种与生态要素流动的区域，均是国土空间生态保护与修复关键区域。

案例

上海市崇明区城桥镇生态空间规划

扫码了解以下内容：
城桥镇生态空间规划图

总体规划中提出优化生态空间格局，推进各类公园绿地、沿河沿路生态廊道建设，提升综合生态服务功能与效益。积极推进交通干道两侧、大型环境基础设施、产业园区、生态环境综合整治区域等及周边的防护林建设，有效控制区域生态环境风险。

1. 付凤杰，刘珍环，刘海．基于生态安全格局的国土空间生态修复关键区域识别：以贺州市为例［J］．生态学报，2021，41（9）：3406-3414.

规划至2035年，在规划范围内共划定生态空间面积3 486.25公顷（包含区内镇外面积121.29公顷），其中一类生态空间面积43.14公顷（包含区内镇外面积40.98公顷），三类生态空间面积2 927.19公顷（包含区内镇外面积80.31公顷），四类生态空间面积515.92公顷。城桥镇规划范围内的三类生态空间主要包括永久基本农田、生态走廊等生态修复区；四类生态空间主要包括开发边界内重要的河流沿线、公园绿地、林地等结构性生态空间，在区级总体规划定的四类生态空间基础上，在保证生态空间面积不减少的前提下，对生态空间布局进行了优化调整。

资料来源：上海市崇明区人民政府、上海市规划和自然资源局，《崇明区城桥镇国土空间总体规划（2021—2035）（含近期重点公共基础设施专项规划）公众读本》。

4.2.2 构建连续的乡镇国土生态空间网络

多层次、网络化、功能复合的生态网络将相对孤立的生态空间连成一个整体，对于生态系统效益发挥与生物生境保护具有重要作用。构建科学合理的生态网络是优化国土空间开发保护格局的关键，对保障生态安全和促进生态系统良性循环具有重要意义。

根据景观生态学及景观格局优化理论中“斑块—廊道—基质”规划设计原理，基于识别出的生态源地、生态廊道、生态基质，结合各类生态过程及经济、社会等因素，统筹构建完整连续的乡镇国土生态空间网络。构建生态空间网络时应以保持生态相对完整性为目的，以提供自然产品和生态服务为导向，不必太拘泥于用地类型或现状生态空间分布，可包含少量农业用地或建设用地。对于生态空间中的永久性基本农田等非生态用地，也可暂时不划入自然生态空间，待条件成熟时进行产业、人口退出后再划入生态空间[1]。

生态空间网络的构成空间可分为主体性空间与结构性空间两种类型。

主体性生态空间主要包含重要生态功能区、生态脆弱区、生态敏感区、生物多样性保护优先区域及禁止开发区域等。对于生态红线划定的区域，可以将红线所包含的空间作为主体性空间的核心组成。对于没有进行生态红线划定的乡镇区域，要结合社会经济实际发展需求识别重要的主体生态空间。

结构性生态空间包含结构性节点空间与体系化廊道空间。结构性空间往往难以

1. 高吉喜，徐德琳，乔青，等. 自然生态空间格局构建与规划理论研究［J］. 生态学报，2020，40（3）：749-755.

通过生态分析评价体系获取，但其对于保障区域景观格局及过程的健康与稳定至关重要。它的识别需通过景观格局特征分析提炼出不同尺度下景观格局的基本模式，在此基础上判读不同生态空间在整个区域景观格局结构中的重要程度。在分别明确主体性空间与结构性空间的空间分布及规模范围后，规划可以在保证乡镇区域的景观格局特征的基础上，创造性地进行相应的空间整合、补充与修复，最终构建起完整的生态网络体系[1]。

案例

上海市金山区吕巷镇生态网络建构

扫码了解以下内容：
吕巷镇水系规划图、
吕巷镇公共绿地规划图

《金山区吕巷镇国土空间总体规划（2019—2035）》中提出，坚持生态筑底、水绿一体的基本理念，梳理吕巷镇河网水系资源，强化以水为核心的生态空间对城乡空间布局的约束和引导，提升蓝绿空间的连续性，加强社区空间与蓝绿空间的联系，整合生态基地、斑块、廊道等要素，构建多尺度、全要素、全覆盖的蓝绿空间网络体系。

构建纵横相连、生态健康的水网体系。规划对全域水系进行梳理，提高水系连通性，强化内航河道通航能力，提升河道生态功能，构建纵横相连、生态健康的水网体系。加强水域的自然生态功能，改善河岸生态微循环，提高水体自净能力，加强湿地的生态保护、修复与建设。

营造尺度多样、类型丰富的公共绿地系统。规划通过强化社区绿地和口袋公园的建设，构建区域级、地区级、社区级和口袋公园等四级城市公园体系，营造尺度多样、类型丰富的公共绿地系统。郊野公园的建设强化生态服务功能，注重生物多样性建设，改善城市热岛效应、调节城市小气候、净化空气；同时，兼具文化和旅游功能，突出生态、文化、旅游的共生共融、产城融合。结合美丽乡村建设、低效用地减量化和古树资源保护，推进“一村一园”建设，切实提升乡村生活环境质量和品质。

资料来源：上海市金山区人民政府、上海市规划和自然资源局，《金山区吕巷镇国土空间总体规划（2019—2035）（含近期重点公共基础设施专项规划）批后公示稿》。

1. 王云才，吕东，彭震伟，等. 基于生态网络规划的生态红线划定研究：以安徽省宣城市南漪湖地区为例［J］. 城市规划学刊，2015（3）：28-35.

4.3 生态空间功能组织

生态空间功能具有复合性，确定乡镇国土生态空间的主导功能，优化生态空间的要素布局，有助于提升生态资源的总体价值。本小节将在解读乡镇国土生态空间功能复合特征的基础上，阐释乡镇国土生态空间的主导功能和要素布局要点。

4.3.1 乡镇国土生态空间的功能复合

生态空间功能具有复合性。生态空间分区本质上属于功能分区的范畴，是将以生态系统服务为主导、功能较为一致的地理单元划归为同一类空间的过程。然而，这难以避免多种功能重叠或交叉的空间存在，这种模糊空间即反映生态空间的复合性。一方面，农业空间、城镇空间与生态空间两两之间存在可融合或可转换的复合利用，形成农业生态、城镇生态等复合生态空间类型。例如，农田既具有粮食生产的功能，也具有提供调节服务的功能。另一方面，不同生态系统服务为主导的子空间也存在双重或多重功能复合[1]。

乡镇国土空间的生产、生活、生态空间大多没有硬边界划分，空间功能具有较大弹性，如湿地水域与农业生产的复合，休闲游憩与洪涝调节的复合。推动空间功能复合，是乡镇生态空间规划的重要内容，应考虑各功能间的兼容性与生态过程特征，引导空间分时共享高效利用。

案例

上海市崇明区堡镇生态空间规划

堡镇郊野地区以农业生产功能为主，同步提升生态功能、休闲农业功能。《崇明区堡镇国土空间总体规划（2021—2035）》中衔接崇明区农业三区划定，其中，堡镇郊野地区主要以粮食生产功能片区和蔬菜生产保护片区为主。结合现有生态资源，注重生态保育功能，改善区域生态环境，规划提出逐步发展休闲农业和生态旅游。产业发展方面，规划以规模化现代化农业生产为主，注重一二三产业融合。

资料来源：上海市崇明区人民政府、上海市规划和自然资源局，《崇明区堡镇国土空间总体规划（2021—2035）（含近期重点公共基础设施专项规划）法定文件》。

1. 陈阳，岳文泽，张亮，等. 国土空间规划视角下生态空间管制分区的理论思考［J］. 中国土地科学，2020，34（8）：1-9.

4.3.2　乡镇国土生态空间的主导功能

确定生态空间主导功能是乡镇国土空间治理的重要内容。生态空间除了其支持服务、调节服务和供给服务等功能，还具有文化传承、自然美学、环境教育等功能，对社会、经济、文化等多个领域均有影响。乡镇域国土空间规划，应根据生态空间本身的资源禀赋确定其主导功能及相应的管控要求，同时引导确定邻域空间的开发建设功能，从而发挥生态空间主导功能并实现生态资源的价值转化。例如，滨水生态空间可根据自身景观基础和周边社会需求，赋予休闲观光、健身康养、文化教育等功能。

案例

上海市青浦区金泽镇滨湖空间规划

《青浦区金泽镇总体规划暨土地利用总体规划（2017—2035）》中提出金泽镇沿湖生态空间的功能组织为：规划农用地以生态服务功能为主，除了满足耕地及基本农田保护要求以外，重点落实林地涵养，提高生态环境水平。原有的生态涵养林片区则保留生态主导功能，进行密林种植。此外利用滨湖景观资源，设置环湖休闲带。

扫码了解以下内容：
金泽镇滨湖风景带布局图

资料来源：上海市青浦区人民政府、上海市规划和国土资源管理局，《青浦区金泽镇总体规划暨土地利用总体规划（2017—2035）（含近期重点公共基础设施专项规划）法定文件》。

4.3.3　优化乡镇生态空间的要素布局

自然生态空间内各种生态要素或功能体的空间组合形式决定和制约着其过程和功能的变化，其过程和功能也会反作用于空间格局[1]。优化生态空间的要素布局将提升生态资源的总体价值。以提高乡镇生态服务功能和生态价值为原则，对乡镇区域内格局失序、结构不良、功能退化、效率低下的水体、林地、耕地、草地等生态要素进行优化调整。在确保各生态要素数量不减少的前提下，使农业空间和建设用地相对集聚，绿地成网，水系相交，尽可能最大程度发挥其生态空间的服务效益。

《北京市乡镇地区生态要素与生态空间规划编制指引（试行）》中的要求可为生

1. 高吉喜，徐德琳，乔青，等. 自然生态空间格局构建与规划理论研究［J］. 生态学报，2020，40（3）：749-755.

态空间要素布局提供借鉴，并提出：在生态安全格局综合评价的基础上，以提高区域生态服务功能和生态价值为原则，对区域内的水体、林地、耕地、园地等生态要素进行优化调整，结合社会、经济等因素统筹划定生态空间结构，确保水、林、田等重要生态要素数量不减少，在空间结构上实现水系连通、农田聚集、林地沿路沿河连片成网的清晰格局[1]。因此，与上位规划相比，乡镇生态空间规划应以林地沿河、沿路成网，良田聚集，水资源合理布局为目标，对分区规划各类生态要素进行深化、细化，为各类自然资源要素分类管控、制定准入清单打好基础。

案例

扫码了解以下内容：
长兴镇生态空间规划图、
长兴镇土地利用规划图

资料来源：上海市长兴岛开发建设管理委员会、上海市崇明区人民政府、上海市规划和自然资源局，《崇明区长兴镇国土空间总体规划（2021—2035）（含近期重点公共基础设施专项规划）法定文件》。

上海市崇明区长兴镇生态空间要素布局

《崇明区长兴镇国土空间总体规划（2021—2035）》中提出，田、林、水空间的发展建设在注重数量提升的同时，应注重质量、生态效益、乡野景观、地区文化的同步提升。规划积极腾退低效建设用地、设施农用地、养殖水面等对生态结构有影响的空间，依据“宜农则农、宜林则林、宜水则水”的原则，逐步调整优化田、林、水生态空间结构，形成和谐自然的生态空间，使农业空间更加集聚，林地空间更有结构，河网水系更成体系。田、林、水的空间拓展引导策略为：①耕地补充空间，原则上与周边永农连片的空间；②林地补充空间，位于市区两级廊道内空间，沿河沿路的空间，以及其他与周边森林连片的空间；③水系潜力，将位于生态源地周边的空间，邻河道蓝线的水面空间，已经形成水景的三调河湖水面空间优化梳拓，纳入水面率管控指标。

4.4 生态空间规划控制

原国土资源部印发的《自然生态空间用途管制办法（试行）》（国土资发〔2017〕33 号）中提出，生态空间用途管制应坚持生态优先、区域统筹、分级分类、

1. 北京市规划自然资源委 .《北京市乡镇地区生态要素和生态空间规划编制指引（试行）》，2020.

协同共治原则，并应与生态保护红线制度和自然资源管理体制改革要求相衔接。本小节即围绕乡镇国土生态空间的分级分类管控方法、要素管控体系和分期实施规划要点展开讲解。

4.4.1　乡镇国土生态空间的分级分类管控

分级分类是乡镇国土空间的生态空间规划控制中的重要管控思路。

分级即对不同重要程度的生态空间进行差异化的管控措施。通常一级控制区以严格限制开发建设行为、保护和提升生态功能为原则，避免破坏；二级控制区应控制其内部建设强度，协调保护区与建设用地的功能，调整用地性质，提升其提供服务的绩效；三级控制区应控制其周边建设用地开发强度，避免建设用地的过度无序蔓延，提升建成区的环境质量，并通过置换调整提升生态空间的绩效。《自然生态空间用途管制办法（试行）》中规定：生态空间范围内划定的具有特殊重要生态功能必须强制性严格保护的区域，划入生态保护红线，原则上按禁止开发区的要求进行管理，实行特殊保护。其他生态空间，原则上按限制开发区域的要求进行管理，执行区域准入制度，限制开发利用活动，在不影响现有生态功能的前提下，允许适度的国土开发、资源和景观利用[1]。

分类即在分级控制的基础上，国土资源、农业、水利、林业等相关行政主管部门，按照各部门职能，对各类生态空间的开发利用进行管控。

案例

扫码了解以下内容：
金泽镇生态空间规划图

上海市青浦区金泽镇生态空间管控

生态空间是为保障城市生态安全、提升城市生态环境、维护生物多样性所必须严格保护的空间。2035 年，金泽镇划定城市生态空间不小于 99.0 平方公里。按照各类管理主体与事权相对应的原则，建立健全生态空间分类管控、建设引导、生态补偿和动态调整机制。金泽镇内共划分三类生态空间。需要留意的是，在上海的生态空间管控体系中，一类生态空间主要指崇明东滩鸟类国家级自然保护区、九段沙湿地

1.中华人民共和国国土资源部.《自然生态空间用途管制办法（试行）》（国土资发〔2017〕33 号）.

国家级自然保护区的核心范围，金泽镇不在此范围内。

二类生态空间：二类生态空间为市级层面严格控制和管理的空间，纳入上海市生态保护红线范围。金泽镇域内二类生态空间包括1处上海市一级水源保护区——金泽水库，范围包括金泽水库全域及向库外延伸50米的范围，以及金泽水库太浦河取水口至上游1 000米范围内沿岸100米宽的保护区域，总面积约3.5平方公里。

三类生态空间：将城市开发边界外除一类、二类生态空间外的其他重要结构性生态空间划定为三类生态空间，包括永久基本农田、重要林地和湖泊河道等生态保护区，以及饮用水源二级保护区、生态间隔带和生态走廊等生态修复区，总面积约93.5平方公里。

四类生态空间：将城市开发边界内结构性生态空间划定为四类生态空间，包括公园绿地、水系、楔形绿地等，面积约2.0平方公里，严格保护并提升生态功能。

二类生态空间是生态空间保护的核心，作为禁建区，应实行最严格的管控措施，禁止一切与生态保护无关的开发建设活动；三类、四类生态空间是生态保护重要区域，以生态维护为重点，作为限建区，禁止一般开发建设，控制线性工程、市政基础设施和独立型特殊建设项目用地。与生态环境保护相抵触的现状建设用地应逐步退出，不得扩大用地面积。优先推进生态建设，着力增加水、田、林等生态要素的规模和质量。对生态空间的生产建设活动，文物、水体、林地、绿地、湿地、自然保护区保护等法律、法规和规章有更严格规定的，从严规定。

资料来源：上海市青浦区人民政府、上海市规划和国土资源管理局，《青浦区金泽镇总体规划暨土地利用总体规划（2017—2035）（含近期重点公共基础设施专项规划）法定文件》。

4.4.2 乡镇国土生态空间的要素管控体系

乡镇域拥有丰富的生态资源，乡镇国土空间生态规划是实现生态文明建设有效落实的重要抓手，把山、水、林、田、湖、草、沙等生态要素纳入国土空间管控体系中，将其作为生命共同体统一管理统筹布局。

乡镇国土生态空间的要素管控应结合保护和利用两大目标，围绕保育型生态区片、自然观光型生态区片、现代农业生产区片、田园综合型农业区片等功能区片类型，提出生态安全、粮食安全、正负面清单及生态修复、农田整治等用途管制要求，指导项目选址和生态准入；同时，结合乡村产业发展和建设意向，针对由功能区片细化而来的生态保育型、郊野公园型、农业生态型、农业产业型、综合发展型、生态农业型等田园功能单元类型，进一步明确主导产业方向、用途管制、管制指标、正负面清单四个方面的要求，指导村庄规划和生态项目准入[1]。

4.4.3　乡镇国土生态空间的分期实施规划

生态空间规划需近远期结合，远期规划设定目标，近期规划指导实施，合理把握周期循序渐进。在分类保护与分级控制的基础上，根据目前乡镇域建设的实际情况和规划实施的难易程度，确定生态空间近、中、远期的实施时序和递进式的阶段目标，分期开发，逐步完善。在时间上，阶段目标的时限设置可与五年规划保持一致，这样有助于形成统一的工作节奏，提高执行力。在表达上，阶段目标强调任务化、可衡量，突出衡量重要生态系统质量的量化指标值。

案例

上海市青浦区朱家角镇近期生态建设项目规划

《青浦区朱家角镇总体规划暨土地利用总体规划（2017—2035）》在近期实施部分，提出了各类生态建设项目。包括：①启动滨湖生态绿地公园、淀浦河南岸市民生态公园、东方绿舟地铁站周边开放式滨河绿地、朱家角地铁站商圈公园、淀山湖大道两侧开放绿地、社区公园等建设，近期新增公园绿地 74.7 公顷；②近期新增河流水域 2 公顷；③提升淀浦河、市河水质，保证出水水质优于进水水质。

扫码了解以下内容：
朱家角镇近期新增生态项目图

资料来源：上海市青浦区人民政府、上海市规划和国土资源管理局，《青浦区朱家角镇总体规划暨土地利用总体规划（2017—2035）（含近期重点公共基础设施专项规划）法定文件》。

1. 陈伟，何蕾，周维思．国土空间规划体系下的武汉国土空间详细规划探索与实践［J］．城乡规划，2023（6）：91-98.

4.5 生态空间规划传导

乡镇国土生态空间规划传导应在衔接上级规划的基础上，科学划定管制分区，并细化各分区用途指引，从而保障生态空间规划的落实。本小节即围绕管制分区和用途指引两方面进行阐释。

4.5.1 衔接上级规划，划定管制分区

为便于规划实施和管理，可遵循以生态功能为研判依据、生态要素为空间载体、分级分类高效管理为落脚点的理论逻辑。以行政边界、水系、道路为边界进行单元划分，确立地块、生态子空间、生态空间等空间尺度，搭建上下尺度衔接的生态空间管制分区层级；以地块主导功能判别为准则，构建以单维功能空间、复合功能空间、综合生态空间为核心的分类管理体系；匹配生态功能与土地利用类型，将高生态功能的自然地类设为生态刚性空间，将城镇生态或农业生态空间划为生态弹性空间，建构生态刚性与弹性空间分区模式[1]。

案例

扫码了解以下内容：
堡镇单元划分示意图

上海市崇明区堡镇乡村单元规划

《崇明区堡镇国土空间总体规划（2021—2035）》结合镇村体系，依据各村村庄行政边界，将城镇开发边界外郊野地区划分为4个乡村单元，分别为堡西乡村单元（含财贸村、人民村、堡北村、菜园村和桃源村）、堡中乡村单元（含永和村、花园村、营房村、四滧村和堡港村）、五滧乡村单元（含五滧村、小漾村、彷徨村、米行村、瀛南村和南海村）和垦区乡村单元。

衔接上位规划要求，堡镇规划确定生态空间47.18平方公里（为镇域和岸线调整区域面积之和）。堡镇郊野地区以农业生产功能为主，同步提升生态功能、休闲农业功能。衔接崇明区农业三区划定，堡镇郊野地区主要以粮食生产功能片区

1. 陈卉，颜文涛，李子豪，等. 面向生态系统服务供需协同的大都市区生态空间网络构建：以上海市为例［J］. 中国园林，2023，39（6）：70-76.

和蔬菜生产保护片区为主。规划划定粮食生产功能区 1.47 万亩（约 980 公顷），主要布局在堡北村、财贸村、营房村、四滧村、五滧村等村庄范围内，以引导高标准农田建设为主；划定蔬菜生产保护区 0.48 万亩（约 370 公顷），主要布局在桃源村、彷徨村、米行村等村庄范围内，以保护蔬菜生产功能、提升农业生产能力为主。结合现有生态资源，注重生态保育功能，改善区域生态环境，逐步发展休闲农业和生态旅游。

资料来源：上海市崇明区人民政府、上海市规划和自然资源局.《崇明区堡镇国土空间总体规划（2021—2035）（含近期重点公共基础设施专项规划）法定文件》。

4.5.2 明确用途指引，指导规划实施

《自然生态空间用途管制办法（试行）》（国土资发〔2017〕33号，以下简称“《管制办法》”）中提出，在管制方式上，除指标控制外，进一步强化空间控制。《管制办法》弱化了指标层层分解控制，强调通过空间布局落实生态空间保护目标，体现自上而下和自下而上相结合的思路。自上而下主要体现在，国家通过制定调查标准、生态保护红线划定标准、监管平台和用途管制规则，确保需要重点保护的生态空间在下级规划中得到落实。自下而上主要体现在，通过编制市县级空间规划，强化生态空间和生态保护红线的落地管理，作为生态空间用途管制的依据[1]。

各分区的用途管制与规划指引将直接引导实施。在乡镇域国土生态空间规划中，需根据各个分区的实际情况，遵循规律，因地制宜，承接上级规划中确定的生态空间用途与管制方式，并对其进行可直接引导具体规划建设的细化，明确其主导功能、控制要点、建设控制要素、空间建设引导，统筹提升生态空间的生态功能和生态服务价值。

关键术语

乡镇国土生态空间、生态空间价值评估、乡镇国土空间生态安全格局、主体性生态空间、结构性生态空间、生态空间分级管控、生态空间分类管控

1.中华人民共和国国土资源部.《自然生态空间用途管制办法（试行）》（国土资发〔2017〕33 号）.

思考题

1. 生态空间以及乡镇域生态空间规划的基本概念是什么?
2. 如何理解当前生态空间治理的逻辑转型?
3. 简述乡镇国土生态空间规划目标和任务。
4. 生态空间价值评估和资源产权调查的具体步骤分别有哪些?
5. 国土空间生态保护与修复的关键区域包括哪些?
6. 主体性生态空间和结构性生态空间的内涵分别是什么?
7. 举例说明乡镇国土生态空间的复合功能和主导功能。
8. 乡镇国土生态空间如何进行分级分类管控?
9. 简述乡镇国土生态空间规划传导中划定管制分区和用途指引的要点。

参考文献

图书和期刊

[1] 陈卉，颜文涛，李子豪，等 . 面向生态系统服务供需协同的大都市区生态空间网络构建：以上海市为例［J］. 中国园林，2023，39（6）：70-76.

[2] 陈伟，何蕾，周维思 . 国土空间规划体系下的武汉国土空间详细规划探索与实践［J］. 城乡规划，2023（6）：91-98.

[3] 陈阳，岳文泽，张亮，等 . 国土空间规划视角下生态空间管制分区的理论思考［J］. 中国土地科学，2020，34（8）：1-9.

[4] 付凤杰，刘珍环，刘海 . 基于生态安全格局的国土空间生态修复关键区域识别：以贺州市为例［J］. 生态学报，2021，41（9）：3406-3414.

[5] 高吉喜，徐德琳，乔青，等 . 自然生态空间格局构建与规划理论研究［J］. 生态学报，2020，40（3）：749-755.

[6] 王云才，吕东，彭震伟，等 . 基于生态网络规划的生态红线划定研究：以安徽省宣城市南漪湖地区为例［J］. 城市规划学刊，2015（3）：28-35.

[7] 吴岩，王忠杰，杨玲，等 . 中国生态空间类规划的回顾、反思与展望：基于国土空间规划体系的背景［J］. 中国园林，2020，36（2）：29-34.

[8] 许顺才，伍黎芝 . 基于空间主体功能导向的国土综合整治研究［J］. 城市发展研究，2020，27（11）：44-50.

[9] 杨蔡少洁，杨冬冬 . 国土空间规划背景下中国生态空间规划研究进展［J］. 风景园林，2023，30（S2）：13-17.

[10] 邹兵，唐豪 . 市级国土空间生态修复规划编制逻辑与深圳实践［J］. 规划师，2023，39（9）：89-97.

政策法规

[11] 中华人民共和国国土资源部 . 自然生态空间用途管制办法（试行）［EB/OL］.（2017-04-24）［2024-08-13］. https：//finance.china.com.cn/roll/20170424/4187683.shtml.

[12] 生态环境部环境规划院，中国科学院生态环境研究中心 . 陆地生态系统生产总值（GEP）核算技术指南［Z/OL］.（2020-09）［2024-08-25］.http：//www.caep.org.cn/zclm/sthjyjjhszx/zxdt_21932/202010/W020201029488841168291.pdf.

[13] 中共中央办公厅，国务院办公厅 . 关于统筹推进自然资源资产产权制度改革的指导意见［EB/OL］.（2019-04-14）［2024-08-13］.https：//www.gov.cn/zhengce/2019-04/14/content_5382818.htm.

第 5 章 乡镇域国土空间道路交通规划

导语

本章为乡镇域国土空间道路交通规划的内容，分为四个小节。第一小节是乡镇国土空间区域交通，主要包括区域交通体系和结构、区域交通组成和要求、对外交通规划、乡镇国土空间交通设施的空间管控以及乡镇国土空间多要素协同规划方法转型的相关内容；第二节是乡镇国土空间道路系统，主要对道路网络结构和规划、道路系统规划基本要求、道路交通设施规划和道路网络可实施性进行了阐述；第三小节是乡镇生态公共交通，包括绿色交通体系、乡镇公交线网功能定位的多层次划分、公交线网、公交配套设施、公共交通智能化等内容；第四小节是乡镇其他交通设施，包括停车、加油加气、充电、邮政快递、旅游交通、智能交通、交通安全等设施的规划。

5.1 区域交通

区域交通对乡镇发展有着重要影响，在国土空间规划背景下，乡镇区域交通规划面临新要求和新转变。基于此，本小节主要对乡镇国土空间区域交通的体系和结构、组成和要求、对外交通规划、设施空间管控和多要素协同规划方法转型等方面的内容进行阐述。

5.1.1 区域交通体系和结构

区域交通体系由公路运输子系统、铁路运输子系统、航空运输子系统、水路运输子系统和管道运输子系统组成。区域交通体系结构一般为各种交通子系统之间的串联、并联或串并联组成。

在国土空间规划体系下，覆盖全域、全要素的综合交通体系规划在规划要求和内涵上发生转变，成为支撑和约束国土空间使用、优化空间结构、协调空间组织关系的重要手段和途径。综合交通体系应基于多层次、多维度、差别化的空间发展需求，覆盖全空间、全要素。

《交通强国建设纲要》提出广覆盖的农村交通基础设施网建设要求。包括全面推进“四好农村路”建设，加快实施通村组硬化路建设，建立规范化可持续管护机制。促进交通建设与农村地区资源开发、产业发展有机融合，加强特色农产品优势区与旅游资源富集区交通建设。在有条件的地区推进具备旅游、农业作业、应急救援等功能的通用机场建设，加强农村邮政等基础设施建设[1]。

5.1.2 区域交通组成和要求

区域交通组成包括公路、铁路、航空、水运和管道交通运输。

区域交通规划应落实上位规划及相关专项规划要求，明确公路、铁路、机场、航道等区域性交通基础设施布局和廊道控制要求。乡镇域的道路应与其他交通设施相互协调，并应配置相应的站场、码头、停车场等设施，公路、铁路、航空、水运等用地及防护地段应符合国家现行的有关标准的规定，并应有利于镇区和村庄的发展、建筑布置和管线敷设。

在规划中应确定高速公路、国道、省道、县道和乡道等公路在镇（乡）域的线路走向，按照公路设计相关标准确定公路的等级和控制宽度。水网地区的区域交通规划应提出镇（乡）域水运交通组织方案，按照航道设计相关标准，明确航道等级和走向、港口布局、桥梁净空要求等。按照相关标准，规划应确定镇（乡）域汽车站、火车站、港口码头等交通站场的等级和功能（客运、货运），提出其规划布局和用地规模；规划农村公交线路，确定公交站点位置；确定加油站、停车场等静态交通设施、批发市场和物流点的规划布局和用地规模[2]。

1. 钱林波，彭佳，梁浩 . 国土空间综合交通体系规划的新要求与新内涵［J］. 城市交通，2021，19（1）：13-18+81.
2. 中华人民共和国住房和城乡建设部 .《关于印发〈镇（乡）域规划导则（试行）〉的通知》（建村〔2010〕184 号）.

案例

浙江省桐乡市濮院镇区域交通衔接规划

扫码了解以下内容：
嘉兴市市域轨道交通规划图、
嘉兴市市域公路网络规划图

资料来源：上海同济城市规划设计研究院有限公司，《嘉兴市国土空间总体规划（2021—2035）研究报告》。

濮院镇位于浙江省桐乡市东部，地处长江三角洲平原腹地，沪、杭、苏中间节点位置，下辖 7 个居民社区和 13 个行政村，区内有 320 国道、申嘉湖高速公路、嘉湖公路、嘉桐公路、京杭大运河等交通要道。

在国土空间规划背景下，规划研究报告提出建设便捷高效的综合交通系统，加快融入区域性交通网络、优化市域综合交通格局、提升综合交通运输能力，强化综合性交通枢纽建设。

5.1.3 对外交通规划

在乡镇国土空间道路交通规划中，应积极主动融入区域交通一体化格局，着眼综合交通协调发展，有机衔接乡镇及区域对外交通、轨道交通、公共交通、客运枢纽、货运枢纽、物流系统等重大交通设施布局，加强与周边乡镇、区县对接。有效衔接上位规划，明确公路、铁路、机场、港口等对外交通线路和交通枢纽的功能等级、用地规模、走向、位置和衔接要求。

传统的公路网规划将城镇分为不同层次的枢纽，通过线网锚固枢纽制定网络规划。随着对区位和交通可达性相互关系认识的加深，道路交通规划方法由以增加设施规模为核心转向以提高通道服务水平为核心，在具体的运输方式上，则体现为由高速公路网络向城际铁路网络转变。现阶段，由于交通协同运作实施的增强，交通枢纽在网络中的地位异常重要，规划重点转向交通枢纽的服务能力和衔接组织的优化。

案例

河北省滦州市东安各庄镇镇域对外通道优化

扫码了解以下内容：
滦州市市域综合交通体系规划图、东安各庄镇镇域交通基础设施规划图

东安各庄镇位于滦州市县城北 5.5 公里处，东连油榨镇，南接滦城街道办，西邻雷庄镇，北与滦州市接壤。镇区北距京沈高速 11 公里，102 国道、205 国道、平青大公路（S252）从镇域纵横穿越，旅游专线福州路穿越镇区，津秦高铁横贯全镇，镇区内设有高铁滦河站，把滦州市纳入京津秦 1.2 小时经济圈，交通便利，区位优越。

资料来源：上海同济城市规划设计研究院有限公司，《滦州市国土空间总体规划（2021—2035）研究报告》。

在其国土空间总体规划研究中，完善镇域路网结构，强化镇域东西向联系，加强镇区与滦州市中心城区及高铁片区的交通联系，提升镇区内部道路等级，构建“五横四纵”的路网体系，是对外通道优化的目标。

5.1.4 乡镇国土空间交通设施的空间管控

交通设施规划是国土空间规划的重要组成部分，区域公路廊道、铁路、车站、码头等交通枢纽设施都具有一定的空间需求，在国土空间规划确定“三区三线”过程中，应充分考虑交通设施的空间管控要求，划示用地边界。应将规划成果纳入国土空间规划一张蓝图，以实现对交通基础设施空间资源有效储备、统筹协调和严格管控[1]。

表 5-1 交通设施管控要素及内容

管控要素	管控内容
机场	机场及净空保护区的划示边界、核心技术指标
港口	各类港口的控制范围、港口和航道的核心技术指标
铁路	国铁线路、城际铁路、客货运站划示边界
道路	道路线路的走向、划示边界
立交	立交节点的划示边界
城市轨道交通	轨道线路的走向、划示边界、站点（含站场）布局
公交	公交场站的用地边界，快速公交的边界
交通场站	公路客货运站、重大公交场站的布点和划示边界

相较于传统的乡镇总体规划，乡镇国土空间总体规划对乡镇域空间的管控应做到刚柔并济。对于影响乡镇全域发展的重要节点、交通廊道、重大设施等，须在乡镇全域层面进行统筹布局；在设施配置等方面应给予更多弹性，区别于精确到选址的管控方式，可采取制定公共设施配置要求，明确配置标准、类型和选址要求，实际建设选址或进一步的精确管控措施可交由详细规划或专项规划来进一步

1. 刘丰，韩雪松 . 国土空间规划背景下区域交通规划方法探析［C］// 品质交通与协同共治——2019 年中国城市交通规划年会论文集 . 四川省城乡规划设计研究院，2019：689-698.

落实[1]。

乡镇国土空间交通设施规划基本原则和相关空间用地控制要求主要包括以下内容。

交通基础设施规划：要符合生态保护红线空间管控要求，不符合的要及时进行调整。若重大交通基础设施评估后确需要调整的，须由省级政府组织论证，提出调整方案，经生态环境部、国家发展和改革委员会会同有关部门提出审核意见后，报国务院批准。

国土空间背景下区域交通规划：应在基本农田保护红线划定前明确交通基础设施空间点线位置，在基本农田保护红线划定过程中予以预留，预防后期规划占用基本农田，增加后期调整难度。

铁路设施用地规模控制线：应符合《铁路车站及枢纽设计规范》（TB 10099—2017）以及《城市对外交通规划规范》（GB 50925—2013）5.4.2 条要求。根据国务院办公厅发布的《关于坚决制止耕地“非农化”行为的通知》（国办发明电〔2020〕24 号），坚决制止各类耕地“非农化”行为，明确提出严禁超标准建设绿色通道。道路沿线是耕地的，铁路、公路两侧用地范围以外绿化带宽度不得超过 5 米，其中县乡道路不得超过 3 米。

城镇建成区外公路红线宽度和两侧隔离带规划控制宽度：根据《城市对外交通规划规范》（GB 50925—2013）6.1.5 条要求确定。

公路客运站的规划用地规模：应根据客运功能和客运量确定，其级别和用地应符合《汽车客运站级别划分和建设要求》（JT/T 200）的相关规定。

公路货运站用地规模：应根据货物运输种类、货运量和运输方式确定，并应符合《汽车货运站（场）级别划分和建设要求》（JT/T 402）的相关规定。

港口码头陆域规划用地和纵深：应根据码头功能布局、装卸要求等确定规划控制宽度。

机场规划用地：应根据机场分类、功能布局、跑道数量等条件综合确定。

5.1.5　乡镇国土空间多要素协同规划方法转型

生产、生活空间布局决定人口、就业岗位和产业分布特征，进而影响交通生成和分布，其布局不合理是产生交通问题的根源。交通设施的布局与建设同时受到生

1. 彭震伟，张立，董舒婷，等 . 乡镇级国土空间总体规划的必要性、定位与重点内容［J］. 城市规划学刊，2020（1）：31-36.

态空间的制约，其线位和规模需处理好与生态保护红线的关系并考虑生态环境的约束，因此，可紧密结合“三生空间”延展交通规划内容。

具体来说，乡镇国土空间多要素协同规划方法主要包括以下三个方面[1]。

一是以交通—产业—空间—生态等多要素协同规划科学布局“生产空间”。基于交通运输在空间演变和社会经济的引领作用，运用产业经济学、区位论、可达性分析等理论方法和技术，探寻多尺度（面状、线性和点状）下的多要素协同规划方法，以引导人口、产业、空间的有效集聚，发挥多方式复合走廊的协作效应、锁定效应和扩散效应，建立“网络（面）+ 走廊（线）+ 枢纽（点）”的综合立体交通网络。

二是以交通设施供给水平的空间适宜性评价合理配套“生活空间”。为明晰城镇空间内部不同区域的主导交通模式，建立综合地形地貌、功能分区、建成环境、道路网络等因素的慢行交通、公共交通和小汽车交通等交通方式的空间发展适宜性评价体系，并结合交通承载力分析，以划定城镇空间内部交通发展政策分区或交通碳排放政策分区。

三是以生态等多因素影响下的穿越可行性评价指导非城镇空间的交通线性设施布局，主动保护“生态空间”。以尊重自然、保护生态环境为前置条件，理顺线性交通设施与非城镇空间的穿越关系，建立包含生态空间（廊道、斑块等）、农业空间、文物保护单位、交通选线设计控制要素等的评价体系，提出非城镇空间的线性交通设施穿越分区，用以管控交通设施选线。

案例

辽宁省盘锦市大洼区赵圈河镇生态与交通协同规划

双台子河口国家级自然保护区的核心区和缓冲区占据了镇域的较大部分范围，而核心区与缓冲区因生态环境保护需要，导致部分旅游观光路段不能使用。

通过梳理自然保护区尤其是核心区的路网结构，取消原有旅游观光路，以生态保育和生态修复为重点，降低交通等外部环境对核心区的干扰。进行道路改线，将旅游观光路调整到自然保护区核心区外围。

资料来源：辽宁省城乡建设规划设计院有限责任公司，《盘锦市大洼区赵圈河镇国土空间总体规划（2021—2035）研究报告》。

1. 石飞 . 国土空间规划体系下的交通协同规划思考［J］. 城市规划，2022，46（2）：79-83.

5.2 道路系统

在国土空间规划体系中，乡镇国土空间道路系统不仅是连接城乡的重要纽带，也是促进区域经济发展、城乡一体化、提升居民生活水平的关键基础设施。本小节包括乡镇国土空间道路网络结构、道路系统规划基本要求、道路网络规划、道路交通设施规划、道路网络可实施性等方面的内容。

5.2.1 道路网络结构

乡镇道路网主要包括镇区内部的道路、镇域内镇区和村庄之间的道路以及对外道路，乡镇道路交通规划应依据县域或地区道路交通规划的统一部署进行规划，常用的乡镇道路网络结构可归纳成四种基本类型：方格网式、环形放射式、自由式和混合式。

方格网式： 每隔一定距离设置接近平行的纵向道路和接近平行的横向道路，但由于地形和历史等原因，方格式道路网不一定是严格垂直和平行的。这是我国乡镇道路网最普遍的一种布局形式。其优点是布局整齐，有利于建筑布置和方向识别，交叉口形式简单，便于交通组织和控制；缺点是道路非直线系数较大，交叉口过多，影响行驶速度。

环形放射式： 道路网由若干条环线和起自乡镇中心或环线上的某一点的射线组成。其优点是有利于中心区与其他分区和周边区域的交通联系，网络非直线系数较小；缺点是街道形状不够规则，存在一些复杂的交叉口，交通组织存在一定困难。

自由式： 道路根据地形特点，或依地势高低建筑而成，道路网无特定的几何形状，主要形成在山丘地带或沿海沿河的乡镇。例如，山区乡镇道路主要沿等高线开辟，形成了不同高程的道路网，并以几条干道（包括隧道）将其相连。其优点是能充分结合自然地形，节省道路工程费用；缺点是道路线路不规则，造成建筑用地分散，交通组织困难。

混合式： 因地制宜，将上述两种或三种道路网络形式混合在一起，混合式如果使用得当可以尽得各种形式的优点，扬长避短。

总的来说，平原地区受地形等自然条件限制较少的乡镇适宜采用方格网式道路系统；地形起伏较大的山区和丘陵地区的乡镇采用自由式道路系统最为经济、合理、实用；混合式道路系统大多是由于历史原因分阶段形成的，在一些规模不断变大的村镇中较为常见；环形放射式道路系统目前在乡镇中应用很少[1]。

案例

浙江省桐乡市濮院镇国土空间道路网络结构

扫码了解以下内容：
濮院镇域骨干路网规划图

资料来源：上海同济城市规划设计研究院有限公司，《濮院镇国土空间总体规划（2021—2035）研究报告》。

濮院镇位于浙江省嘉兴市桐乡市，镇域地势平坦，受地形等自然条件限制较少，镇区道路网呈方格网式。

案例

江西省宜春市袁州区南庙镇国土空间道路网络结构

扫码了解以下内容：
南庙镇镇区道路交通规划图

资料来源：宜春市袁州区南庙镇人民政府、中国建筑科学研究院有限公司，《宜春市袁州区南庙镇总体规划（2018—2035）研究报告》。

宜春市南庙镇地属丘陵山区地带，地势东北低、西南高，东北部为丘陵，西南部为山区，规划路网为方格网＋自由式。

5.2.2　道路系统规划基本要求

道路系统规划应满足、适应交通运输的要求。在乡镇各主要用地和吸引大量居民的重要地点之间，应有短捷的交通路线，使全年最大的平均人流、货流能沿最短的路线通行，以使运输工作量最小，交通运输费用最省。乡镇各分区用地之间的联

1. 刘青文 . 村镇道路规划及几何设计相关技术研究［D］. 武汉：华中科技大学，2009.

系道路应有足够而又恰当的数量，为交通组织管理创造良好条件。道路系统应尽可能简单、整齐、醒目，以便行人和行驶的车辆辨别方向，易于组织和管理道路交叉口的交通。

道路系统规划应结合地形、地质和水文条件，合理规划道路网走向。乡镇道路应与铁路、公路、水路等对外交通系统密切配合，同时要避免铁路、公路穿过乡镇内部，并与田间道路相配合，尽量利用原有道路网。道路系统应满足乡镇环境、景观的要求，有利于地面水的排除、通风和日照、管线工程的布置，少占田地、少拆房屋，不损坏重要历史文物。道路系统规划设计应本着从实际出发，贯彻以近期为主，远、近期相结合的方针，有计划、有步骤地分期发展、组合实施。

镇域和镇区的道路系统规划具有不同的特点和要求。

镇域：细化乡镇域道路体系，明确乡镇域范围内各等级公路布局、公路立交布局、红线及两侧规划控制区，确定公路附属设施布局及用地规模；完善乡镇道路网布局，强化镇区（乡集镇）与村庄、村庄间的道路连通。

镇区：明确镇区道路交通网结构和密度，划分道路等级，确定主次干路走向、红线宽度、道路断面形式和控制点标高。

5.2.3　道路网络规划

乡镇域公路可以分为国道、省道、县道、乡道及村道，其中级别较低的县道、乡道和村道的主要技术标准包括计算行车速度、远景设计年限、平曲线半径、停车视距、车行道宽度、路基宽度、最大纵坡、最小纵坡、竖曲线半径等，都应按现行的《公路工程技术标准》（JTG B01—2014）及《公路路线设计规范》（JTG D20—2017）的相关规定来执行。

镇域内的道路交通规划应满足镇区与村庄间的车行、人行以及农机通行的需要，高速公路和一级公路的用地范围应与镇区建设用地范围之间预留发展所需的距离。

镇区的道路应分为干路和支路，镇区道路应根据用地地形、道路现状和规划布局的要求，按道路的功能性质进行布置，道路应符合各级道路的规划技术指标。

案例

广东省开平市赤坎镇道路交通规划

扫码了解以下内容：
赤坎镇镇域综合交通规划图、
赤坎镇镇区道路断面形式

赤坎镇是粤西通往广州的中转门户，也是广东省西部城市群进入广东省中部珠三角城市群的入口门户，承担着串联中部发达区与西部自然山区的作用。大部分属潭江冲积平原，小部分土地是山丘陵，镇域内河流密，主要河流为潭江。现状对外交通为“一高”“一铁”“一国道”，内部道路为鱼骨式梳式结构。

未来赤坎镇主要通过佛开高速（扩建）、中开高速（在建）、江恩城际与深茂铁路，与环湾地区衔接，规划加强与各通道、枢纽的联系。赤坎镇内具有城际轨道站、客运站、公交（班车）枢纽及游船码头，在赤坎新区南部组团、轻轨商务区形成两大枢纽，镇域形成“一高一铁一轻轨”的对外交通体系和“一横一纵”的交通性主干道和“两环多射”的生活性主干道。

镇区规划形成“对外交通—主干道—次干道—支路”四级道路交通体系。镇区形成以国道、省道、县道、乡道为主的对外交通道路，以镇区主干道、镇区次干道、镇区支路为主的镇区内部道路两种道路体系。规划确定了国道、省道、县道断面形式与红线宽度及两侧防护绿地控制宽度，均为两块板，双向车道数分别为8车道、6车道和4车道。

资料来源：开平市赤坎古镇文化旅游开发建设管理委员会、开平市赤坎镇人民政府、广州市城市规划勘测设计研究院，《开平市赤坎镇总体规划（2016—2035）研究报告》。

案例

重庆市大足区铁山镇道路竖向规划

扫码了解以下内容：
双河组团——道路竖向规划图

资料来源：辽宁省城乡建设规划设计院，《大足区铁山镇国土空间总体规划（2021—2035）研究报告》。

道路坡度规划设计标准参照重庆市的相关规定执行。根据铁山镇的地形地貌，下阶段道路施工设计充分考虑西部产业片区的特殊性，规划道路平面线形尽量顺直，纵坡尽量平缓，车行道宽度应符合大型挂车通行要求。规划道路的标高设计以现状道路标高为控制点，根据地形特点，结合排水坡度确定道路坡度，规划道路总体坡度控制在0.3%～4%之间。

5.2.4　道路交通设施规划

根据乡镇以及自然村（组）发展需求，应努力提升乡镇域道路交通设施，加快推进新型城镇化道路交通基础设施改建工程，规范交通有序出行，保障乡镇域道路交通安全。乡镇域道路交通设施主要包括道路交通标志标线、道路防护设施、交通信号灯、交通监控系统、人行过街设施、道路照明设施等。

道路交通标志标线：按其作用应分为主标志和辅助标志两类，其中主标志包括警告标志、禁令标志、指示标志、指路标志、旅游区标志、作业区标志、告示标志，辅助标志附设在主标志下，对主标志进行辅助说明。乡镇域交通标志标线设置应醒目，不应被树木或其他构造物遮挡；交通标志标线应具有良好的夜间视认性；交通标志标线材料、结构形式可因地制宜，灵活应用。

道路防护设施：应采用环保材料，便于安装，易于维修。不能提供足够路侧安全净距的快速路路侧，必须设置防撞护栏；当路基整体式断面中间带宽度小于或等于 12 米时，快速路的中央分隔带必须连续设置防撞护栏。

交通信号灯：其配置应与道路交通组织相匹配，应有利于行人和非机动车的安全通行，以及大容量公共交通车辆的通行，提高道路通行效率。交通信号灯的视认范围应根据车速和车道布置情况确定，视认范围内不应存在盲区，不能满足时，应在适当位置增设同类信号灯，道路交叉口的交通信号周期不宜大于 180 秒。

交通监控系统：应由监控中心、外场监控设施和信息传输网络等组成，应具备信息采集、分析处理、信息发布和交通控制管理，以及与其他信息系统的信息交换和资源共享等全部或部分功能。交通监控系统应根据城市路网的现状、规划和交通管理需求进行统一规划，可根据乡镇交通状况和建设条件分步分期实施。

人行过街设施：信号灯管制路口应施划人行横道标线，设置相应人行信号灯；无信号管制及让行管制交叉口应施划人行横道标线并设置注意行人的警告标志，并应在人行横道上游机动车道上施划人行横道预告标识线；学校、幼儿园、医院、养老院等特殊人群聚集地点及行人事故多发区域等有特殊要求且无人行过街设施的，应设置人行横道线，并设置人行信号灯。

道路照明设施：可分为机动车道路、非机动车与人行道路照明两类。机动车道路照明应按快速路与主干路、次干路、支路分为三级，以路面平均亮度（或路面平均照度）、路面亮度总均匀度和纵向均匀度（或路面照度均匀度）、眩光限制、环境比和诱导性为评价指标[1，2]。

---

1. 中华人民共和国住房和城乡建设部.《住房和城乡建设部关于发布国家标准〈城市道路交通设施设计规范（GB 50688—2011）〉局部修订的公告》（公告 2019 年第 221 号）.
2. 公安部道路交通安全研究中心.《农村地区道路交通安全风险防治手册》，2021.

5.2.5 道路网络可实施性

乡镇国土空间道路系统规划应衔接上位规划，结合乡镇实际需求对近期规划作出统筹安排，明确道路实施重点和发展时序，落实市县重大基础设施工程项目。应制定重点建设项目规划表，明确项目名称、建设性质、建设规模、资金估算、责任主体等[1]。

5.3 生态公共交通

发展公共交通是解决城市拥堵的主要手段，公共交通在绿色出行、能源消耗、节能减排上的贡献与力度也是有目共睹的。本小节围绕生态公共交通发展，对乡镇绿色交通体系建立、公交线网功能定位的多层次划分进行解读，并提出公交线网、公交配套设施、公共交通智能化的规划要求。

5.3.1 绿色交通体系

随着农村地区客运公共交通改革工作日程的推进，城乡公交一体化建设成为各级政府在公共交通规划与建设工作中的主要内容之一。构建城乡公交一体化网络是一项利国利民的社会民生工程，不仅能够有效改善城乡出行条件的不公平，还能够有效缩小城乡出行条件的差异，缓解城乡发展不公平、不充分的问题，有效助力乡村振兴发展。交通运输部出台的《关于积极推进城乡道路客运一体化发展的意见》（交运发〔2011〕490 号）中指出要加强“城乡道路客运站场建设与城镇体系规划、总体规划统筹规划”相关内容，2016 年交通运输部、发改委、公安部等相关部门共同出台的《关于稳步推进城乡交通运输一体化提升公共服务水平的指导意见》（交运发〔2016〕184 号）中明确指出“加快推进城乡客运服务一体化建设、提高城乡客运网络覆盖度”等内容，2019 年国家颁布的《城市综合交通体系规划标准》（GB/T 51328—2018）中也对城乡客运交通、镇村公共交通提出了相关的衔接要求[2]。可见，公共交通建设作为政府工作的重点内容，各部委在城乡公交的经营方式、运营管

1. 申振，王琳琳. 乡镇级国土空间总体规划编制体系研究与实践探索［J］. 价值工程，2022，41（11）：33-35.
2. 吴祥. 城乡公交一体化下县域村镇公交可达性测度及优化研究［D］. 苏州：苏州科技大学，2021.

理、财政政策等方面作出了具体的规定与指导[1]。

城乡公交一体化背景下，应推动加快形成绿色低碳运输方式，支撑碳达峰、碳中和，积极构建以公共交通为引领的多层次乡镇绿色交通体系，显著提升公交分担率，实现“以人为本”的新型城镇化发展目标，推进乡镇公共服务设施均衡发展。应推动公交车辆能源清洁化，提高乡镇公交可达性，提升绿色交通出行比例，基本建立覆盖全面、结构合理、衔接配套、先进适用的绿色交通标准体系。

案例

上海市崇明区堡镇绿色交通规划

扫码了解以下内容：
堡镇公共交通规划图

在《崇明区堡镇国土空间总体规划（2021—2035）》综合交通章节中，明确提出：堡镇公共交通发展总体目标是构建以中运量公交为骨干、常规公交为主体、特色公交为补充的多模式、多层次、高效率的多元化公共交通客运体系，逐步构建“P+R”“B+R”换乘系统。规划中还针对乡镇旅游公交进行了分析。规划结合镇域内外旅游景点及项目，统筹组织堡镇、港沿、向化、中兴等镇的文旅资源，形成三条特色旅游公交线路。

规划至 2035 年，堡镇公共交通出行方式分担率在 25% 以上，占机动化出行比例在 40% 以上，城镇开发边界内 500 米公交站点覆盖率达到 95%，公交线网密度达到 1.2 公里 / 平方公里。公共交通系统可 45 分钟内到达区行政中心，镇内公共交通出行平均耗时 30 分钟以内，镇区内居民平均步行 6 分钟可达公交站点，公交系统 1 次换乘进入中心城。

资料来源：上海市崇明区人民政府、上海市规划和自然资源局，《崇明区堡镇国土空间总体规划（2021—2035）（含近期重点公共基础设施专项规划）法定文件》。

5.3.2　乡镇公交线网功能定位的多层次划分

城乡公交一体化发展战略背景下，乡镇公共交通能够得到有效改善。根据公交线网起讫点位置不同，可以将公交线网功能定位进行多层次划分，包括城乡公交、镇镇公交、镇村公交等，有的城市还会根据跨城服务设置城际公交。乡镇空间具有规模小、人口局部集中、居民点分布相对离散等特点，城乡道路交通规划串联各重

1. 交通运输部办公厅 .《交通运输部办公厅关于印发〈绿色交通标准体系（2022 年）〉的通知》（交办科技〔2022〕36 号）.

要乡镇，这是公交线路的布设所依托的路网条件。同时，乡镇公交线网的布设还应结合客流强度和功能定位，据此可将其线路划分为城乡快线公交、城乡干线公交和城乡支线公交。

城乡快线公交：是指以快速到达为目标的公交客运线路，旨在便捷、高效地将居民从城区运送至目的地。快线公交行车速度快、运输效率高，一般会依托高等级道路沿线设置[1]。

城乡干线公交：是指以城乡联系为主要目的的公交线路，主要作为乡镇重要客流集散点之间的桥梁。干线公交客流强度比较高，一般是沿着省道、县道等中高等级道路沿线设置。

城乡支线公交：是指以村镇联系为主要目的公交线路，包括镇镇公交和村镇公交，作为干线线路的补充，是满足居民“最后一公里”出行的重要线路。支线公交一般直达到各村庄内部，数量比较多、接驳性良好，但由于客流量较小，存在运营成本较高等问题[2]。

案例

上海市金山区廊下镇国土空间总体规划（2023—2035）

扫码了解以下内容：
廊下镇骨干公共交通
系统示意图

廊下镇国土空间总体规划中将公共交通客运体系分为两个层级：市域线和常规公交。

市域线为远期预控线路，具体为连接嘉定、青浦、松江和金山的嘉青松金线，主要为金山区与上海西部郊区之间的联系服务。嘉青松金线金山区段有两个选线方案，方案一沿金廊公路—漕廊公路布设，方案二沿新卫高速排布，其中方案一在廊下镇设有廊下站，具体选线方案及站点设置以相关专项规划为准。

常规公交线路规划在现状公交线路的基础上，考虑镇区出行、郊野片区出行等因素，提高公交覆盖，镇区内线网密度力争达到 2.6 公里 / 平方公里，镇区公交 500 米站点覆盖率达 85%，实现村村通公交。规划设置大站快车常规公交线路 1 条，起讫点为廊下公交枢纽、9 号线松江南站，途经廊下镇区、金山区吕巷镇、金山区朱泾镇等，提供与轨道交通 9 号线便捷、快速的衔接

1. 中华人民共和国住房和城乡建设部 .《城市综合交通体系规划标准》（GB/T 51328—2018）.
2. 吴祥 . 城乡公交一体化下县域村镇公交可达性测度及优化研究［D］. 苏州：苏州科技大学，2021.

服务。开设旅游常规公交，服务农旅板块，镇域内部形成旅游公交接驳线，衔接廊下郊野公园、廊下公交枢纽；旅游公交站点周边宜结合设置慢行驿站，更好地串联重要休闲农业节点。

设置 1 处镇级公交枢纽，位于漕廊公路—金廊公路西南角，用地面积约 3 000 平方米，结合商业地块综合设置，包含局域线及大站快车、旅游公交、轨交接驳公交等线路；设置 3 处公交首末站，分别位于廊下郊野公园核心区（现状）、工业区南侧及镇区北侧居住组团，用地面积均为 1 200 平方米。

资料来源：上海市金山区人民政府、上海市规划和自然资源局，《金山区廊下镇国土空间总体规划（2023—2035）（含近期重点公共基础设施专项规划）法定文件》。

5.3.3　公交线网

现代城市交通规划理论和城市发展理论大多以城市为对象，在人口分布不均的乡镇地区难以直接应用。随着中小城市城乡客运需求不断增长，亟需建立城乡公交资源合理配置体系和衔接有效的公交网络模式，以提高城乡居民出行条件。乡镇公共交通不同于城市公共交通，应根据客流优化乡镇公交网络，降低运营成本，合理配置资源。城乡公交线网布局类型可归纳为树形放射状和环形网络状，两者各有优缺点和适用性。

树形放射状公交线网：中心城区出发沿主要道路向外延伸串联各乡镇及村庄，主要线路以城镇公交为主，串联中心镇与中心城区；树形是对放射状的补充，是中心镇出发沿镇村道路依次连接起周边各村。

环形网络状公交线网：随着国家“村村通”交通发展政策的实施以及农村基础设施的不断完善，城镇化比较高的地区乡村道路呈现网络状的特点，推进网络化公交线网建设能够促进各乡镇之间的联系，具有良好的连通性[1]。

在上述两种路网结构中，树形放射状具有服务范围广、覆盖率高等特点，能够最大限度覆盖各镇村，但存在经营效率低、各镇联系不紧密等特点。环形网络状具有通达率高、综合服务水平高等特点，能够有效地解决各镇之间联系的问题，公交客流呈均衡网络化，但对纵向的辐射深度不足，建设成本也比较高，难以满足对整个城镇空间实现全覆盖。公交线网布局与当地自然地理条件相关，在实践中具体采用哪种类型，需要结合乡镇经济发展情况、城乡空间结构具体分析，以平衡好覆盖率与城乡连通性关系。

1. 吴祥 . 城乡公交一体化下县域村镇公交可达性测度及优化研究［D］. 苏州：苏州科技大学，2021.

5.3.4 公交配套设施

乡镇域国土空间道路交通规划，首先应加快乡镇公交枢纽站、停保场、首末站等场站布局与建设，加强与城际客运枢纽衔接规划，优化公交停靠站点布局，努力提高公交站点覆盖率，增加公交站点座椅、雨棚、垃圾桶等相关配套设施，提升居民公交候车环境。

其次，应贯彻实施“公交优先”发展战略，进一步提高公交出行占全部出行方式的比重。注重 TOD 发展理念，坚持以公共交通为导向的开发模式带动乡镇发展，重点乡镇可结合公共交通枢纽、轨道交通站点等进行 TOD 开发，引导商业、居住等用地布局，提升乡镇品质，加快城乡融合发展。TOD 的全称是 Transit-Oriented-Development（以公共交通为导向的开发），是以公共交通站点为中心，以 400~800 米（约 5~10 分钟步行路程）为半径所建立的集办公、商业、文化、教育、居住为一体的城市综合体规划。TOD 理念多在城市开发中应用，乡镇不同于城市，如何在乡镇公交发展中运用应根据实际情况进一步研究[1]。

同时，应加强无障碍公交设施的设计，提升居民出行体验，构建均等性、公平性、人性化、老人儿童友好型的乡镇公共交通系统。无障碍设施主要是为残障人士、推婴儿车的家长、上了年纪的长辈、重物携带者等有需求的人士提供服务。此外，应积极推广以清洁能源为主的新能源公交车辆，并在公交场站内预留充电桩等充电设施，推动绿色生态乡镇建设。

案例

扫码了解以下内容：
堡镇片区公共交通规划图

上海市崇明区堡镇片区公共交通规划

相关协同规划研究中指出：堡镇片区形成“一主一辅”两处交通枢纽，其中主要综合交通枢纽位于向阳路（崇明生态大道）、石岛路交叉口西南侧，用地规模共计 2.7 公顷，承担主城区、崇南滨江城镇带及堡镇镇域内的客运交通转换功能。堡镇综合交通枢纽主要包括以下交通功能：中运量公交系统站点、长途客运、旅游集散中心、常规公交首末站（含旅游专线）、出租汽车营业站、“P+R”换乘（含新能源车辆）、

1. 中华人民共和国住房和城乡建设部.《城市道路公共交通站、场、厂工程设计规范》(CJJ/T 15—2011).

“B+R”换乘、共享自行车等。次要交通枢纽结合镇区南侧现状堡镇客运码头、堡镇汽车站综合设置，承担水、陆客运交通转运、公交停保、管理办公等功能。

另外规划堡镇公交首末站 3 处，全部位于城镇开发边界内，其中 1 处结合现状堡镇汽车站设置，2 处分别沿堡港路、长岛路独立设置，用地面积分别为 0.23 公顷、0.21 公顷，规划保留竖新镇油桥村、前哨村、前卫村公交首末站，以及港沿镇富国村公交首末站，并结合合五公路道路改造提升综合设置合兴公交首末站。

资料来源：上海市规划与自然资源局，《崇明区城桥城镇圈（堡镇片区）协同规划研究报告》。

5.3.5　公共交通智能化

乡镇国土空间区域交通规划应加快乡镇公共交通智能化建设，构建智能公交系统。

公共交通智能化主要包括车载终端、智能调度系统、出行服务系统、周期建设和行业监管系统等五大建设内容，在以人为本、重点优化乘客出行服务体验的目标导向上，加快乡镇公共交通智能化建设主要有以下举措：①建立综合公共出行服务平台，汇总居民出行各种方式，建立平台，通过手机终端以及多公共平台发布；②研发地方公交出行手机应用程序，一键查询公交出行信息，方便居民提前了解公交到站时间、发车间隔、车辆拥挤度等，合理规划出行；③建立公交智能调度系统，使车辆排班更加科学，能够结合道路状况进行实时调度，自动优化调整因道路因素造成的车次间隔较大、发车不均匀等问题；④建立标准化数据接口，打造更广阔的扩散范围；⑤定制公交网络平台，通过新技术应用，满足“响应式公交”需求；⑥开通公交一卡通或乘车码，可进一步增加人脸识别、指纹等功能，提高乘客公交出行的便利性。

人性化服务提升方面，积极开展公交无障碍导盲服务，在公交车上安装无障碍导盲设备，为视障人士同配置手持终端；安装到站信息预报屏，老年乘客不会使用智能手机，可在站台查看下一班车的到站时间和车辆拥挤度，缓解“时间焦虑”。

在成体系的公交数据采集系统、智能公交系统发展到一定阶段，进入数据应用和数据融合阶段后，应加强社会资源共享、建立政企合作、大数据应用分析过程。

对于智能装备，在技术层面上还需对新能源公交车运营状况、应用效果进行综合评估，对车辆安全、性能、电池、续航里程等进行研究。

5.4 其他交通设施

本小节主要包括乡镇国土空间交通规划中，对停车设施、加油加气设施、充电设施、邮政快递设施、旅游交通设施、智能交通设施、交通安全设施等进行规划布局和统筹安排的内容。

5.4.1 停车设施

机动车停车设施规划方面，乡镇停车设施规划需预测停车需求，合理供应停车设施，构建以配建停车为主体、路外公共停车为辅助、路内停车为补充的开放高效的机动车停车供给体系。应积极开展停车设施资源统筹整合工作，扎实推进停车规范管理工作。同时进一步挖掘乡镇停车资源，考虑利用边角料地块建设立体机械停车设施，结合绿地、公园等建设地下停车库等，并预留新能源小汽车充电设施。此外，应结合停车区域划分制定实施差别化政策，加强规划引领，兼顾发展与调控，努力实现停车设施与土地资源、道路容量、车辆增长协调良性发展。

乡镇机动车停车设施类型主要有以下几种。

独立占地的停车场：位于道路红线以外的独立占地的面向公众服务的停车场。

兼容性复合停车场：如利用公园、绿地、广场、学校、交通设施用地等，复合开发的停车场。

小区改造的停车场：对于无法满足社会公共停车场布局要求的，通过老旧小区停车位改造或利用老旧小区改造契机，增设停车位。

机关事业单位共享停车场：通过共享停车场，形成潮汐车位，缓解周边小区夜间停车不足的现象。

利用原有停车场改造的停车场：通过改造原有停车场，增加停车设施，提高泊位利用率。

利用闲置空地的临时停车场：利用闲置的空地建设临时停车场，临时增加停车位，提高土地使用效率。

此外，各类停车设施还可以考虑布置立体停车。立体停车是指利用空间资源，把车辆进行立体停放，节约土地并最大化利用的新型停车设施，立体停车设施包括地面停车楼、机械式停车架、地下筒式智能停车库等，立体停车场最大的优势就在于其能够充分利用空间。

在非机动车停车设施规划方面，应依据相关规范要求，合理确定非机动车停车设施布局，规范非机动车停放。考虑电动自行车停放、充电的消防安全，引导电动自行车合理使用。

案例

山东省菏泽市高庄镇停车设施布局

在综合考虑了镇区停车问题的基础上，规划提出了停车设施布局方案。结合纬一路设置 1 处汽车站，面积约 0.48 公顷，满足周边镇区、农贸市场、特色观光园等使用需求。结合政府、文化中心设 2 处集中社会停车场，其他居住用地和公共服务用地配套相应停车场地，主要布置在商业区、公共中心等主要车流集散处。

扫码了解以下内容：
高庄镇停车设施布局规划图

资料来源：菏泽市牡丹区高庄镇人民政府、山东建筑大学设计集团有限公司，《菏泽市高庄镇国土空间总体规划（2020—2035）研究报告》。

5.4.2　加油加气设施

加油加气设施是乡镇国土空间交通设施的重要组成部分，应合理规划乡镇加油、加气设施布局，结合乡镇公共交通场站进一步优化乡镇加油站选址，服务半径、出入口设置应满足规范要求。应加快落实加气站建设用地，积极协调配合用地规划调整，尽快组织重点乡镇燃气汽车加气站建设步伐。通过招投标的方式，选择气源充足、保障供应能力强、经营管理经验丰富的企业投资建设燃气汽车加气站，推动加气市场投资经营的多元化。对新建燃气汽车加气站的审批要尽可能简化手续，加快审批进度；现有加油站符合加气站规划且自有用地满足加气设施建设安全的，在符合相关标准规范、确保安全的前提下，鼓励增加加气设施，共享油站辅助设施资源。

此外，应重视加油加气站灭火器材、消防给水设施、火灾报警系统、消防供配电设施、防雷和防静电设施等消防设施的配置，加强消防安全。

案例

辽宁省海城市腾鳌镇加油加气站规划

扫码了解以下内容：
腾鳌镇加油加气站布局规划图

资料来源：辽宁省城乡建设规划设计院有限责任公司，《海城市腾鳌镇国土空间总体规划（2021—2035）研究报告》。

规划研究明确提出，腾鳌镇2035年镇区加油（加气）站总量控制在8座，规划在镇区东南部新建1处加油站，镇区范围内的加油（加气）站严格执行国家规范标准。

5.4.3 充电设施

乡镇国土空间交通规划应加快乡镇新能源充电基础设施建设，结合电动自行车停放点、小汽车停车场、公交场站优化选址，并应符合国家现行相关标准要求。进一步规范新能源汽车充电设施的建设和运营，保证新能源汽车充电设施安全高效使用。通过新能源充电设施的布局建设，逐步在乡镇范围内形成以住宅小区、办公场所自（专）用充电设施为主体，以公共停车位、独立充电站等公用充电设施为辅的充电服务网络，不断促进新能源汽车的推广应用，助力打造绿色低碳、节能环保的出行方式，构建服务便捷、绿色环保的生活环境，提升居民的获得感、幸福感。

充电桩种类繁多，按安装地点不同可分为社会公共充电桩、单位专用充电桩和自用充电桩，按充电接口数不同可分为一桩一充充电桩和一桩两充充电桩，按充电方式不同可分为直流充电桩、交流充电桩和交直流一体充电桩。乡镇域国土空间规划中应考虑实际发展需求，根据各级政府和相关部门落实相关决策部署和行业发展规范，做好电动汽车充电基础设施的规划建设和管理。

5.4.4 邮政快递设施

完善农村寄递物流体系，有助于进一步满足广大农民对更高标准、更多种类的寄递服务需求，充分发挥邮政快递业在服务乡村振兴中的重要作用。乡镇国土空间交通规划应优化邮政快递设施建设，加快形成开放惠民、集约共享、安全高效、双向畅通的农村寄递物流体系，实现乡乡有网点、村村有服务，便民惠民寄递服务基本实现全覆盖。完善农村寄递物流体系建设将聚焦重点领域和关键环节，加强农村邮政体系建设，提升农村邮政基本公共服务水平；健全末端共同配送体系，统筹农村地区邮政、快递、交通、供销、商贸流通等相关资源，推广共同配送模式；深化农村寄递与电商、交通的协同共进，鼓励邮政快递企业和社会资本在田头市场、快递物流园区建设冷链仓储加工设施[1]。

基于现行行业标准《快递营业场所设计基本要求》（YZ/T 0137）的相关规定，推动在交通便捷处统筹规划设置村庄邮政快递设施，宜与公交首末站、公共停车场等统筹规划建设。邮政快递设施分为基本型和拓展型，特大型村庄宜设置拓展型邮政快递设施，大型村庄宜设置基本型邮政快递设施，投递服务宜覆盖所有村庄。

5.4.5　旅游交通设施

在旅游类型的乡镇，可结合旅游交通线路规划建设旅游交通设施。旅游交通设施包括结合农村旅游公路或农村公路旅游段设置的步行和非机动车道，以及依托农村旅游公路建设的交通驿站和观景台。

交通驿站宜依托县道、乡道、村道设置，交通驿站宜设置车辆停靠、乘客候车、厕所、静态地图等设施，便利店信息服务等各类设施宜合并设置。结合景区或旅游服务中心、大型村庄宜设置一级驿站；结合中小型村庄、观光农业园等宜设置二级驿站；三级驿站宜根据功能需要设置[2]。

案例

上海市金山区廊下镇慢行系统规划

扫码了解以下内容：
廊下镇慢行系统规划图

规划慢行系统结合道路断面、“水绿 + 田林”网络进行设置，秉承沿河、沿绿、沿街、沿田的原则，构建完整、独立、特色、生态的慢行交通系统。结合上位规划，规划布局“两横三纵”骨干慢行道，打造胥浦塘—六里塘、山塘河市级慢行轴，串联长三角田园五镇乡村振兴先行区；掘石港—惠高泾、张泾河、邱移中心河区级慢行轴，串联吕巷镇、金山卫镇、张堰镇

---

1. 中华人民共和国中央人民政府 .“十四五”农村寄递物流聚焦四项重点 乡乡有网点 村村有服务［R/OL］.［2021-07-27］. https：//www.gov.cn/xinwen/2021-07/27/content_5627661.htm.
2. 北京市规划和自然资源委员会，北京市交通委员会，北京市农业农村局与市市场监督管理局 .《乡村地区交通设施规划设计标准》（DB11/T 2102—2023）.

资料来源：上海市金山区人民政府、上海市规划和自然资源局，《金山区廊下镇国土空间总体规划（2023—2035）（含近期重点公共基础设施专项规划）法定文件》。

等。在骨干主轴的基础上，慢行道呈枝杈式分布，联系主要公共活动中心、公共交通站点、公共开放空间、乡村旅游点等；大型乡村旅游景点内部形成环形慢行游憩线路，增强多样性与体验感。

5.4.6　智能交通设施

智能交通设施包括智能停车、智能公交、智能红绿灯、车联网、共享自行车等。在乡镇域国土空间规划中，应关注智能交通设施建设，推进包括智能停车系统、智能公交系统、智能红绿灯、交通诱导屏、车联网、共享自行车等在内的乡镇智能交通和新型基础设施建设。同时，应加快推动5G、北斗系统以及车联网等新技术在里程费改革、车路协同等行业重点领域的落地和推广应用，推动交通基础设施的感知网络覆盖，实现交通基础设施的智慧感知和管理。坚持以信息化为引领，紧紧围绕源头治理精准化、路面管控智能化，运用电子监控等智能化交通管控服务设施，推进智慧交通建设，不断提升现代交通管理水平，让交通治理更高效。

5.4.7　交通安全设施

应根据《中华人民共和国道路交通安全法实施条例》《农村地区道路交通安全风险防治手册》等相关法律法规的要求，做好乡镇域国土空间规划中交通安全设施的规划设计。进一步加强乡镇道路交通安全管理，加快乡镇道路安全基础设施建设，以镇区保通畅、乡村保安全为工作重点，构筑预防乡镇道路交通事故的长效防控体系，开展道路交通安全专项整治行动，推动乡镇交通高质量发展。通过采取在主要路口设立监控、增加减速带和警示牌、改善畸形交叉口、悬挂交通安全宣传条幅、利用宣传屏播放安全宣传短片、增强道路隔离防护设施、强化交通标志标线和视线诱导设施等措施，筑牢乡镇道路交通安全防线，提高群众交通安全意识。

乡镇交通安全设施主要包括视线诱导设施和速度管理设施。

视线诱导设施：①视线诱导设施的亮度应能满足大小车型在近光和远光灯照射下的识别和确认要求，宜保证视线上的一致性和连续性，并应充分考虑降雨、降雪等特殊天气条件下的视线诱导功能。②在视线不良、急弯、车道数或车道宽度有变化及连续急弯陡坡等路段，应设置轮廓标；在气候条件恶劣、线形条件差和事故多发路段，应设置反光性能高的轮廓标或采用尺寸较大的反射器。③采用示警桩或示警墩作为视线诱导设施的，示警桩设置间距一般为 4～8 米，示警墩设置间距一般为 2～4 米；农村公路可以将石头埋至土中且周边土质压实作为路侧示警墩。④在接入口可采用示警桩作为道口标柱，为避免道口标柱与路段示警桩混淆，道口前后 50 米范围内不宜再设置示警桩。⑤在受山体、树木或房屋等阻挡或存在其他因素，使驾驶人难以明了前方线形走向，易发生交通事故的小半径弯道外侧，可视情况设置一定数量的线形诱导标。⑥对山岭重丘区的农村公路，尤其是等外公路，可因地制宜采取刷白树干、堆砌土堆、设置废旧轮胎等简易诱导措施。

速度管理设施：①在急弯、陡坡、视距不良、平面交叉、高路堤、临水、临崖、过水路堤、漫水桥、穿越学校集镇村庄等路段，应根据危险情况合理设置限速标志，并采取相应综合减速措施，如设置减速振荡标线、减速丘、彩色防滑标线、视错觉减速振荡标线、纹理化铺面等。②在事故多发、集镇和学校等人群密集区，急弯、窄桥、隧道等路段前，长下坡路段及其他需要减速的路段前或路段中，应因地制宜设置路面强制减速设施；设置减速丘的路段，应在减速丘前设置减速丘标线。③在道路线形、纵断面有显著变化等需要采取减速的路段前及路段中宜设置减速标线，如车行道曲线半径小于 300 米，停车视距小于 75 米的弯路前；反向弯路、连续弯路、相邻反向平曲线间距小于 100 米的弯路；平直路段或上坡路段后连接坡度大于 3.5% 的下坡路段。④在符合条件的路段实行分车型限速，增加不同车型的限速标志[1, 2]。

关键术语

区域交通设施用地、城市对外交通、绿色交通、城乡公交一体化、公交优先、公交导向型发展（TOD）、智能公交、慢行交通规划、城市停车设施、加油加气合建站、电动车交流充电桩、旅游交通规划、交通安全设施

思考题

1. 乡镇域区域交通体系的组成是什么？
2. 常用的乡镇道路网络结构有哪几种基本类型？各自的特征和优缺点是什么？
3. 乡镇域道路交通设施规划的主要内容是什么？

1. 公安部道路交通安全研究中心 .《农村地区道路交通安全风险防治手册》，2016.
2. 中华人民共和国国务院 .《中华人民共和国道路交通安全法实施条例》（国令第 405 号）.

4. 镇域和镇区两个层次道路系统规划的原则和特征是什么?

5. 如何促进乡镇国土空间规划中交通体系与其他要素之间的协同布局和规划?

6. 乡镇公交网络可划分为哪几个层次?其各自的功能定位是什么?

7. 城乡公交线网布局有哪几种类型?每种类型的优缺点和适用性分别是什么?

8. 乡镇机动车停车设施包含哪些类型?

9. 简述乡镇交通安全设施的主要类型和规划要点。

参考文献

图书和期刊

[1] 刘丰,韩雪松.国土空间规划背景下区域交通规划方法探析[C]// 品质交通与协同共治——2019 年中国城市交通规划年会论文集.四川省城乡规划设计研究院,2019:689-698.

[2] 刘青文.村镇道路规划及几何设计相关技术研究[D].武汉:华中科技大学,2009.

[3] 彭震伟,张立,董舒婷,等.乡镇级国土空间总体规划的必要性、定位与重点内容[J].城市规划学刊,2020(1):31-36.

[4] 钱林波,彭佳,梁浩.国土空间综合交通体系规划的新要求与新内涵[J].城市交通,2021,19(1):13-18+81.

[5] 申振,王琳琳.乡镇级国土空间总体规划编制体系研究与实践探索[J].价值工程,2022,41(11):33-35.

[6] 石飞.国土空间规划体系下的交通协同规划思考[J].城市规划,2022,46(2):79-83.

[7] 吴祥.城乡公交一体化下县域村镇公交可达性测度及优化研究[D].苏州:苏州科技大学,2021.

政策法规

[8] 中华人民共和国住房和城乡建设部.关于印发《镇(乡)域规划导则(试行)》的通知)[EB/OL].(2010-11-04)[2024-08-15].https://www.gov.cn/zwgk/2011-02/28/content_1812993.htm.

[9] 中华人民共和国住房和城乡建设部.住房和城乡建设部关于发布国家标准《城市道路交通设施设计规范》局部修订的公告》[EB/OL].(2019-08-20)[2024-08-15].https://www.gov.cn/zhengce/zhengceku/2019-08/20/content_5454346.htm.

[10] 公安部道路交通安全研究中心.农村地区道路交通安全风险防治手册[EB/OL].(2021-06-01)[2024-08-15].https://mp.weixin.qq.com/s/MxmYUU17RXW5S4ilGVSeiQ.

[11] 交通运输部办公厅.交通运输部办公厅关于印发《绿色交通标准体系(2022 年)》的通知[EB/OL].(2022-08-10)[2024-08-15].https://www.gov.cn/zhengce/zhengceku/2022-08/23/content_5706441.htm.

[12] 中华人民共和国住房和城乡建设部.住房城乡建设部关于发布国家标准《城市综合交通体系规划标准》的公告[EB/OL].(2018-09-11)[2024-08-15].https://www.mohurd.gov.cn/gongkai/zhengce/zhengcefilelib/201903/20190320_239844.html.

[13] 中华人民共和国住房和城乡建设部.关于发布行业标准《城市道路公共交通站、场、厂工程设计规范》的公告[EB/OL].(2011-11-22)[2024-08-17].https://www.mohurd.gov.cn/gongkai/zhengce/zhengcefilelib/201201/20120110_208364.html.

[14] 中华人民共和国住房和城乡建设部.住房城乡建设部关于发布国家标准《城市停车规划规范》的公告[EB/OL].(2016-06-20)[2024-08-15].https://www.mohurd.gov.cn/gongkai/zhengce/zhengcefilelib/201607/20160725_228280.html.

[15] 北京市规划自然资源委,北京市交通委,北京市农业农村局与市市场监督管理局.乡村地区交通设施规划设计标准[EB/OL].(2023-04-06)[2024-08-15].https://ghzrzyw.beijing.gov.cn/biaozhunguanli/bz/szjgdjt/202308/P020230822608045818010.pdf.

[16] 全国人民代表大会常务委员会.中华人民共和国道路交通安全法[EB/OL].(2003-10-28)[2024-08-15].https://www.gov.cn/gongbao/content/2004/content_62789.htm.

[17] 中华人民共和国国务院.中华人民共和国道路交通安全法实施条例[EB/OL].(2004-04-30)[2024-08-15].https://www.gov.cn/zhengce/content/2008-03/28/content_3745.htm.

第 6 章

乡镇域国土空间公共设施规划

■ 导语

本章是对乡镇域国土空间公共设施规划内容的系统性阐述，分为七个小节。第一小节为乡镇域国土空间公共服务体系的内涵与目标任务。第二小节至第六小节分别为行政办公设施、医疗卫生设施、教育科研设施、文化体育设施、商业服务设施规划的具体内容。第七小节为乡镇域其他公共设施，主要对社会福利和养老设施规划的要点，以及通过差异化引导促进公共服务更高质量发展的相关要求进行了解读。

6.1 公共服务体系内涵与目标任务

公共服务设施是国土空间支撑体系的重要内容，其优化和合理配置对于促进城乡均衡发展、提高居民生活质量、优化资源配置以及适应全域全要素规划需求等方面具有重要意义。乡镇公共服务设施的配置在新时期面临新的任务，本小节主要对乡镇公共服务体系的内涵和目标任务进行阐述。

6.1.1 公共服务体系的内涵

公共服务设施规划是乡镇域国土空间规划的关键领域，也是我国推进新型城镇化和乡村振兴的重要环节，其具体内容涉及行政办公、医疗卫生、教育科研、文化体育、商业服务和其他公共设施等多个领域。在国土空间规划实践中，公共服务体系规划的核心内涵包括统筹考虑乡镇域功能发展和公共服务设施用地布局，建立全域覆盖、普惠共享、城乡一体的基础设施和公共服务设施网络，对引导国土空间有序开发、建设全年龄友好型社会、满足群众对幸福美好生活向往具有十分重要的意义。

案例

扫码了解以下内容：
朱家角镇公共服务设施布局图

上海市青浦区朱家角镇公共服务体系规划

朱家角镇位于上海最大淡水湖淀山湖的东岸，全域总面积约136.9平方公里（含水域）。北临苏州昆山，西望苏州吴江，交通条件便利，处于上海中心城区半小时交通圈范围内。2016年，朱家角获批为国家第一批特色小镇，并确定朱家角的特色为具有江南水乡特色的文化创意与基金小镇。

规划以“区域级—镇级—社区级”三级体系进行公共服务设施配置。其中，社区级设施以15分钟生活圈形成的社区单元为配置依据，基本实现社区单元公共服务半径全覆盖。考虑到朱家角是上海18个重点镇之一，需要承担服务辐射青西三镇的职能，同时由于其独具魅力的水乡环境吸引包括上海中心城区、青浦城区等周边区域的人口，也将承担部分服务周边更大区域的职能，因此其各类公共服务设施配置采用较高的标准，打造高品质的生活服务环境。

规划开发边界内公共服务设施用地面积117.4公顷，主要包括行政办公设施、文化设施、体育设施、医疗卫生设施、基础教育设施、其他社会服务设施6类。

表6-1　朱家角镇开发边界内公共服务设施规划用地指标一览表

设施类型	现状用地面积（公顷）	规划用地面积（公顷）	现状人均指标（平方米/人）	规划人均指标（平方米/人）
行政办公设施	6.2	7.8	0.6	0.4
文化设施	1.2	3.4	0.1	0.2
体育设施	70.7	6.4	7.1	0.3
医疗卫生设施	3.0	5.6	0.3	0.3
基础教育设施	31.1	53.3	3.1	4.4
其他社会福利设施	—	22.2	—	1.9
社区级公共服务设施	3.2	18.7	0.3	1.7
共计	115.4	117.4	—	—

资料来源：上海市青浦区人民政府、上海市规划和国土资源管理局，《青浦区朱家角镇总体规划暨土地利用总体规划（2017—2035）（含近期重点公共基础设施专项规划）法定文件》。

6.1.2　公共服务体系的目标任务

乡镇国土空间公共服务体系应顺应乡镇地区群众对美好生活的向往，以普惠性、基础性、兜底性民生建设为重点，强化规划引领，统筹资源要素，动员各方力量，加强公共服务体系建设，努力让乡镇地区具备更好生活条件，建设宜居宜业美丽乡镇。

乡镇国土空间公共服务体系编制的核心内容主要是分析现状公共服务设施情况及存在问题，统筹考虑规划期末乡镇户籍人口规模、实际服务人口特征和需求，结合城乡社区生活圈体系构建，提升乡镇的区域中心服务能力，推进城乡基本公共服务均等化。明确“乡镇政府驻地—中心村 / 社区”党群服务中心建设要求，按照乡镇政府驻地、中心村、自然村分级设置，结合乡村产业、旅游发展等要求，分级、分类确定公共教育、文化、体育、医疗卫生、社会福利（养老服务、殡葬设施）、便民服务、商业金融以及农村寄递物流体系等公共服务设施的布局、规模和建设要求等[1]。

针对我国农村公共服务体系不健全的情况，根据 2022 年中共中央办公厅、国务院办公厅印发的《乡村建设行动实施方案》，应大力实施农村基本公共服务提升行动，开展县乡村公共服务一体化示范建设。具体包括发挥县域内城乡融合发展支撑作用，强化县城综合服务功能，推动服务重心下移、资源下沉，采取固定设施、流动服务等方式，提高农村居民享受公共服务的可及性、便利性。

优先规划、持续改善农村义务教育学校基本办学条件，支持建设城乡学校共同体，多渠道增加农村普惠性学前教育资源供给；巩固提升高中阶段教育普及水平，发展涉农职业教育，建设一批产教融合基地，新建改扩建一批中等职业学校；加强农村职业院校基础能力建设，进一步推进乡村地区继续教育发展。

改革完善乡村医疗卫生体系，加快补齐公共卫生服务短板，完善基层公共卫生设施；支持建设紧密型县域医共体。加强乡镇卫生院发热门诊或诊室等设施条件建设，选建一批中心卫生院；持续提升村卫生室标准化建设和健康管理水平，推进村级医疗疾控网点建设；落实乡村医生待遇，保障合理收入，完善培养使用、养老保障等政策。

完善养老助残服务设施，支持有条件的农村建立养老助残机构，建设养老助残和未成年人保护服务设施，培育区域性养老助残服务中心；发展农村幸福院等互助型养老，支持卫生院利用现有资源开展农村重度残疾人托养照护服务。推进乡村公益性殡葬服务设施建设和管理[2]。

---

1. 安徽省自然资源厅 .《安徽省乡镇国土空间总体规划编制规程（试行）》，2022.
2. 中共中央办公厅、国务院办公厅 .《乡村建设行动实施方案》，2022.

6.2 行政办公设施

行政办公设施是指党政机关、人民团体，及其相关直属机构、派出机构和直属事业单位的办公及附属设施。这些设施不仅是政府行使职能的物理载体，也是公共服务的重要窗口，是乡镇国土空间规划的重要组成部分。本小节为乡镇级行政办公设施、村社级行政办公设施、其他行政办公设施三类行政办公设施的构成和规划布局要求。

6.2.1 乡镇级行政办公设施

乡镇域的一般行政办公设施包括乡镇级和村社级两级。

乡镇级行政办公设施包括乡镇政府、乡镇人民法庭、乡镇派出所、乡镇司法所、综合农机服务中心等，这些设施可以集中布置，也可以单独设置。

案例

江西省宜春市袁州区南庙镇行政管理设施规划

南庙镇位于距宜春市中心城区南郊 12 公里处，与明月山温泉风景名胜区接壤，东连新坊镇，南接洪江镇，西接温汤镇，北邻宜春市中心城区。在区位上，南庙镇是宜春市中心城区南大门；在交通上，明月大道、宜安公路、宜温公路穿境而过，距规划万宜高速公路出入口 17 公里，距浙赣线高铁站 7 公里。

行政管理设施现状：全镇行政管理机构包括镇政府、派出所、财政所、供电所、粮管所、养路队、司法所、烟草稽查分队、白马林检站等。主要分布在集镇及白马村。

行政管理设施规划：镇区层面，规划在南庙新镇区河西路和南庙大道设置新镇区的行政管理设施，保留老镇区的行政管理设施，总用地面积 5.93 公顷。

资料来源：宜春市袁州区南庙镇人民政府、中国建筑科学研究院有限公司，《宜春市袁州区南庙镇总体规划（2018—2035）研究报告》。

6.2.2 村社级行政办公设施

村社级行政办公设施包括村（居）民委员会、社区事务受理服务中心、党群服务中心、职业介绍所、治安联防站等，在具体的规划建设中，大多结合社区生活圈的布局要求，根据各个社区具体需求，配置社区级行政管理设施。

根据自然资源部印发的《社区生活圈规划技术指南》（TD/T 1062—2021），村社级生活圈行政管理类要素配置要求与城镇社区生活圈存在差异（表 6-2）。

表 6-2　生活圈行政管理类要素配置建议表

要素层级	要素名称	服务内容	规模性指标		覆盖性指标			效率性指标	品质性指标
			单处一般规模（平方米）	千人指标（平方米）	服务半径（米）	服务覆盖率（%）	配置要求		
			建筑面积	建筑面积					
城镇社区生活圈	社区服务站	含社区服务大厅、警务室、社区居委会办公室、居民活动用房、活动室、阅览室、残疾人康复室	600～1000	—	300	—	—	可综合设置	—
村 / 组层级生活圈	村务室	就地办理计划生育、建房申请、外来人口登记、农机耕作、水电维修等与农民相关的事务	100～200	—	—	—	各行政村设 1 处，村域面积较大或集中居民点较分散情况下可多点设置	宜综合设置	—

资料来源：中华人民共和国自然资源部.《社区生活圈规划技术指南》（TD/T 1062—2021）.

6.2.3　其他行政办公设施

在常规行政办公设施之外，一些乡镇也因特定的地理区位、资源禀赋和产业基础而承载了特定的行政办公设施，如边防派出所、渔业船舶检查站、林业站、交警支队、产业园区管委会、税务所等，这些特定的行政办公设施多为独立设置。

案例　**上海市崇明区堡镇行政办公设施规划**

堡镇位于崇明岛中部偏东南沿，行政面积为 62.34 平方公里，下辖 9 个居委会、18 个行政村和 2 处垦区。堡镇现状常住人口约 6 万人，是崇明中南部重要城镇。堡镇始建于明朝，历史悠久，文化底蕴深厚，是崇明历史上“桥、庙、堡、浜”四大名镇之一，最初为用于防御海寇侵扰的堡城，明末因居民日增、商贸频繁，便形成集镇，称作堡城镇，从此不断发展壮大，成为崇明岛的东部重镇。

资料来源：上海市崇明区人民政府、上海市规划和自然资源局，《崇明区堡镇国土空间总体规划（2021—2035）（含近期重点公共基础设施专项规划）法定文件》。

除常规行政办公设施之外，堡镇现状行政办公设施还包括堡镇港边防派出所、崇明公安分局交通警察支队二大队、堡镇水务管理所、上海渔业船舶检验局堡镇分局、堡镇工业区管委会及堡镇林业站、崇明第三税务所等，用地均为独立设置。

6.3 医疗卫生设施

医疗卫生设施是指医疗、预防、保健、护理、康复、急救、安宁疗护等设施。在国土空间规划背景下，医疗卫生设施的均衡发展和效率提升对于更好地满足人民群众的健康需求具有重要意义。本小节主要围绕乡镇级医疗卫生设施、村社级医疗卫生设施，分别解析了其构成和布局要求。

6.3.1 乡镇级医疗卫生设施

一般而言，乡镇域内的乡镇级医疗卫生设施为各乡镇集中布置的乡镇卫生院，部分重点乡镇还设有可以服务周边乡镇的区域性医疗设施（如县市人民医院分院等）。乡镇域国土空间规划应有效提升乡镇级医疗卫生设施的服务能力和效率，增强公共卫生应急能力，保障居民健康，促进乡镇卫生健康事业的可持续发展。

案例

上海市金山区廊下镇医疗卫生设施规划

廊下镇现状有社区级医疗设施1处，为镇区的社区卫生服务中心，用地面积0.71公顷。同时，各行政村均设置卫生服务站1处，在职乡村医生共有13人，基本可满足预防保健、传染病预防、计划生育、慢性病管理、老年保健等需要。居民对公共医疗卫生服务的需求日益增多，现有医疗卫生资源配置无法满足未来需求。

规划医疗卫生设施用地 1.54 公顷，人均用地面积 0.64 平方米。扩建现状 1 处社区卫生服务中心，用地面积 1.54 公顷。结合社区卫生服务中心，综合设置医疗急救分站 1 处，完善廊下镇医疗服务水平。规划保留现状各行政村卫生服务站，结合三室一点集中设置，并满足乡村社区生活圈的布局要求。

资料来源：上海市金山区人民政府、上海市规划和自然资源局，《金山区廊下镇国土空间总体规划（2023—2035）（含近期重点公共基础设施专项规划）法定文件》。

6.3.2　村社级医疗卫生设施

村社级医疗卫生设施主要包括门诊部、卫生服务站、工疗康体服务中心以及卫生室等，乡镇域国土空间规划应加强村社级医疗卫生设施资源的分布均衡性和服务水平，改善生活质量，推进村社的健康发展。

根据自然资源部印发的《社区生活圈规划技术指南》（TD/T 1062—2021），村社级生活圈健康管理类要素配置要求与城镇社区生活圈存在差异（表 6-3）。

表 6-3　生活圈健康管理类要素配置建议表

要素层级	要素名称	服务内容	规模性指标		覆盖性指标			效率性指标	品质性指标
			单处一般规模（平方米）	千人指标（平方米）	服务半径（米）	服务覆盖率（%）	配置要求		
			建筑面积	建筑面积					
城镇社区生活圈	门诊部	预防、医疗、保健、康复、健康教育、计生等	—	—	1 000	—	—	可综合设置	宜设置于辖区内位置适中、交通方便的地段
	工疗康体服务中心	精神疾病工疗、残疾儿童寄托、残疾人康复活动、康体服务等	800	—	1 000	—	—	可综合设置	宜安排在建筑首层并设专用出入口
	社区卫生服务站	预防、医疗、计生等	120～270	—	300	—	在人口较多、服务半径较大、社区卫生服务中心难以覆盖的社区，宜设置社区卫生站加以补充	可综合设置	宜安排在建筑首层并设专用出入口

续表

要素层级	要素名称	服务内容	规模性指标		覆盖性指标			效率性指标	品质性指标
			单处一般规模（平方米）	千人指标（平方米）	服务半径（米）	服务覆盖率（%）	配置要求		
			建筑面积	建筑面积					
村/组层级生活圈	村卫生室	医疗、预防、康复等	100～200	—	—	—	各行政村设1处，村域面积较大或集中居民点较分散情况下可多点设置	宜综合设置	安排在建筑首层并设专用出入口

资料来源：中华人民共和国自然资源部.《社区生活圈规划技术指南》（TD/T 1062—2021）.

6.4 教育科研设施

教育科研设施是指高等教育、中等职业教育、中小学教育、幼儿园、特殊教育设施等设施，以及科研机构的科研设施、企业科学研究和研发设施。它们不仅是推动经济社会发展的关键因素，也是实现国家长远发展和可持续发展的重要保障。本小节主要讲解镇教育科研设施规划目标与配置要求，以及平衡教育资源均等化导向与差异化现实的相关要点。

6.4.1 教育科研设施规划目标与配置

乡镇教育科研设施规划要充分考虑人口结构变化下适龄儿童入学需求，结合重点镇、一般镇发展需求，配合乡镇空间发展或收缩策略，提高教育资源集中配置率，避免资源闲置。

乡镇级生活圈宜配置幼儿园、小学、初中，有条件的情况下配置高中、职业技术学校并面向农民就业创业需求，发展职业技术教育与技能培训。村（组）级生活圈教育科研设施配置视人口规模而定，中心村需配置幼儿园，有需求和有条件的情况下在中心村和基层村设村幼儿园和小规模学校。教育设施应便捷可达，结合乡集镇公共活动中心布局。

根据自然资源部印发的《社区生活圈规划技术指南》（TD/T 1062—2021），城镇社区生活圈和村社级生活圈教育科研服务要素配置要求如下（表 6-4）。

表 6-4　乡集镇和村 / 组层级社区生活圈教育科研服务要素配置建议

要素层级	要素名称	服务内容	规模性指标	覆盖性指标	效率性指标	品质性指标
			单处一般规模（m^2）	配置要求		
乡集镇社区生活圈	高中	—	结合地区常住人口结构明确数量和规模	每 5 万常住人口配建 1 所 24 班高中	应独立占地	选址应避开城市干道交叉口等交通繁忙路段；鼓励教学区和运动场地相对独立设置，并向社会错时开放
	初中	满足 12~18 周岁青少年入学要求		每 2.5 万常住人口配建 1 所 20 班初中		
乡集镇社区生活圈	小学	满足 6~12 周岁青少年入学要求	结合地区常住人口结构明确数量和规模	每 2.5 万常住人口配建 1 所 28 班小学	应独立占地	应设于阳光充足、接近公共绿地、便于家长接送的地段；生活用房应满足冬至日底层满窗日照不少于 3 小时日照标准；宜设于可遮挡冬季寒风的建筑物背面；层数不宜超 3 层；活动场地应有不少于 1/2 的面积在标准建筑日照阴影线之外
	幼儿园	保教 3~6 周岁学龄前儿童		每 1 万常住人口配建 1 所 15 班幼儿园		
村组社区生活圈	村幼儿园	保教 3~6 周岁学龄前儿童	班级数≥ 3	邻近村庄可集中设置 1 处	应独立占地	
	乡村小规模学校	学生人数少于 200 的中小学校和教学点				

资料来源：中华人民共和国自然资源部 .《社区生活圈规划技术指南》（TD/T 1062—2021）.

6.4.2　平衡教育资源均等化导向与差异化现实

通过梳理各时期乡村基础教育设施布局原则及关键要素（表 6-5），可知公平与效率是评价教育设施布局均等化的两个关键标准，从人口单一要素的研究到人口、土地与成本要素的多元扩展，是体现设施布局从空间平衡到时空均衡的重要转变。

人口要素对应教育服务的需求主体，主要指学龄人口的规模、分布特征及需求意向等。土地要素对应设施建设载体，包括村镇空间格局、发展模式和备用地的调整等。成本要素对应设施建造运营的供给能力，包含乡村既有设施的配置使用情况、规模类型、资金支持与供给主体等影响建造模式的因素。

人口、土地与成本要素的时空变化共同作用于基础教育设施布局的空间结构（层级规模与服务范围）、建造模式（建设成本与类型）及供给机制（供给方式与内容）。因此，为实现教育资源布局的均等化，不仅要考虑乡村地区在静稳发展状态下的要素特征，更需从时空变化的视角，辨析学龄人口动态分布、顺应村庄用地优化趋势、采用适配合理的建设模式实现对基础教育设施布局方案的动态调整，保障规划周期内设施布局方案与乡村地区发展规律契合统一[1, 2]。

表 6-5　各时期乡村基础教育设施的布局原则及其关键要素

研究进程	代表性的规划指南／技术标准	设施布局原则	设施布局关键要素
1996—2005 年	《居住区级及小区级公共服务设施指标》（1980 年版）	理想化居住组团结构	人口规模、千人指标、设施类型
	《城市居住区规划设计规范》（GB 50180—93，已废止）	基于住区空间结构和社会关系，以人口规模为主导	人口规模、服务半径、规划层级
2006—2017 年	《镇规划标准》（GB 50188—2007）	乡（镇）整体发展格局与用地分配	人口规模与空间分布、属地规划级别与定位、教育机构用地占比
	《乡村公共服务设施规划标准》（CECS 354：2013）	镇—村层级设施可达性	规划期末常住人口、规模分级、镇村结构、乡驻地性质与规模、经济社会发展水平
	《农村普通中小学校建设标准》（建标 109—2008）	人口密度与分布的变动影响	人口密度与学生来源、乡镇总体规划要求、生均建筑面积、交通环境
2018—2023 年	《城市居住区规划设计标准》（GB 50180—2018）	步行交通下居民的移动范围	人口规模、步行成本、居住用地布局、设施类型与配套需求
	《社区生活圈规划技术指南》（TD/T 1062—2021）	居民行为选择与社会分异动向	人口规模与空间分布、步行距离、集体用地规模及规划、生活圈布局与结构
	《上海乡村社区生活圈规划导则（试行）》（2021）	乡村生产生活发展特征与空间关联性	人口规模与结构、慢行可达范围、保留村规模、村庄类型与产业分布、设施层级

资料来源：刘泽，刘了腾．基于多元要素时空均衡模型的乡村基础教育设施布局：以托幼设施规划为例［J］．北京工业大学学报，2023，49（10）：1050-1064.

基于此，乡镇教育设施规划应立足县域义务教育城镇化背景，顺应地方入学需求，强化教育设施交通可达性，尊重地方教育资源差异性，因地制宜实行有侧重的均等化配置，增加教育资源配置指标弹性。

1. 朱宁．基于城镇化视角的县域教育设施规划模式思考：以江苏滨海县国土空间规划为例［J］．建筑与文化，2024（2）：97-99.
2. 王越，王启轩，王海琴．“均等化”视角下的县域教育设施配置研究：以安徽省五河县为例［J］．现代城市研究，2021（8）：83-90.

尊重差异性的均等化配置：考虑县域教育资源差异，以及城镇教育资源服务乡村地区的关联效应，不应过分强调行政等级下的施教单元扁平化和平均分布，寻求教育设施在重点地区质量优化下的均等化，提高乡镇教育资源配置效率。

增加教育资源配置指标弹性：目前，我国乡镇教育设施布局差异较明显，各类设施教师资源配置不均衡，优质教育资源供不应求，“舍近求远”就学普遍，乡村地区教育资源缺乏吸引力。针对此现象，均等化服务半径难以普遍适用，规划中可结合县域经济社会发展情况和县域人口结构特征，结合地方出生率等数据，考虑城镇教育资源对周边乡村的服务覆盖，给予配置指标一定弹性。

案例

广东省广州市南沙区大岗镇教育设施规划

扫码了解以下内容：
大岗镇现状及规划教育设施

大岗镇位于广州、佛山、中山交界处，是广东省首批中心镇，历史上的“教育强镇”，历经多次行政区划调整，现有小学 7 所、初中 3 所、九年一贯制学校 1 所，职业中学 1 所。

学位缺口情况：按近期 17.96 万人口（包含东流村旧改规划人口、穗港制造基地 50% 产业人口）进行核算，大岗镇小学、初中、高中的教学资源都存在一定量缺口。其中，小学缺口共计 128 班；初中缺口共计 53 班。

增加教育设施：按照补漏缺、提质量、促发展的规划原则，结合大岗城市升级改造，规划 2 所九年一贯制学校，4 所小学，结合潭山中学扩建高中部打造优质中学，满足近期人口的教育需求。

资料来源：广州市城市规划勘测设计研究院，《南沙区大岗镇成片改造统筹规划研究报告》。

6.5 文化体育设施

文化体育设施由文化设施和体育设施构成。文化设施是指文化馆（群众艺术馆）、文化站、工人文化宫、青少年宫（青少年活动中心）、妇女儿童活动中心（儿童活动中心）、老年活动中心、综合文化活动中心、公共剧场等，体育设施是指体育场馆、体育训练基地、溜冰场、跳伞场、摩托车场、射击场，以及水上运动的陆域部分，但不包括学校、企事业、军队等机构内部专用的体育设施。本小节介绍了乡镇文化体育设施的目标和配置要求，并提出了融合地方特色和产业发展、注重协同配置与地方适宜的规划要点。

6.5.1 文化体育设施规划目标与配置

乡镇文化体育设施规划需根据人口结构变化，结合重点镇、一般镇发展需求，配合乡镇空间发展或收缩策略，优化文化体育资源配置，体现地方文化特色，提升居民健康水平。文化体育设施要素宜临近生活性街道、交通节点，结合乡集镇公共活动中心布局。

乡镇级生活圈宜配置文化活动室、室外综合健身场地、图书馆，人口达到一定规模的乡集镇可配置乡镇文化活动中心、体育中心、博物馆、科技馆等设施。村（组）级生活圈应配置文化活动室（或综合文化服务中心）和室外活动场地，在有需求和有条件情况下，配置特色民俗活动点、健身广场等设施。

根据中华人民共和国土地管理行业标准《社区生活圈规划技术指南》（TD/T 1062—2021），乡集镇社区生活圈和村组社区生活圈文化体育服务要素配置要求如下（表6-6）。

表6-6 乡集镇和村/组层级社区生活圈文化体育服务要素配置建议

要素层级	要素名称	服务内容	规模性指标	覆盖性指标	效率性指标	品质性指标
			单处一般规模（平方米）	配置要求		
乡集镇社区生活圈	乡镇文化活动中心	图书阅览、科普知识宣传与教育、影视厅、舞厅、游艺厅、球类、棋类、科技与艺术等活动；宜包括儿童之家服务功能	3 000～6 000或3 000～1 2000（用地面积）	规划人口5万以上的乡/集镇宜设置	可综合设置	宜结合或靠近绿地设置
	文化活动室	书报阅览、书画、文娱、健身、音乐欣赏等功能	200	各乡/集镇至少设1处	宜综合设置	—
	乡镇体育中心	具备多种健身设施、专用于开展体育健身活动的综合体育场（馆）或健身馆	2 000～5 000	规划人口5万以上的乡/集镇宜设置	可综合设置	体育场应设置60米～100米直跑道和环形跑道；应具备大空间球类活动、乒乓球、体能训练和体质监测等用房

续表

要素层级	要素名称	服务内容	规模性指标	覆盖性指标	效率性指标	品质性指标
			单处一般规模（平方米）	配置要求		
乡集镇社区生活圈	室外综合健身场地	篮球、羽毛球、乒乓球、单双杠及其他健身器械等	400（用地面积）	—	宜综合设置	宜与绿地结合设置
村组社区生活圈	文化活动室	书报阅览、书画、文娱、健身、音乐欣赏等功能	200（建筑面积）	各行政村设1处，村域面积较大或集中居民点较分散情况下可多点设置	宜综合设置	—
	农家书屋	农民自管自用、自助读书的场所	—			—
	红白喜事厅	操办红白喜事	—	—		宜结合村庄活动中心设置
	特色民俗活动点	举办各种农民集体活动、民俗活动等	600（建筑面积）	—		
	健身广场	篮球、羽毛球、乒乓球、单双杠及其他健身器械等	400（用地面积）	—		宜与绿地结合设置

资料来源：中华人民共和国自然资源部，《社区生活圈规划技术指南》（TD/T 1062—2021）.

6.5.2　融合地方特色和产业发展

乡村公共文化设施是村民参与文化生活、就近享受文化服务的重要场所，是凝聚乡村公共意识、引领乡村精神文化的重要空间，是繁荣发展乡村文化、实现乡村文化振兴的重要载体。随着国家对乡村公共文化服务体系建设的重视和推进，以乡镇综合文化站、农家书屋等为代表的乡村公共文化设施在国家行政力量主导下已基本实现了数量上的全覆盖，在满足村民基本文化需求、保障村民基本文化权益方面已取得一定成效。然而，隐藏在全覆盖背后的是设施沉睡和效能普遍低下的问题，提质增效因而成为新时期乡村公共文化设施实现高质量发展的重点任务[1]。

因此，乡镇文化设施规划应通过加强信息化在文化设施配置中的作用，促进文化设施与地方产业发展的融合等策略，推动乡镇公共文化设施由“量”的扩张转变为“质”的提升，提高乡镇文化设施利用效能，满足村民基本文化需求，保障村民基本文化权益。

1. 刘红升，白现军．乡镇文化旅游公共服务支持现状与差异研究：基于江苏省徐州市 155 份卡数据的分析［J］．安徽行政学院学报，2022（2）：73-79.

加强信息化在文化设施配置中的作用：加强文化设施基础支持，注重有线电视、互联网、5G 等基础信息化建设，创造有利于乡村文化的发展与传播环境，为本地居民提供获取知识与信息的渠道，提升地方文化素养，丰富文化生活。

促进文化设施与地方产业发展的融合：积极建立文化设施与地方产业发展的关联，如整合当地农业特色作物种植、生产过程，规划文化服务和特色展示中心，形成基于特色作物叠加文化旅游的产业链。同时，注重与本地特色乡村文化有机融合，形成独具一格的人文风景。

在各类乡镇公共文化设施中，文化服务中心是农村文化建设工作中一项必要工程，不仅肩负着正确指导农村居民意识形态的责任，也具备提高民众文化素养、拓宽村民眼界以及丰富其文化生活的作用。推动乡镇文化服务中心建设有助于推动当地文化发展，也符合乡村振兴战略的实际需求[1]。以北京市乡镇综合文化站建设为例，影响其效能提升的因子包括服务供给、数字化建设、制度建设、服务保障、设施建设等（表 6-7），是对其提质增效的关键所在[2]。

表 6-7　北京市乡镇综合文化站效能提升关键影响因子

影响因子类型	影响因子	
影响乡镇综合文化站效能提升的关键因子	服务供给	文体活动（文艺演出、文体活动及公益培训）
		特殊群体服务
	数字化建设	提供无线网络覆盖
	制度建设	文图总分馆制度
		文旅融合
		资金保障
	服务保障	文化专干 & 人员培训
		群众业余团队
影响乡镇综合文化站效能提升的次级因子	设施建设	功能完备情况；图书馆面积及坐席设置情况；无障碍设施设置情况
		户外牌匾标识及室内功能门牌设置
	社会化建设	文化志愿服务
	制度建设	群众需求征询反馈制度
	宣传推广	学习宣传
		场馆知晓率

1. 王蔚彩 . 乡村振兴战略背景下乡镇文化服务中心的发展对策［J］. 文化产业，2022（3）：118-120.
2. 靳福松，苗美娟，文章，等 . 乡村公共文化设施效能提升研究：基于北京市乡镇综合文化站的实证分析［J］. 中国文化馆，2023（1）：86-96.

续表

影响因子类型	影响因子	
有待进一步验证的影响因子	—	社会化运营
		文化资源整合
		数字化探索

资料来源：靳福松，苗美娟，文章，等.乡村公共文化设施效能提升研究：基于北京市乡镇综合文化站的实证分析［J］.中国文化馆，2023（1）：86-96.

案例

上海市金山区朱泾镇文化服务设施谋划

朱泾镇因“朱溪”得名，亦名珠溪、落照湾，镇域面积75.66平方公里，常住人口约12.86万人（截至2016年年底），城镇化率71.7%。朱泾镇文化资源丰富，但特色个性模糊。在其近期的国土空间规划公共文化服务设施规划中，确立了以下规划策略。

（1）公共文化服务设施保护控制线

最大化保留金山水泥厂工业遗产，对原有工业遗产进行环境整治以及优化行动，保留金山水泥厂中原朱镕基驻厂办公楼，新增落照湾文化艺术中心，含剧场、美术馆、图书馆、博物馆等综合性公共文化服务功能，注入金山传统民俗文化和现代文化创意产业，与落照湾滨水公园绿地相结合，努力成为体现“红色文化、海派文化、江南文化”的金山文化空间新地标。

发挥文化集聚效应，在镇北、镇南社区建设综合化的公共文化活动中心，规划文化活动中心成为统筹城乡文化发展的枢纽，城乡文化人才培育的核心，更好地提升农村文化资源的服务总量、推进城乡文化资源的优势互补与共赢，增强城乡群众参与文化活动的积极性与文化凝聚力。

（2）文化保护与更新导引

以市河文脉轴为核心，形成“东林禅意＋西林文艺＋落照湾创意”的文化格局，打响“东林文化”品牌，复刻“西林文艺”记忆，打造“落照湾”文化创意中心。

(3) 现状及规划文化设施

朱泾镇现状文化设施用地面积约1.95公顷，其中区级文化设施有4处，包括金山区博物馆、金山区图书馆朱泾馆、青少年活动中心、金山农民画院，用地面积1.87公顷；镇级和社区级文化娱乐设施有3处，包括朱泾镇社区文化活动中心和浦银社区活动中心，规划镇区南、北新增的社区文化活动中心未实施。对标上海2035总体规划对城镇圈文化设施配置的要求，缺少1处文化馆、1处剧场。

规划文化设施用地8.24公顷，人均用地达到0.58平方米/人。

规划保留金山区博物馆0.18公顷、金山区图书馆朱泾馆0.23公顷、金山农民画院0.57公顷、青少年活动中心0.88公顷。

规划结合金山水泥厂更新，新增落照湾文化艺术中心，含剧场、美术馆、图书馆、博物馆等综合性公共文化服务功能，总用地面积6.37公顷，其中，近期建设4.35公顷。

社区级文化设施根据15分钟生活圈的布局要求，服务半径一般为1 000米范围内，结合社区服务中心综合设置，主要包括社区文化活动中心、老年人活动室等，以满足广大市民的日常文化生活需要。

表6-8　金山区朱泾镇社区单元文化设施规划示意表

<table>
<tr><th colspan="2">层级</th><th>设施名称</th><th>用地面积（公顷）</th><th>建筑面积（万平方米）</th><th>设置形式</th><th>备注（保留/新增/改建）</th></tr>
<tr><td rowspan="7">镇级单元</td><td rowspan="6">镇北</td><td>金山区图书馆</td><td>0.23</td><td>0.23</td><td>独立</td><td>保留</td></tr>
<tr><td>金山区农民画院</td><td>0.57</td><td>0.57</td><td>独立</td><td>保留</td></tr>
<tr><td>金山区博物馆</td><td>0.18</td><td>0.18</td><td>独立</td><td>保留</td></tr>
<tr><td>金山区青少年活动中心</td><td>0.88</td><td>0.88</td><td>独立</td><td>保留</td></tr>
<tr><td>朱泾镇社区文化活动中心</td><td>0.52</td><td>0.52</td><td>独立</td><td>保留</td></tr>
<tr><td>朱泾镇邻里中心</td><td>0.26</td><td>0.26</td><td>独立</td><td>改建</td></tr>
<tr><td>镇南</td><td>规划社区文体设施</td><td>1.13</td><td>1.13</td><td>独立</td><td>保留</td></tr>
</table>

续表

层级		设施名称	用地面积（公顷）	建筑面积（万平方米）	设置形式	备注（保留 / 新增 / 改建）
镇级单元	落照湾	落照湾文化艺术中心	3.88	4.66	独立	新增
		落照湾水泥罐文化设施	0.23	0.28	独立	新增
		朱镕基工作楼（拟名）	0.24	0.28	独立	新增
		落照湾文化艺术街区	2.02	2.42	独立	新增
乡村单元	待泾—新泾	综合文化活动室	0.1	0.12	综合	—
	秀州—万联	多功能活动室	0.01	0.01	综合	—
	长浜—温河	多功能活动室	0.04	0.05	综合	—
	大茫—民主	多功能活动室等	0.01	0.01	独立	—
		综合服务用房	0.11	0.13	独立	—
	五龙—牡丹—慧农	综合文化站	0.3	0.36	综合	—

资料来源：上海市金山区人民政府、上海市规划和自然资源局，《金山区朱泾镇总体规划暨土地利用总体规划（2017—2035）（含近期重点公共基础设施专项规划）法定文件》

6.5.3　注重协同配置与地方适宜

随着生活水平的不断提高，人们的身体素质以及健身意识也随之增强，对公共体育设施的需求也日益迫切。目前，我国城市公共体育服务体系建设已经较为健全，城市社区基础体育设施可基本满足人们的体育健身需求，但乡镇的基础体育设施体系建设还亟待加强[1]。调查显示，乡镇体育场地多属事业单位，且体育场地资源分布不均，零散的点式分布影响体育环境优化，居民体育活动范围因而受到限制，存在只能在家里、公路旁或者依靠附近村镇公共体育设施进行体育锻炼的现象。乡镇居民在健身活动项目的选择上会更倾向于民族性强、徒手练习或场地、设施和运动技能要求不高的运动项目。体育场地设施的规划供给能够增加村镇居民开展常规体育活动和体育锻炼的频率，形成篮球、足球、排球、羽毛球、乒乓球等多种球类与各地特色体育项目共同发展的良好势头[2]。

1. 张宝生，姜亚东，李鑫 . 我国乡镇基础体育设施建设研究［J］. 商业经济，2022（1）：131-133+139.
2. 李萌，李晓新 . 我国农村社区体育发展现状及对策研究［J］. 现代交际，2011（3）：64-65.

乡镇国土空间体育设施规划应考虑地方气候以及人口结构和变化特征，以空间集约利用为导向，配合公共空间和景观规划，与文化、教育设施协同配置，促进基层体育运动普及，满足人们对公共体育设施的需求，提升乡镇居民身体素质。

与文化、教育设施协同配置：加强体育设施与文化、教育设施的协同配置，一方面，注重体育与文化设施的互补性，强化对基层文体站的综合、复合利用；另一方面，在保证校园安全基础上，考虑公共体育设施与中小学运动场所的联合布局，开放学校体育设施器材，对于其中建设成本较高的场馆设施采取低收费制度，回收部分管理成本，加强空间集约利用。

考虑气候和人口特点适宜性：体育设施场所功能应考虑地方气候和人口结构，如寒冷地区增加室内运动场馆供给，结合地方景观和公共空间规划布设室外运动场地或慢行道；老龄化突出或适龄劳动人口回流显著的乡镇可针对性增设相适宜的锻炼和健身场所。

此外，建议乡镇体育设施规划结合地方文化，以民间体育、风俗习惯为村镇体育发展的现实基础，特色体育为村镇体育发展主体。对于乡镇体育发展面临的经费问题，可借助互联网、多媒体等媒介，发挥村镇辐射作用，不断开拓资金引流，畅通经费来源渠道[1]。

案例

上海市金山区吕巷镇体育设施规划

规划保留现状 1 处镇级体育设施，为干巷门球场，用地面积约 0.09 公顷。规划新增 2 处镇级体育设施，分别为吕巷镇社区文化活动中心、干巷社区体育中心，同时对现状吕巷镇社区文化活动中心进行功能改建，将部分文化设施功能改建为体育设施，改建后的原吕巷镇社区文化活动中心升级为镇级文体综合服务设施，其中文化设施用地与体育设施用地各约 0.58 公顷。

社区级体育设施依据 15 分钟生活圈的布局要求，服务半径在 1 000 米以内。保留各行政村现有健身点，并在居民点密集区域另新增满足需求的健身点。规划建议结合公共绿地及各类型广场，适当增配健身锻炼设施及场地，满足居民日常休憩健身的需求。

1. 李炬，胡好，金庆红 . 乡村振兴视野下山东村镇体育发展模式构建研究［J］. 绥化学院学报，2022，42（3）：25-27.

表 6-9　金山区吕巷镇镇级、社区级体育设施规划示意表

层级	设施名称	用地面积（公顷）	建筑面积（万平米）	设置形式	备注
镇级	干巷门球场	0.09	—	—	保留
	吕巷镇社区文化活动中心	0.58（文化设施）	2.09	综合	改建
		0.58（体育设施）			
	干巷社区体育中心	0.49	—	—	新建
社区级（城镇单元）	综合健身点 3 处	—	—	综合	新建
社区级（乡村单元）	现代农业集中发展片区健身点 2 处	—	—	综合	改扩建
	现代农业集中发展片区健身点 6 处	—	—	综合	保留
	第六产业发展示范片区综合健身馆	0.49	3 920	独立	新增
	第六产业发展示范片区健身点 4 处	—	—	综合	保留
	第六产业发展示范片区健身点 4 处	—	—	综合	改扩建
	白龙湖生态文旅单元健身点	0.02	126.99	独立	新增
	生态保育与修复片区健身点	—	—	综合	保留
	生态保育与修复片区健身点 2 处	—	—	综合	改扩建

资料来源：上海市金山区人民政府、上海市规划和自然资源局，《金山区吕巷镇国土空间总体规划（2019—2035）（含近期重点公共基础设施专项规划）批后公示稿》

6.6 商业服务设施

商业服务设施是指商业、商务金融以及娱乐康体等设施，是经济发展的重要支撑，也是提升居民生活质量、促进区域一体化发展的关键因素。本小节为乡镇域、乡镇政府驻地和村庄三个层级商业服务设施的配置内容和布局要求。

6.6.1 乡镇域商业服务设施布局

国家层面涉及乡镇域商业服务设施规划的标准或规定包括2007年发布的《镇规划标准》(GB 50188—2007)(以下简称《镇标准》)和2010年住建部发布的《镇(乡)域规划导则(试行)》(建村〔2010〕184号)(以下简称《镇导则》)。就内容而言，两者覆盖的商业服务设施类型存在一定差异；就技术方法而言，《镇标准》仅从分类角度区分了中心镇和一般镇的设施配置标准差异，《镇导则》则从更为全域视角出发，提出了“镇区(乡政府驻地)—中心村—基层村”三级商业设施的配置要求(表6-10)。随着乡镇地区的发展，《镇标准》和《镇导则》在设施配置内容和规划方法上已难以与乡镇地区的发展和对商业服务设施实际需求相接轨。

表6-10 《镇标准》和《镇导则》中商业服务设施配置要求

类别	项目	《镇标准》		《镇导则》		
		中心镇	一般镇	镇区(乡政府驻地)	中心村	基层村
商业金融设施	百货店、食品店、超市	●	●			
	生产资料、建材、日杂商店	●	●	●	○	○
	粮油店	●	●	●	●	○
	药店	●	●	●	○	--
	燃料店(站)	●	●	●	--	--
	文化用品店	●	●	——		
	书店	●	●	——		
	综合商店	●	●	——		
	宾馆、旅店	●	○	——		
	饭店、饮食店、茶馆	●	●	——		
	理发馆、浴室、照相馆	●	●	●	○	--
	综合服务站	●	●	●	○	○
	物业管理	——		●	○	--
	农产品销售中介	——		○	○	--
	银行、信用社、保险机构	●	○	●	--	--
	邮政局	——		●	○	--
集贸市场	百货市场	●	●	——		
	蔬菜、果品、副食市场	●	●	●	○	--
	粮油、土特产、畜、禽、水产市场	根据镇的特点和发展需要设置		●	○	--
	燃料、建材家具、生产资料市场			○	--	--
	其他专业市场			——		

续表

类别	项目	《镇标准》		《镇导则》		
		中心镇	一般镇	镇区（乡政府驻地）	中心村	基层村
注: ●表示应设的项目; ○表示可设的项目; ——表示缺少此项目				注: ●表示必须设置; ○表示可以选择设置; -- 表示可以不设置; ——表示缺少此项目		

资料来源：中华人民共和国建设部.《镇规划标准》(GB50188—2007)；中华人民共和国住房和城乡建设部.《镇（乡）域规划导则（试行）》(建村〔2010〕184 号).

在当前国家层面标准（导则）尚未进行修订或更新的情况下，乡镇域商业服务设施的规划布局应借助需求分析法、GIS 网络分析和栅格分析等技术手段，结合“社区生活圈”等理念，对乡镇域商业服务设施的实际使用情况和真实需求进行分析，从而更科学地进行商业服务设施布局。同时，应落实上位规划确定的区域性商业服务设施，按照上位规划提出的商业服务设施配置标准，根据规划常住人口规模及结构，明确乡镇域集贸市场、商场、银行营业网点、邮政所等商业服务设施的配置的数量、等级、空间布局、用地规模要求。此外，乡镇域商业服务设施布局应在满足相关配置标准的基础上，综合考虑乡镇域经济社会发展水平、居民经济收入、生活习惯、民俗风情、乡村振兴、互联网新兴业态发展等，探索特色化的商业服务设施布局模式。

案例

广东省开平市赤坎镇镇域商业服务设施规划

扫码了解以下内容：
赤坎镇在开平市的区位、赤坎镇镇域公共中心体系规划图

赤坎镇位于广东省珠江三角洲西南部经济开发区内，地处开平市中部的潭江之滨，毗邻开平市三埠，距开平市中心城区 12 公里，面积 61.4 平方公里（其中镇区 5 平方公里），人口 4.46 万，下辖 2 个社区 19 个村，海外华侨、港澳台同胞达 9 万多人。

规划研究借鉴雄安新区“区域—组团级—社区级”三级公共服务设施体系的经验，建立了“1—3—13”三级公共中心体系。具体为，打造 1 个区域级公共服务中心，将赤坎镇打造为区域旅游服务中心、华侨文化中心，同时肩负镇级行政中心、医疗中心等职能；建设 3 个片区级公共服务中心，包括芦阳、五堡、护龙 3 个片区级公共服务中心，提供片区级旅游服务

及中心村公共服务；完善13个村级公共服务中心，提供村的教育、医疗、卫生等基本公共服务。

规划研究依托三级公共服务中心体系配置相关的商业服务设施，其中，在主要位于镇区的区域旅游服务中心中，集中布局旅游服务综合站、专业站2个，布局精品酒店、商业综合体42公顷。片区级（镇街级）中心在完善基本村庄配套基础上，配置农贸市场，并提供旅游配套设施，提供绿道驿站、停车场、旅游信息及咨询服务等，带动村庄旅游发展。社区／村级中心分别针对镇区集中建设区域的社区和村庄提出公共设施配置的要求，在现状基础上进行品质提升。

资料来源：开平市赤坎古镇文化旅游开发建设管理委员会、开平市赤坎镇人民政府、广州市城市规划勘测设计研究院，《开平市赤坎镇总体规划（2016—2035）研究报告》。

6.6.2 乡镇政府驻地商业服务设施规划

乡镇政府驻地商业服务设施规划应结合镇区空间结构和用地布局，落实镇域层面规划确定的商业服务设施。可结合绿地开敞空间布局，集中设置商业服务设施，建设具有地方特色的商业中心。

乡镇政府驻地商业服务设施规划在社区层级应结合乡集镇5分钟、15分钟、30分钟等不同层级社区生活圈规划，按照各类商业服务设施的服务半径，遵循市场需求和政府统筹保障相结合的原则，合理配置便民服务网点、商场、菜市场、邮政营业场所等商业服务设施。

例如，浙江省住房和城乡建设厅2020年发布了《浙江省美丽城镇生活圈配置导则（试行）》，在综合考虑可达距离、出行方式、服务面积和人口规模等因素的基础上，提出建设5分钟邻里生活圈、15分钟社区生活圈、30分钟村镇生活圈、城乡片区生活圈等四个不同层级的生活圈，并将美丽城镇生活圈的公共服务设施分为文化体系、教育培训、医疗卫生、社会福利、公用服务和商业服务六大类，同时提出倡导符合利用和公益低偿、强化功能延伸和应急转换的配置和使用建议。导则基于新的发展背景，对生活圈理论在乡镇地区的应用进行了修正和拓展，其中，针对镇建成区的商业服务设施，提出在5分钟邻里生活圈中布局便民服务网点，为居民提供水果菜店、理发浴室等基本的商业服务；在15分钟社区生活圈中，提出设置农贸市场，其他商业服务设施则只是提出根据市场需求设置（表6-11）。

表 6-11　镇建成区生活圈中商业服务设施配置要求

层级	人口规模（万人）	设施名称	建筑面积规模下限（平方米）	建议服务半径（公里）	服务内容	配置要求和建议
5 分钟邻里生活圈	0.1~0.5	便民服务网点★	150	0.5	水果菜店、理发浴室、维修缝补、便利店、餐饮店、书报、洗衣、家政、中介、快递、再生资源回收、智能快件箱、快递末端服务等	合建，≤ 2 层
15 分钟社区生活圈	0.5~3	农贸市场★	1 200	1.0	可半开敞设置，与户外集市结合	宜独立，独立分区，≤ 2 层
		商业设施☆	—	—	—	根据市场需求

注：★为必须配置项目；☆为推荐类项目。

资料来源：浙江省住房和城乡建设厅，《浙江省美丽城镇生活圈配置导则（试行）》，2020.

案例

扫码了解以下内容：
赤坎镇镇区空间结构规划图、赤坎镇镇区商业服务设施规划图

广东省开平市赤坎镇镇区商业服务设施规划

赤坎镇镇区用地面积为 835.86 公顷，预测人口规模为 7.7 万人。在镇区公共服务设施规划中，形成“一廊三轴、一主五副”的公共服务设施体系。其中，“一廊”指沿河流水系的公共服务走廊；“三轴”沿着赤坎大道的旅游服务轴、沿着得业路的综合服务轴、轻轨站前的商务服务轴；“一主”指区域及镇级综合公共服务中心，包括镇政府、中学、文化设施；“五副”指五个片区级公共服务中心，每个片区公共服务中心根据人口需求与服务半径相应配置小学、幼儿园、商业服务、医院、体育设施、文化设施和公共绿地等。

在商业服务设施方面，规划将镇区商业中心设置在赤坎新区南部组团中部，围绕中心绿地设置商业综合体，建设成为一个集零售商业、饮食、休闲、酒店等服务行业于一身的既具有现代化，又具有当地风格特色的商业中心。组团级的商业中心规划 3 处，分别是赤坎新区北部组团商业中心、轻轨商务区组团商务中心、文创影视区组团商业中心。总用地

面积共169.08公顷，占镇区总建设用地20.91%。

规划提出构建社区、邻里、街坊三级生活圈，分别对应15分钟、10分钟、5分钟三个层级的社区生活圈。其中，邻里10分钟社区生活圈（步行500米距离）中配置综合商场，街坊5分钟社区生活圈（步行300米距离）中配置24小时便利店、快递货物集散站等商业服务设施。

资料来源：开平市赤坎古镇文化旅游开发建设管理委员会、开平市赤坎镇人民政府、广州市城市规划勘测设计研究院，《开平市赤坎镇总体规划（2016—2035）研究报告》。

6.6.3 村庄商业服务设施规划

村庄商业服务设施规划应充分考虑村民生活的便利性，结合村/组级社区生活圈规划，合理配置便民农家店和金融电信服务店等商业服务设施。便民农家店主要提供便民商业、邮件快递服务等功能，宜各行政村设1处，村域面积较大或集中居民点较分散的情况下可多点设置；金融电信服务点可视需求结合村庄活动中心综合设置。

6.7 其他公共设施

除以上提到的六类公共服务设施外，还有其他类型的公共服务设施，例如社会福利设施、养老设施等。本小节对社会福利和养老设施规划的要点和配置建议进行了阐述，然后针对公共服务设施规划，提出了差异化引导公共服务设施配置，促进公共服务更高质量发展的要点。

6.7.1 社会福利和养老设施规划

社会福利和养老设施指为老年人、儿童及残疾人等提供社会福利和慈善服务的设施，乡镇域社会福利和养老设施规划应落实上位规划确定的养老院、敬老院、儿童福利院、残疾人福利院等设施，依据上位规划提出的要求和国家、行业及地方相关标准，明确乡镇域内社会福利和养老设施的配置数量、空间布局、用地规模要求。

基本养老服务在实现老有所养中发挥重要基础性作用，推进基本养老服务体系建设是实施积极应对人口老龄化国家战略，实现基本公共服务均等化的重要任务。

2019 年 4 月，《国务院办公厅关于推进养老服务发展的意见》（国办发〔2019〕5 号）提出要促进养老服务设施建设，落实养老服务设施分区分级规划建设要求，对养老服务设施总量不足或规划滞后的，应在城市、镇总体规划编制或修改时予以完善[1]。2023 年 5 月，中共中央办公厅、国务院办公厅印发《关于推进基本养老服务体系建设的意见》，对健全基本养老服务体系，更好保障老年人生活提出了新要求，明确提出依托和整合现有资源，发展街道（乡镇）区域养老服务中心或为老服务综合体。依托街道（乡镇）区域养老服务中心或为老服务综合体、社区养老服务设施以及村民委员会、社区居委会等基层力量提供家庭养老指导服务，帮助老年人家庭成员提高照护能力[2]。

2019 年 12 月，《自然资源部关于加强规划和用地保障支持养老服务发展的指导意见（自然资规〔2019〕3 号）》（以下简称《指导意见》）发布，要求各地合理规划养老服务设施空间布局，切实保障养老服务设施用地，促进养老服务发展。《指导意见》提出在市、县国土空间总体规划中保障养老服务设施规划用地规模，在详细规划中统筹落实养老服务设施用地。在用地供应方面，支持利用集体建设用地发展养老服务设施，鼓励盘活利用乡村闲置校舍、厂房等建设敬老院、老年活动中心等乡村养老服务设施[3]。

2021 年 12 月，国务院印发《“十四五”国家老龄事业发展和养老服务体系规划》，提出加快补齐农村养老服务短板。通过支持将具备条件的乡镇级特困人员供养服务设施（敬老院）改扩建为区域养老服务中心、综合利用残疾人托养服务设施等方式，因地制宜实现农村有意愿的特困老年人集中供养。以村级邻里互助点、农村幸福院等为依托，构建农村互助式养老服务网络。支持乡镇级特困人员供养服务设施（敬老院）增加养老服务指导功能，将专业养老服务延伸至村级邻里互助点、农村幸福院和居家老年人[4]。

乡镇域养老设施（为老服务设施）规划应科学预测老年人的数量和对养老服务设施的需求，并在对当地风俗习惯充分调研的基础上合理选择养老设施的供给模

1. 国务院办公厅.《国务院办公厅关于推进养老服务发展的意见》（国办发〔2019〕5 号）.
2. 中共中央办公厅，国务院办公厅.《中共中央办公厅 国务院办公厅印发〈关于推进基本养老服务体系建设的意见〉》（中发〔2023〕16 号）.
3. 中华人民共和国自然资源部.《自然资源部关于加强规划和用地保障支持养老服务发展的指导意见》（自然资规〔2019〕3 号）.
4. 国务院办公厅.《国务院关于印发“十四五”国家老龄事业发展和养老服务体系规划的通知》（国发〔2021〕35 号）.

式。养老设施应考虑按照乡集镇层级社区生活圈和村/组层级社区生活圈两个层级进行配置。乡集镇层级包括养老院、老年活动室、老年人日间照料中心等，有条件的社区可结合综合服务中心或邻里中心配置老年人专业照护机构、居家养老服务中心等；村/组层级的养老设施主要为在行政村设置老年活动室，有条件的社区可设置村级幸福院、老年人日间照料中心等。

表 6-12　乡镇域养老设施配置建议

层级	设施名称	服务内容	建筑面积（平方米）	服务半径（米）	配置要求	布局建议
乡集镇层级社区生活圈中的养老服务设施	养老院	对自理、介助和介护老年人给予生活起居、餐饮服务、医疗保健、文化娱乐等综合服务	7 000~17 500 或 3 500~22 000（用地面积）；一般规模宜为 200~500 床	1 000		宜临近乡镇卫生院、幼儿园、小学及公共服务中心，独立占地
	老年活动室	老年人交流、文娱活动等	200	--	各乡/集镇至少设 1 处	宜综合设置，安排在建筑首层并设专用出入口
	老年人日间照料中心	老年人日托服务，包括餐饮、文娱、健身、医疗保健等	300	500~1 000	1.5 万人宜设置 1 处	宜综合设置，安排在建筑首层并设专用出入口
村/组层级社区生活圈中的养老服务设施	老年活动室	老年人交流、文娱活动等	200		各行政村设 1 处，村域面积较大或集中居民点较分散情况下可多点设置	宜综合设置，安排在建筑首层并设专用出入口
	村级幸福院 *	对自理、介助和介护老年人给予生活起居、餐饮服务、医疗保健、文化娱乐等综合服务	--	--	--	应独立占地，设于阳光充足、接近绿地的地段；宜结合村庄活动中心设置
	老年人日间照料中心	老年人日托服务，包括餐饮、文娱、健身、医疗保健等	300	--	--	宜结合村庄活动中心设置，安排在建筑首层并设专用出入口

注：
* 表示其建筑面积与用地面积规模应满足国家相关规划及标准规范的有关规定；
___ 表示为一般情况下宜配置的服务要素。

资料来源：中华人民共和国自然资源部，《社区生活圈规划技术指南》（TD/T 1062—2021）.

案例

山东省菏泽市定陶区冉堌镇养老设施规划

冉堌镇地处定菏泽市定陶区境内的东南部，距城区 16 公里，东与成武县相接，南与曹县相邻，西与南王店接壤，北与黄店镇搭界，是定陶区东南大门。冉堌镇镇域总面积为 126.18 平方公里，其中，建设用地的总面积为 1 952.64 公顷，占总用地的比例为 15.45%。冉堌镇共有 51 个行政村，167 个自然村，现状镇域总户籍人口 91 774 人，是定陶区域内人口最多的乡镇；镇区人口 14 399 人，占总人口的比重为 15.69%，51 个行政村中，人口规模最大的为冉堌集村 7 121 人，最小的行政村田海村 452 人。

相关规划研究中提出了养老设施的设置依据、设施规模、规划配置等方面的内容。

在设置依据方面，根据《城镇老年人设施规划规范》，养老院的总床位数按 1.5～3.0 床位／百老人计算，地区级养老院不小于 150 张床位，用地面积 45 平方米／床；居住区级养老院不小于 30 床，用地面积 40 平方米／床。根据《山东省农村新型社区规划建设管理导则（试行）》，社区应按照规划设置日间照料中心，建议建设老年公寓，为社区老人服务。结合实际情况，确定养老院的总床位数按 1.5 床位／百老人计算，用地面积为 40 平方米／床。

在设施规模方面，规划形成“机构养老—社区养老—居家养老”的养老系统。规划至冉堌镇 2035 年年末镇区总人口 4.0 万人，按照规划期末 20% 人口为老年人，老年人人口约 8 000 人，按 1.5 床位／百老人计算，远期共需 120 张床，考虑到镇区养老设施也用来服务部分农村人口，确定远期共需 200 张床。

在规划配置方面，分别提出了机构养老、社区养老、居家养老三种类型的设施配置。机构养老方面保留位于田集村的冉堌敬老院，共 200 床。社区养老方面结合各社区生活圈中心村庄均设置农村幸福院或养老周转房，为老年人提供助餐、助洁、助浴、助医、助行、助急等服务，其用地面积均不小于 1 400 平方米，以满足老龄化的需求。居家养老方面在基层村以居家养老为主，也可结合村委会设置老人日间照料中心。

资料来源：山东建筑大学设计集团有限公司，《定陶区冉堌镇国土空间总体规划（2020—2035）研究报告》。

在镇区范围内，规划提出结合空间布局，在各组团设置5处三类老年人日间照料中心，建筑面积不少于750平方米，并结合镇区老年人日间照料中心建设居家养老服务站。

6.7.2 差异化引导，促进公共服务更高质量发展

乡镇域公共服务设施规划应在现状调研评估和实际需求的基础上，优先补齐医疗卫生、基础教育、文化体育、商业服务、养老福利等公共服务设施短板，促进公共资源向基层延伸和农村覆盖，推进基本公共均等化。

在完善基本公共服务设施配置的同时，可根据乡镇域经济文化、空间区位、地形环境、类型特色等方面的差异性，有针对性地扩大公共服务的供给范围和创新公共服务的供给形式。比如，结合乡村产业振兴和新兴业态，在乡镇层级可设置农业服务中心、职业技术教育与技能培训中心，在村/组可设置服务于电商的物流配送点等；在旅游资源丰富的村庄，可设置游客综合服务中心、特色民宿及餐饮设施等；在具备乡村文创、科技等优势特色产业基础的村庄，可提供生产培训和生活服务设施等。

关键术语

公共服务设施用地、村社、社区生活圈、重点镇、一般镇、千人指标、社会福利设施用地、生活圈、人口老龄化、养老服务设施用地、基本公共服务均等化

思考题

1. 乡镇域国土空间规划中公共服务体系的内涵和目标任务是什么？
2. 乡镇级和村社级行政办公设施分别包括哪些？
3. 乡镇级和村社级医疗卫生设施分别包括哪些？
4. 城镇社区生活圈和村社级生活圈教育科研服务要素的覆盖性指标分别是什么？
5. 乡镇级和村社级文化体育设施分别包括哪些？

6．简述乡镇文化设施规划的目标和要求。

7．简述乡镇体育设施规划的目标和要求。

8．简述乡镇域商业服务设施布局的要点。

9．社会福利和养老设施的内涵和规划配置要求是什么？

10．乡镇域公共服务设施规划差异化引导的内涵是什么？有哪些典型类型？

参考文献

图书和期刊

［1］ 靳福松，苗美娟，文章，等．乡村公共文化设施效能提升研究：基于北京市乡镇综合文化站的实证分析［J］．中国文化馆，2023（1）：86-96.

［2］ 李炬，胡好，金庆红．乡村振兴视野下山东村镇体育发展模式构建研究［J］．绥化学院学报，2022，42（3）：25-27.

［3］ 李萌，李晓新．我国农村社区体育发展现状及对策研究［J］．现代交际，2011（3）：64-65.

［4］ 刘红升，白现军．乡镇文化旅游公共服务支持现状与差异研究：基于江苏省徐州市 155份卡数据的分析［J］．安徽行政学院学报，2022（2）：73-79.

［5］ 刘泽，刘子腾．基于多元要素时空均衡模型的乡村基础教育设施布局：以托幼设施规划为例［J］．北京工业大学学报，2023，49（10）：1050-1064.

［6］ 王蔚彩．乡村振兴战略背景下乡镇文化服务中心的发展对策［J］．文化产业，2022（3）：118-120.

［7］ 王越，王启轩，王海琴．“均等化”视角下的县域教育设施配置研究：以安徽省五河县为例［J］．现代城市研究，2021，（8）：83-90.

［8］ 张宝生，姜亚东，李鑫．我国乡镇基础体育设施建设研究［J］．商业经济，2022（1）：131-133+139.

［9］ 朱宁．基于城镇化视角的县域教育设施规划模式思考：以江苏滨海县国土空间规划为例［J］．建筑与文化，2024（2）：97-99.

政策法规

［10］ 中共中央办公厅，国务院办公厅．中共中央办公厅 国务院办公厅印发《乡村建设行动实施方案》的通知［EB/OL］．（2022-05-23）［2024-08-15］.https：//www.gov.cn/gongbao/content/2022/content_5695035.htm.

［11］ 安徽省自然资源厅．安徽省自然资源厅印发《安徽省乡镇国土空间总体规划编制规程（试行）》［EB/OL］.（2022-11-07）［2024-08-15］.https：//zrzyt.ah.gov.cn/public/7021/147114291.html.

［12］ 中华人民共和国自然资源部．自然资源部关于发布《社区生活圈规划技术指南》行业标准的公告［EB/OL］.（2021-06-09）［2024-08-15］.https：//gi.mnr.gov.cn/202106/t20210616_2657688.html.

［13］ 中华人民共和国建设部．镇规划标准［EB/OL］.（2006-05-01）［2024-08-15］.https：//dlxy.cxtc.edu.cn/__local/5/58/73/362296CC71657C622294D4F5AB3_778926BF_5E2EC.pdf.

［14］ 中华人民共和国住房和城乡建设部．关于印发《镇（乡）域规划导则（试行）》的通知［EB/OL］.（2010-11-04）［2024-08-15］.https：//www.gov.cn/zwgk/2011-02/28/content_1812993.htm.

［15］ 浙江省住房和城乡建设厅．关于发布《浙江省美丽城镇生活圈配置导则（试行）》的公告［EB/OL］.（2020-03-18）［2024-08-15］.https：//jst.zj.gov.cn/art/2020/3/19/art_1229159344_42330738.html.

［16］ 国务院办公厅．国务院办公厅关于推进养老服务发展的意见［EB/OL］.（2019-04-16）［2024-08-15］.https：//www.gov.cn/zhengce/content/2019-04/16/content_5383270.htm.

［17］ 中共中央办公厅，国务院办公厅．中共中央办公厅 国务院办公厅印发《关于推进基本养老服务体系建设的意见》［EB/OL］.（2023-05-21）［2024-08-15］.https：//www.gov.cn/gongbao/2023/issue_10506/202306/content_6885267.html.

［18］ 中华人民共和国自然资源部．自然资源部关于加强规划和用地保障支持养老服务发展的指导意见［EB/OL］.（2019-12-05）［2024-08-15］.https：//www.gov.cn/xinwen/2019-12/05/content_5458765.htm.

［19］ 国务院办公厅．国务院关于印发“十四五”国家老龄事业发展和养老服务体系规划的通知［EB/OL］.（2021-12-30）［2024-08-15］.https：//www.gov.cn/zhengce/zhengceku/2022-02/21/content_5674844.htm.

第 7 章

乡镇域国土空间基础设施规划

导语

本章为乡镇域国土空间基础设施规划的主要内容，分为八个小节。第一小节论述了乡镇域国土空间规划中基础设施体系的构成和规划目标。第二小节是乡镇国土空间给水工程系统规划，包含水源地保护、需水量预测、供水设施布局、给水管网建设等内容。第三小节是排水工程系统规划，包括排水体制、污水量预测、污水处理设施布局、污水管网建设、雨水管渠系统等内容。第四小节是电力工程系统规划，包括用电量预测、供配电设施布局、电网输配系统建设等内容。第五小节是燃气工程系统规划，主要涉及气源、用气量、供气设施、供气管网、智慧燃气等内容。第六小节是供热工程系统规划，内容包含热负荷预测、新型热源建设、供热管网建设等。第七小节是通信工程体系规划，围绕通信业务量预测、通信设施体系建设、通信管道网络系统建设等展开。第八小节是环境卫生体系规划，包括固体废物产生量预测、垃圾收运体系建设、环境卫生设施建设等内容。

7.1 基础设施体系构成与规划目标

基础设施体系是国土空间支撑体系的重要组成部分，是支撑城市高质量发展、促进区域协调发展的生命线，对于推动现代化建设具有基础性和战略性的作用。在国土空间规划背景下，乡镇基础设施体系的构建被赋予了更高的战略意义。本小节主要对乡镇基础设施体系的构成和规划目标进行论述。

7.1.1　乡镇基础设施体系构成

乡镇基础设施体系以水系统、能源系统、信息通信系统、环境卫生系统为主要构成要素。水系统主要由给水工程、排水工程及其他涉水设施组成，给水工程承担提供各类用水，保障居民生存与生产的职能；排水工程主要承担排涝除渍、治污环保的职能。能源系统主要由电力、燃气、供热等系统组成，主要承担提供乡镇节能、高效、卫生、方便、可靠的能源供给职能。通信系统主要包含各类信息、数据、智慧系统，承担着乡镇内外各种信息交流、物品传递、智能建设管理等职能。环境卫生系统主要包含各类固体废弃物的收集、处理和利用，环境卫生设施与管理系统承担着处理污废物、洁净环境的职能。

城市某项市政基础设施系统多为一个完整的组成系统，除区域大型电厂等重大基础设施在区域统筹规划布局外，主要系统设施多在城市规划范围区内布局、配置。不同于城市，乡镇市政基础设施不一定是一个完整的系统组成，对于较集中分布的乡镇，一个乡镇的某项市政基础设施工程系统往往是一个较大区域的某项基础设施系统的组成部分，而不是一个完整的某项设施系统。如一个乡镇的给水设施，一般只是配水厂以下的系统设施，配水厂以上的给水设施则是在一个相邻区域范围统筹规划布局的共享设施[1]。

7.1.2　乡镇基础设施规划目标

乡镇市政基础设施不同于城市市政基础设施工程，有其明显的布局分散性与区域差异性，这主要是由于我国乡镇分布面广且分散，特别是一些分布在山区、僻远地区的乡镇。乡镇市政基础设施的明显区域差异性主要体现在乡镇市政基础设施现状和建设基础的差异，相关资源与需求的差异，设施布局与系统规划的差异，以及规模大小和经济运行的差异。

充分考虑乡镇基础设施的特征，其规划应结合乡镇实际情况，统筹存量和增量、地上和地下、传统和新型基础设施系统布局，构建集约高效、智能绿色、安全可靠的基础设施体系，建设韧性乡镇；推进市政基础设施高质量发展，落实城乡一体化、均等化建设要求，推行新型市政基础设施建设，建设智慧市政体系。

1. 盛广耀 . 中国城乡基础设施与公共服务的差异和提升［J］. 区域经济评论，2020（4）：52-59.

案例

河南省洛阳市洛宁县故县镇市政基础设施体系

扫码了解以下内容：
故县镇区位示意图、故县镇生态格局示意图

故县镇位于河南省洛阳市洛宁县，地处深山区，森林覆盖率达 63% 以上，自然生态资源得天独厚，风景宜人，气候宜人。规划充分利用周边山体、河流、大坝等自然及人文景观资源优势，打造精品智慧旅游小镇，建设高标准的市政基础设施服务体系。

规划研究报告提出加快故县镇基础设施一体化建设，推动城乡基础设施统一规划、统一建设、统一管护，加大集镇基础设施建设投入力度，持续完善乡村水、电、路、气、通信、环境卫生等基础设施，推动城乡基础设施互联互通，农村基础设施提档升级。

给水排水设施：坚持建管用并重，实施城乡一体化供水管网延伸工程，建立健全农村安全饮水设施管护长效制度。持续强化集镇污水处理，持续提升集镇污水管网覆盖率。

电气通信设施：提升故县镇农村能源保障水平，加快新一轮农村电网升级改造，加快实施乡村天然气利用工程，扩大农村集中供气覆盖面。持续推进光纤到村建设，扩大农村家庭用户光纤覆盖范围，加快 5G 设施等“新基建”在镇村布局，梯次实现 5G 信号由镇区至整个镇域的全覆盖。推进“雪亮工程”“蓝天卫士”等城乡公共视频监控联网共享和建管水平提升。

环境卫生设施：实施全流域清洁河流行动，统筹推进洛河干流、涧河支流、乡村黑臭水体、坑塘等水环境治理和生态修复。强化故县镇城乡污水设施建设，抓好村镇污水处理厂提标改造，加快布局建设农村生活污水处理设施，加强农村面源污染防治。

资料来源：上海同济城市规划设计研究院有限公司，《洛宁县故县镇国土空间规划（2022—2035）研究报告》。

7.2 给水工程系统规划

给水工程是基础设施的重要组成部分，涉及到水的供应、处理、输送等方面，给水工程系统规划包括水源的开发保护、供水设施建设、供水网络的布局和优化等，旨在提供安全、稳定的供水服务。本小节围绕加强饮用水水源地保护、科学预测需水量、合理布局供水设施、优化给水管网、建设智慧供水系统等方面，介绍了乡镇给水工程系统规划的内容、方向和举措。

7.2.1　加强饮用水水源地保护

乡镇应严格落实最严水资源管理制度与节水型社会建设水资源的相关制度、政策，执行用水总量控制红线，推广节水型乡镇建设。依据上位国土空间总体规划，根据本地水资源分布特征，因地制宜确定供水主水源及备用水源，对饮用水水源地一级保护区、二级保护区、准保护区进行分级管理。加强地下水饮用水水源保护工作，控制地下水超采，多途径涵养地下水。规划新建的饮用水水源地需划定饮用水水源保护区，并严格按照国家、地方相关保护条例进行管理，确保饮用水水源地水质全面达标，保障居民的饮水安全。

7.2.2　科学预测需水量

乡镇需水量主要分为城镇综合用水与农村综合用水，城镇综合用水包含生活用水、工业用水和环境用水，农村综合用水包含生活用水、农村工业和企业用水等。给水工程系统规划应落实上位规划确定的用水指标，衔接相关专项规划，采用判断预测法、趋势预测法、单要素预测等方法，合理预测范围内需水量。

乡镇需水量预测的主要类型和方法如下：

1. 乡镇工业用水量预测

工业用水一般指工矿企业在生产过程中，用于制造、加工、冷却、空调、净化、洗涤等方面的用水，是乡镇用水的一个重要组成部分。工业用水量预测方法，一般采用趋势法、相关法、用地指标法等预测。

趋势法：用历年工业用水量增长率来推算未来工业用水量，如下式所示：

$$S_i=S_0(1+d)^n$$

式中　S_i——某一年所预测的工业需水量，万立方米（万 m^3）；

S_0——起始年的工业需水量，万立方米（万 m^3）；

d——工业用水量年平均增长率，%；

n——从起始年份到预测年份所间隔的时间，年（a）。

相关法：工业用水的统计参数（如单位产值耗水量、工业用水增长率等），与工业产值有一定的相关关系，常用以下两种方法进行预测。

①建立工业用水增长率和工业产值增长率的相关关系来推求工业用水；

②建立工业产值和万元产值用水量的相关关系来推求工业用水。

工业用地用水量指标法：使用工业用地总量与单位用地用水量指标推算工业用水量，可按下式计算。

$$Q_i=10^{-4}\sum q_m a_m$$

式中　Q_i——最高日需水量，万立方米/天（万 m^3/d）；

q_m——各工业用地用水量指标，立方米/（公顷·天）[m^3/（hm^2·d）]；

a_m——各工业用地面积，公顷（hm^2）。

根据给水相关规范标准，工业用地用水量指标 q_m 一般在 30～150 m^3/（hm^2·d）范围内选取。

乡镇工业用水量的预测应结合乡镇具体情况，选用适合的工业用水量预测方法。应采用两种或两种以上预测方法进行预测，结合现状与规划情况，针对不同预测量进行误差分析论证，对预测值进行合理取舍；当预测量差距不大时，最终预测量可采用平均值法取值。

2. 乡镇综合生活用水量预测

趋势法：用历年综合生活用水量增长率来推算未来生活用水量，如下式所示：

$$S_i=S_0(1+d)^n$$

式中　S_i——某一年所预测的乡镇生活用水量，万立方米（万 m^3）；

S_0——起始年的乡镇生活用水量，万立方米（万 m^3）；

d——乡镇生活用水量年平均增长率，%；

n——从起始年份到预测年份所间隔的时间，年（a）。

乡镇综合生活用水量指标预测法：通过规划区规模、人口总量与乡镇综合用水量指标推算乡镇生活用水量，可按下式计算：

$$Q_i=q_1P/1\,000$$

式中　Q_i——最高日用水量，万立方米/天（万 m^3/d）；

q_1——乡镇综合生活用水量指标，升/（人·天）[L/（人·d）]；

P——人口数，万人。

乡镇综合生活用水量的预测应结合乡镇具体情况，选用适合的用水量预测方法；采用两种预测方法进行预测，当预测量差距不大时，最终预测量可采用平均值法取值。

3. 农村生活用水量预测

可通过典型调查人均生活用水量定额，按下式进行估算：

$$W_{居}=0.365\,q_in_i$$

式中　$W_{居}$——农村居民生活用水量，立方米/年（m^3/a）；

q_i——人均生活用水量定额，升/（人·天）[L/（人·d）]；

n_i——农村居民用水人数，人。

4. 村办企业用水

村办企业包括小型工厂、小加工作坊等，其用水量的估算与工业用水的估算方法相类似，宜在调查的基础上分行业进行估算。

7.2.3　合理布局供水设施，提高供水品质

乡镇供水设施应以上位国土空间总体规划及相关区域规划、专项规划为依据，结合乡镇供水现状与发展需求，明确供水设施供水规模、占地面积及防护管控要求。较集中且距离城区近的乡镇应由区域水厂统一供水，单独设置供水厂的乡镇可以依据实际情况配置；较集中且距离乡镇较近的农村应由乡镇水厂统一供水，位于山区或距离乡镇较远不具备统一供水条件的农村应单独设置供水站。

案例

江西省宜春市袁州区南庙镇给水设施规划

扫码了解以下内容：
南庙镇镇域给水工程规划图

给水现状：南庙镇建有1处集中供水厂，现因缺乏管理维护，水质较差，水量浪费严重，给水管网管径偏小，漏损严重。目前南庙镇内仅南庙村和下市村采用集中供水方式，其他各村均使用山泉水，已实现自来水入户，山泉水水质较好，水量充足。

给水规划：考虑到南庙镇区离宜春中心城区较近，南庙镇规划用水主要由宜春中心城区给水管网接入。新集镇南侧规划自来水厂1处，占地0.13公顷，镇域发展条件较好的村应设置相应规模的供水净化设施，根据资源共享的原则，建议相邻村可共用供水设施，水源按就近原则取水，目标到2035年全镇自来水普及率达100%。

水源保护：为有效保护水源地防止水源受到污染破坏，根据《饮用水水源保护区划分技术规范》（HJ 338—2018）划定水源保护区范围，在取水点保护范围内，应执行严格的环境保护政策和环境准入制度。片区禁止污水直排，污水应处理后达标排放。

资料来源：宜春市袁州区南庙镇人民政府、中国建筑科学研究院有限公司，《宜春市袁州区南庙镇总体规划（2018—2035）研究报告》。

7.2.4 优化给水管网，建设智慧供水系统

依据上位国土空间总体规划，落实范围内原水管道、区域输水管道及其管控要求，通过合理协调取水、输水、净水和配水系统之间的关系，在保证供水需求的前提下，优化供水管网，实现供水管网互联互通，提高供水品质，降低系统建设与运行成本。

给水管网规划应利用大数据、云计算、物联网、信息物理网络、人工智能等新一代信息技术，构建适用于乡镇建设的智慧水务平台，建设供水业务信息管理应用群、智慧生产、智慧管网、智慧管理、智慧服务、科学调度等应用。

此外，应加快推进城乡供水一体化发展。中央一号文件连续两年提出推进城乡供水一体化发展，2020年的中央一号文件提出“提高农村供水保障水平，全面完成农村饮水安全巩固提升工程任务。统筹布局农村饮水基础设施建设，在人口相对集中的地区推进规模化供水工程建设。有条件的地区将城市管网向农村延伸，推进城乡供水一体化”。2021年的中央一号文件中提出“实施农村供水保障工程。加强中

小型水库等稳定水源工程建设和水源保护，实施规模化供水工程建设和小型工程标准化改造，有条件的地区推进城乡供水一体化”。

在地方层面，江西省提出以县域为单位，统一规划、统筹建设，以城市供水管网延伸和规模化供水工程为主，小型集中式供水工程为辅，分散式供水工程为补充的供水工程体系，实现全民覆盖，城乡共享优质供水服务的供水保障模式[1]。2019 年福建省出台《关于推进城乡供水一体化建设试点的意见》（闽水〔2019〕12 号），意见提出以“目标导向、因地制宜、建管并重、两手发力”等四个坚持为抓手，以满足农村居民对美好生活向往的需要为目标，着力构建从“水源头”到“水龙头”安全可靠、保质保量的农村供水工程和管理体系，逐步实现城乡供水同质同服务。

案例

上海市崇明区堡镇给水工程系统规划

扫码了解以下内容：
堡镇给水工程系统规划图

堡镇镇域周边现有崇明岛域原水系统和堡镇水厂等，堡镇水厂为堡镇、新河、港沿、竖新等生产用地和集中居住供水，给水管网现主要分布在堡港路、堡镇北路—堡镇南路、石岛路、大通路等，供水能力亟须满足社会经济和城市发展需求。

衔接《崇明区供水专业规划（2017—2035）》和《上海市崇明区总体规划暨土地利用总体规划（2017—2035）》，近期规划实施原水干管复线工程，主要供水干管沿堡镇路、向阳路、大通路等敷设，管径 DN300 ~ DN600。堡镇水厂支撑堡镇及周边高强度发展的用水需求，集约高效布局供水管线；镇区集中供水普及率达 100%，镇区人均综合用水量≤ 151.6 立方米 /（人 · 年），供水设施达标率达 100%。

（1）需求预测

规划期末镇域最高日用水量约为 3.19 万立方米 / 天（处于供水可控范围）。

（2）规划方案

规划镇域供水水源保持不变，在东风西沙水库和崇明岛域一期原水系统基础上，增设原水干管复线。为服务竖新镇、

1. 王世杰 . 全面推进乡村振兴战略背景下对城乡供水一体化的思考［J］. 农业科技与信息，2023（6）：137-140.

港沿镇、新河镇部分地区，按最高日用水量为 8.0 万立方米 / 天扩增规模，堡镇水厂现有用地（4.8 公顷）可同时满足地表水厂和配水厂用地要求，在现有基础上扩增其用地空间。

保留原水系统堡镇增压泵站（12.0 万立方米 / 天）。

已建供水干管格局整体不变；沿陈海公路（新北公路—港沿公路）敷设输水管，向西与城桥水厂供水区连通；给水管网呈环状布置，逐步形成城乡两级的供水体系，以确保供水安全和系统稳定；供水干管需满足各节点技术要求。

资料来源：上海市崇明区人民政府、上海市规划和自然资源局.《崇明区堡镇国土空间总体规划（2021—2035）（含近期重点公共基础设施专项规划）法定文件》。

7.3 排水工程系统规划

排水工程系统包括排水管网、污水处理厂、出水口等，主要功能是收集、输送、处理和排放城镇污水和雨水。排水工程系统不仅是基础设施的重要组成部分，也是实现可持续发展、提高居民生活质量的关键因素。本小节围绕因地制宜选择排水体制、科学预测污水量、合理布局污水处理设施、加强污水管网建设、合理布置雨水管渠系统、建设海绵城镇等方面，介绍了乡镇排水工程系统规划的内容、方向和举措。

7.3.1 因地制宜选择排水体制

乡镇排水工程系统规划应以上位国土空间规划及相关区域规划、专项规划为依据，结合乡镇的特点和排水的特征，考虑当地的地形地质、水文条件、水体状况、气候特征、居民生活习惯、污水设施现状建设情况、社会经济条件等，以有利于污水和雨水的资源化利用、保护水环境为原则，充分利用原有排水设施，确定规划排水体制。

乡镇排水体制主要有合流制排水系统和分流制排水系统，不同排水体制的特点如下。

1. 合流制排水系统

合流制是用同一个管渠系统收集和输送雨污废水的排水方式。根据污水、废水、降水径流汇集后的处置方式不同，可分为直排式合流制和截流式合流制。

直排式合流制其布置特点与雨水管渠类似，管渠系统的布置就近坡向水体，分若干个排水口，混合的污水与雨水不经处理与利用直接就近排入水体。这种排水系统对水体污染严重，但管渠造价低。这种体制在城市建设早期多使用，部分老城镇也采用这种排水方式。由于直排式合流制会造成环境水系污染，目前不建议使用。

截流式合流制是将街道管渠中合流的生活污水、工业废水和雨水一起排向沿河的截流干管，晴天时全部输送到污水处理厂，雨天时当雨水、生活污水和工业废水的混合水量超过一定数量时，其超出部分通过溢流井泄入水体。这种排水体制应用较广，在一定程度上能够满足环境保护方面的要求。

2. 分流制排水系统

分流制排水系统按照排除雨水方式的不同，又分为完全分流制和不完全分流制两种排水系统。

完全分流制排水系统既有污水排水系统，又有雨水排水系统，环保效益较好。新建地区及重要的工矿企业，一般采用完全分流制排水系统。工厂的排水系统一般采用完全分流制，性质特殊的生产废水还应在车间单独处理后再排入污水管道。不完全分流制排水系统只具有污水排水系统，未建雨水排水系统，雨水沿天然地面、街道边沟、水渠等原有渠道系统排放，或者为了补充原有渠道系统输水能力的不足而修建部分雨水管道。

在排水体制的选择方面，乡镇排水体制原则上宜采用分流制；经济发展一般地区近年可采用不完全分流制，有条件时宜过渡至完全分流制；我国西北干旱地区降雨稀少，雨水排水设施利用率低，可采用不完全分流制；某些条件适宜或特殊地区乡镇可采用截流式合流制，没有条件建设污水集中处理设施的农村地区应在污水排放前采用化粪池、生活污水沼气池等方法进行处理[1]。

7.3.2　科学预测污水量

乡镇排水工程系统规划应落实上位规划确定的污水排放指标，衔接相关专项规划，采用不同方法预测污水量。乡镇污水量可根据乡镇用水量和污水排放系数计算确定，乡镇污水应包括综合生活污水量和工业废水量，地下水位较高地区的污水量预测还应

1. 张智 . 排水工程上册（第五版）[M] . 北京：中国建筑工业出版社，2015.

计入地下水渗入量。各类污水排放系数应根据乡镇历年供水量和污水量资料确定。

乡镇污水量预测的具体方法如下：

污水量预测分为旱季污水量预测和雨季污水量预测，旱季污水量预测应按照污水的收集量以及外水进入污水系统的水量计算，可按照下式确定：

$$Q_h=aQ_c+Q_d$$

$$Q_c=Q_s+Q_g$$

$$Q_d=bQ_c$$

式中　Q_h——旱季平均日污水处理量，万立方米 / 天（万 m^3/d）；

Q_c——平均日污水产生量，万立方米 / 天（万 m^3/d）；

Q_d——地下水渗入污水系统的平均日流量，万立方米 / 天（万 m^3/d）；

Q_s——综合生活污水量（根据人口及人均污水量确定），万立方米 / 天（万 m^3/d）；

Q_g——工业废水量（纳入污水系统的分散工业的废水量，可按工业用水量和排放系数确定），万立方米 / 天（万 m^3/d）；

a——污水收集率（收集的污水量与污水产生量的比值），%；

b——地下水渗入污水系统的水量系数（地下水水位较高时可考虑地下水渗入量），%。

注：道路、绿地、广场浇洒供水量不计入污水计算。

雨季污水处理量应根据服务范围的排水体制，服务区域存在分流制和合流制排水区域时，应分别计算污水量，并取其之和，预测方式参见下式：

$$Q_y=(1+n)Q_h+Q_j$$

式中　Q_y——雨季平均日污水处理量，万立方米 / 天（万 m^3/d）；

n——合流制排水系统截流倍数，应根据环境要求选取；分流制排水系统 n 为零；

Q_h——旱季平均日污水处理量，万立方米 / 天（万 m^3/d）；

Q_j——雨季每日截流进入污水厂的水量（分流制排水系统为截流、调蓄后每天纳入污水厂的受污染雨水量；合流制排水系统为截流、调蓄后每天纳入污水厂的溢流污水量），万立方米 / 天（万 m^3/d）。

7.3.3　合理布局污水处理设施，保障水环境安全

乡镇污水处理是践行“绿水青山就是金山银山”发展理念的一大关键环节，多年以来，我国的乡镇污水处理管理技术不断发展进步。乡镇污水处理设施规划应以上位国土空间规划、相关区域规划与专项规划为依据，距离城镇较近的乡村生活与工业废水应排至镇区污水处理厂进行统一处理；不具备纳管条件的村庄，应因地制宜建设污水处理站，采用就地集中处理、纳管处理和生态管控相结合的方式，建设污水处理设施。

污水处理厂规划方面，应根据规划区污水处理量，合理确定污水处理厂（站）规模及占地面积，且预留适当用地作为发展备用地。污水处理厂选址应利于管网最优化布置，降低工程建设成本；污水处理厂应按上位规划及相关建设规范落实防护管控要求。

7.3.4　合理加强污水管网建设，提高污水收集率

乡镇排水工程系统规划应完善污水管网系统建设，提高污水管网覆盖率，推动城镇污水管网向周边村庄延伸覆盖。为保障污水处理厂和污水管网的正常运行，应充分考虑地形地貌特点，尽可能采用重力流输送方式，避免中途提升，最大限度降低工程投资和运行成本。污水管道管顶埋深应在冰冻线以下，当管道埋深超过 7 米时，宜设置污水提升泵站。当排水管跌水水头为 1.0 米 ~ 2.0 米时，宜设跌水井；当排水管跌水水头大于 2.0 米时，应设跌水井。管道转弯处不宜设跌水井，为了管道的顺利对接，也可设置跌水井来增加管道的埋深，过河管道可设置成倒虹管或压力管。

案例

江西省宜春市袁州区南庙镇污水工程规划

扫码了解以下内容：
南庙镇镇域污水工程规划图

排水现状：南庙镇域内的主要排水方式为雨污通过沟渠散排至附近水体，无雨水和污水管线，生活污水经过自家化粪池处理后直接排放。镇域内设有 1 处污水处理厂，准备投入使用。

排水规划：镇域内雨污水的排放采用雨污分流制，镇区及其周边村庄的污水排至污水处理厂处理；镇域内离镇区较远的村庄各自建生态污水处理设施，污水排至污水处理设施处理。污水经污水处理设施处理后尾水水质需达到一级 A 标

资料来源：宜春市袁州区南庙镇人民政府、中国建筑科学研究院有限公司，《宜春市袁州区南庙镇总体规划（2018—2035）研究报告》。

准，方可排入自然水体。规划在新镇区东北侧设置1处污水处理厂，污水处理量为0.9万立方米／天，占地面积1.8公顷；保留老镇区北部污水处理站，并进行升级改造，对周边的污水进行有效处理，占地面积0.6公顷。

7.3.5　合理布置雨水管渠系统

具体来说，乡镇雨水管渠系统规划应落实上位规划相关指标，衔接专项规划，结合汇水地区性质、城镇类型、地形特点和气候特征等因素，合理选择暴雨重现期。应根据规划范围内现状地形、用地道路布局，合理布置雨水管渠系统，使地块内及道路雨水以最短距离排入市政雨水管道。农村地区可采用建设明渠或暗渠的方式收纳输送雨水，以节省工程费用。在埋深、出口深度受限制或汇水流量较大的地段，可建设雨水箱涵排除雨水。

案例

扫码了解以下内容：
赤坎镇镇域雨水工程规划图

广东省开平市赤坎镇雨水工程规划

规划研究范围与赤坎镇行政辖区范围一致，共计62.1平方公里，下辖19个村，2个社区。同时以区域统筹视角，统筹规划赤坎新区南部组团、赤坎新区北部组团时涉及百合镇、塘口镇的部分区域，作为规划研究范围，为64.64平方公里。

（1）暴雨强度公式

规划研究采用江门市暴雨强度公式，见表7-1。

表7-1　江门市暴雨强度公式

重现期 P（年）	设计暴雨强度 q	重现期 P（年）	设计暴雨强度 q
P=2	$4\,830.308/(t+17.044)^{0.803}$	P=10	$3\,377.408/(t+11.547)^{0.661}$
P=3	$4\,359.535/(t+15.633)^{0.760}$	P=20	$3\,077.977/(t+9.235)^{0.626}$
P=5	$3\,853.024/(t+13.926)^{0.712}$	P=30	$2\,957.904/(t+8.256)^{0.609}$

其中：q——暴雨强度；

P——重现期；

t——降雨历时，$t=t_1+t_2$，其中 t_1 为地面汇水历时，t_2 为雨水管内流动时间。

（2）规划重现期

规划暴雨重现期 P 采用五年一遇。

（3）雨水管网规划

镇区规划采用雨污分流体系，建立完善的雨水排放体系，规划在各主干道布置雨水管网，使雨水排入就近水系。

（4）雨水收集利用规划

规划区建设用地主要由居住用地、商业用地、道路与交通设施用地、绿地与广场用地构成。规划结合区内用地布局情况，建议采用以下雨水收集和利用的新技术：

①结合新建道路绿地建设低绿地及可透水地面可加大地下水渗入量，降低综合径流系数。

②结合住宅和商业楼建设“空中树林”，与集蓄利用、水景相结合。

③结合绿地与广场用地建设多功能雨洪调蓄设施。

资料来源：开平市赤坎古镇文化旅游开发建设管理委员会、开平市赤坎镇人民政府、广州市城市规划勘测设计研究院，《开平市赤坎镇总体规划（2016—2035）研究报告》。

7.3.6　因地制宜，建设海绵城镇

海绵城市是指利用多种措施，以绿色基础设施为主要内容，让城市拥有像海绵一样的环境适应性，在城市开发的前后，达到水文过程的平衡，增强生态环境的可适应性。该模式突破了传统的“以排为主”的城市雨水管理理念，由“以排为主”转变为“内蓄”。以低影响开发理念（Low-Impact Development，LID）为核心，利用绿色基础设施，合理应用“渗、滞、蓄、净、用、排”的六字原则，从源头、中端、末端对雨水展开一体化的管理，使基地开发前后的自然水文达到平衡[1]。2021 年国家三部门（财政部办公厅、住房和城乡建设部办公厅、水利部办公厅）联合下发《关于开展系统化全域推进海绵城市建设示范工作的通知》（财办建〔2021〕35 号），规定示范城市应充分运用国家海绵城市试点工作经验和成果，制定全域开展海绵城市建设工作方案，建立与系统化全域推进海绵城市建设相适应的长效机制[2]。

虽然当前海绵城市建设试点及推广重点均为大城市，或以大城市为主要视角进行，但连接城乡的小城镇的建设质量和效果将直接决定我国城镇生态化发展的根本

1. 羿翰霖．中国海绵城市的研究现状与展望［J］．居舍，2023（10）：162-165.
2. 住房和城乡建设部等三部门联合发文统化全域推进海绵城市建设［J］．低温建筑技术，2021，43（5）：14.

基质，尤其是在县城规划建设工作被正式提上重要日程的关键时期，小城镇“海绵化”建设具有必要性和必然性。小城镇“海绵化”建设不能盲目冒进，不能简单复制大城市建设经验，不能不加取舍挪用国外技术，在建设前必须立足地域环境，认清自身建设的基础条件，明确目标、需求、容量等关键问题，合理确定相关设施类型及规模等核心建设内容，切实发挥应有的作用[1]。

乡镇国土空间规划应落实上位规划海绵建设指标，结合国家现有海绵城市相关标准，依据相关专项规划，确定乡镇海绵城市建设的总体思路及目标，合理利用地形，确定不同地块的径流总量控制目标、源头减排与径流污染控制措施。应将自然途径与人工措施相结合，在确保乡镇排水防涝安全的前提下，最大限度地实现雨水在镇区的积存、渗透和净化，促进雨水资源的利用和生态环境保护，保障乡镇绿色、低碳可持续发展。

7.4 电力工程系统规划

电力工程系统是指电能的生成、传输、分配和利用有关的工程，以及相关的技术和方法。电力工程系统的主体结构包括电源（如水电站、火电厂、核电站等）、变电所、输电、配电线路和负荷中心等，对于保障居民的正常生活至关重要。本小节围绕提高新型能源开发利用比例、合理预测用电量和布局供配电设施、建设安全可靠的电网输配系统、建设生态智慧能源体系等方面，阐述了乡镇电力工程系统规划的内容、方向和举措。

7.4.1 加快电源设施绿色升级

乡镇电力工程系统规划应以上位国土空间规划及相关区域规划、专项规划为依据，以城乡一体化电源体系为基础，明确乡镇供电电源，并确定其布局与供电规模，实现区域资源共建共享。乡镇应结合实际发展需要，高效利用其所具有的资源优势，全面分析和考虑不同的影响因素，对现状能源建设模式加以优化，加快能源转型发展，发展绿色能源产业，大力推广太阳能、风能、生物质、地热能等新型能源。

1. 徐岚，雷振东 . 北方平原地区小城镇“海绵化”建设的基础和策略［J］. 小城镇建设，2016（5）：22-27.

7.4.2　合理预测用电量

乡镇电力工程系统规划应落实上位规划确定的用电指标，衔接相关专项规划，采用弹性系数法、平均增长率法、综合用电指标等方法，合理预测范围内用电量。用电量预测时，应结合乡镇具体情况，选用适合的用电量预测方法，采用两种及以上预测方法进行预测，当预测量差距较大时，应结合现状与规划情况，针对不同预测量进行误差分析论证，对预测值进行合理取舍；当预测值差距不大时，最终预测量可采用平均值法取值。

乡镇用电量预测主要方法如下[1]。

1. 弹性系数法

设 k_y、k_x 分别表示因变量与自变量的变化率，E 为弹性系数，则 $E=k_y/k_x$。

E 可为任意实数，$E>0$ 表示因变量与自变量的增大或减少的变化趋势相同，$E<0$ 则表示其趋势不相同，$|E|<1$ 则表示因变量的变化率小于自变量的变化率。

电力弹性系数法主要用于第一、二产业负荷预测，其电力弹性系数是地区总用电平均增长率与工农业总产值平均增长率之比。其值可根据县（市）域或乡镇的工业结构、用电性质、各类用电比重和发展趋势进行分析后，按下式确定：

$$\text{弹性系数}\ \delta = \delta_p / \delta_c$$

式中　δ_p——总用电平均增长率，%；

δ_c——工农业总产值平均增长率，%。

乡镇第一、二产业用电量预测值可用下式计算：

$$A_{(m+n)} = A_m (1+d)^n \delta$$

式中　$A_{(m+n)}$——预测年份用电量，千瓦·时（kW·h）；

A_m——预测基准年份用电量，千瓦·时（kW·h）；

d——工农业总产值的年平均增长率，%；

1. 汤铭潭 . 小城镇基础设施工程规划（上）[M]. 北京：中国建筑工业出版社，2007.

δ——电量弹性系数；

n——从起始年份到预测年份所间隔的时间，年（a）。

对于乡镇第三产业和生活用电，可用综合用电水平法预测，即根据规划期人口数 N 及每人的平均用电量（或用电负荷）A_N 来推算乡镇或县（市）域规划范围的第三产业和生活用电量（或用电负荷）A，即：

$$A=A_N \cdot N$$

式中 A——规划范围第三产业和市政生活用电量，千瓦·时（kW·h）；

A_N——人均用电量，千瓦·时/人（kW·h/人）；

N——规划期人口数，人。

A_N 值可对乡镇第三产业及生活用电的大量分项统计结果进行纵向（历年）和横向（各项比例）的分析对比、综合计算后取得，或直接调查分析比较类似乡镇的第三产业和生活用电水平的预测值选取。

2. 平均增长率法预测

在统计分析近年用电量平均增长率的基础上，采用相关综合分析，分阶段确定用电量的宏观增长率，再计算预测规划期用电量。

乡镇电力平均增长率法预测可以根据小城镇规划期不同的发展阶段，分阶段确定相应年递增率，其用电量（用电负荷）可以按下式计算：

$$A_n=A(1+F)^n$$

式中 A——预测基准年份用电量，千瓦·时（kW·h）；

A_n——预测年份用电量，千瓦·时（kW·h）；

F——年平均递增率，%；

n——从起始年份到预测年份所间隔的时间，年（a）。

平均增长率法适用于各种用电规划资料暂缺的情况下对远期综合用电负荷的匡算。

3. 综合用电指标法预测

适用于镇区用电负荷预测，这种预测方法是按城镇用地和用电性质的统一分类、用地性质和用地开发强度，逐块预测各地块用电负荷，再求出规划范围用电总负荷：

$$P_{\Sigma}=K_{T}\sum_{i=1}^{n}P_{i}$$

式中　P_{Σ}——规划范围用电总负荷，千瓦（kW）；

P_{i}——i 地块的预测用电负荷，千瓦（kW）；

K_{T}——各地块用电负荷的同时系数；

i——用电地块。

7.4.3　合理布局供配电设施，保障电力电量平衡

乡镇电力工程系统规划应以上位国土空间规划及相关区域规划、专项规划为依据，落实乡镇发电设施，包含各类发电厂，以及 220 千伏变电站与 110 千伏变电站。根据对用电量预测、发电厂供电规模以及其它供电电源的供电能力的平衡判断，判断规划期内电量余缺情况，预测规划期内是否需要新增 110 千伏及以下配电设施，确定供配电设施方案，进行电力电量平衡计算，保障供电安全。

7.4.4　建设安全可靠的电网输配系统

乡镇国土空间规划应以上位国土空间规划及相关区域规划、专项规划为依据，预留主要高压电力廊道，建设高质量的电网输配系统。乡镇高压线路宜采用架空方式敷设，对于高压线路穿越特别重要地区的情况，可以酌情考虑以埋地方式敷设。高压架空电力线路宜采用占地较少的窄基杆塔和多回路同杆架设的紧凑型线路结构，多路杆塔应安排在同一走廊。220 千伏高压架空线路控制宽度宜为 30~40 米，110 千伏高压架空线路控制宽度宜为 15~25 米，35 千伏高压架空线路控制宽度宜为 15~20 米。建议镇区 10 千伏电力线路采用埋地方式敷设，电力电缆呈环网布置，农村地区可结合实际情况架空敷设。

7.4.5　优化电力系统，建设生态智慧能源体系

2021 年中共中央、国务院印发《关于完整准确全面贯彻新发展理念做好碳达

峰碳中和工作的意见》，提出构建以新能源为主体的新型电力系统，提高电网对高比例可再生能源的消纳和调控能力。2022 年国家发展改革委、国家能源局印发《“十四五”现代能源体系规划》，明确将城乡供能基础设施均衡发展，乡村清洁能源供应能力不断增强，城乡供电质量差距明显缩小纳入“十四五”时期现代能源体系建设的主要目标。2022 年国家发展改革委、国家能源局印发《关于促进新时代新能源高质量发展的实施方案》（国办函〔2022〕39 号），指出促进新能源开发利用与乡村振兴融合发展，积极推进乡村分散式风电开发。可见，“双碳”背景下新能源基础设施建设是电力工程系统优化发展的重要方向。

乡镇国土空间规划应加快清洁能源发展，实现传统能源与清洁能源的优势互补，有序发展光电、风电、地热能等新能源，并加大可再生能源消纳力度。同时，加快电力系统向智慧化转型升级，以智慧能源作为一种新型的能源形式，通过信息配置能源，建设共享开放的“能源 + 互联网”管理体系。随着互联网连接能力的增强，能源网络将成为未来能源系统的主要形态，电力部门应利用“互联网 +”模式，推动全社会实现绿色可持续发展，建设“智慧能源 + 互联网”发展模式，解决能源电力高消耗问题，提高能源利用效率、优化能源结构、促进清洁能源开发利用，达到实现能源低碳化目标。

案例

江西省宜春市袁州区南庙镇电力工程规划

扫码了解以下内容：
南庙镇镇域电力工程规划图、
南庙镇镇区电力系统规划图

相关规划研究报告中提出规划顺应国家、江西省及宜春市的社会经济发展趋势，围绕生态文明建设、乡村振兴战略以及特色小镇建设的要求，重点解决南庙镇新经济产业体系构建、城镇发展与重大基础设施对接等问题，以促进南庙镇城乡经济、社会和环境的协调发展。

1）镇域供电工程规划

（1）供电现状

镇内电力主要来自赣西电网，由袁州区供电责任有限公司南庙供电所供电，电力资源有保障。此外，南庙镇拥有 2 座小型水力发电站。从 2004 年至 2013 年全镇用电量年均增长率 8.87%。2013 年人均用电量指标 317 千瓦时 / 人·年。

（2）用电量预测

分析南庙镇现状用电情况，根据《镇规划标准》，参照《城市电力规划规范》（GB/T 50293—2014），南庙镇用电量采用年人均综合用电量增长率进行预测，近期增长率取 12%，远期增长率取 10%，则南庙镇用电量和用电负荷预测如下：

近期：$Q_{近}=317\times(1+12\%)^{7}\times38700=2712$ 万千瓦·时。

远期：$Q_{远}=317\times(1+12\%)^{12}\times(1+10\%)^{10}\times55700=17842$ 万千瓦·时。

（3）电力设施规划

规划在田心村新建 1 座 220 千伏变电站，从花博变引入 1 条 220 千伏高压线，从此站新增 10 千伏中压线路，与南庙主线连接，贯穿南庙镇各联络线。

（4）高压走廊

南庙镇高压走廊为 220 千伏线路高压走廊宽度为 38 米。

2）镇区供电工程规划

（1）用电负荷预测

规划镇区用电负荷根据《宜春市城区电网设施布局专项规划》中经分析得出的单位建设用地负荷指标进行预测，各类建设用地选表 7-2 中的负荷指标。总用电负荷计算中，发展考虑 10%，则规划区总用电负荷约为 50.3 兆瓦。

（2）变电站规划

规划在心田村新建 1 座 220 千伏变电站，从花博变引入 1 条 220 千伏高压线，与南庙现状主线连接，贯穿南庙联络线。220 千伏变电站占地面积 0.49 公顷。

表 7-2　用电负荷预算表

项目分类	规划建设用地面积（公顷）	负荷指标（千瓦 / 公顷）	负荷值（千瓦）	需用系数
R（居住用地）	89.49	350	11 902.17	0.38
C（公共设施用地）	186.12	500	33 501.6	0.36
S（道路广场用地）	38.8	20	201.76	0.26
W（仓储用地）	1.83	30	10.98	0.2
U（工程设施用地）	2.79	30	16.74	0.2
G（绿地）	31.44	10	81.744	0.26
合计	350.47	—	45 714.994	—

（3）供电网络规划

规划采用新建变电站供电，具体位置及容量详见镇区供电工程规划图。

规划 220 千伏线路高压走廊宽度为 38 米。

资料来源：宜春市袁州区南庙镇人民政府、中国建筑科学研究院有限公司，《宜春市袁州区南庙镇总体规划（2018—2035）研究报告》。

7.5 燃气工程系统规划

燃气工程系统包括燃气厂站、输配管网、调压储配设施的建设、运行和维护，涉及建（构）筑物、设备、管道及其附件等单元。燃气工程系统是公用事业的重要组成部分，燃气工程系统规划是指根据人口、用气需求和供气能力等因素，系统地设计和规划城市燃气供应网络和相关设施的过程。本小节围绕合理选择供气气源、科学预测用气量、合理布局供气设施、建设安全可靠供气管网、建设智慧燃气体系等方面，介绍了乡镇燃气工程系统规划的内容、方向和举措。

7.5.1 合理选择乡镇供气气源

乡镇燃气工程系统规划应以上位国土空间规划及相关区域规划、专项规划为依据，坚持“多种气源、因地制宜、合理利用”的原则，明确乡镇供气气源。距离城区较近、布局比较集中的乡镇应优先采用城区市政燃气管网供气；距离城区较远的乡镇建议新建小型天然气门站或储配站，以高压天然气管道接进门站的方式供气，或由天然气槽车运输至储配站，由配气管网配气的方式供气。有条件的地区应保障乡镇实现双气源供气，有天然气来源的农村优先采用天然气供气系统，有液化气来源的地区可以采用瓶装或者管道液化气供气系统供气。暂时不具备以上条件的，应根据当地气源和经济状况，积极开发太阳能、风能、地热能、秸秆气化、沼气等清洁能源，改善农村能源结构。

7.5.2 合理预测用气量

乡镇燃气工程系统规划应落实上位规划确定的用气指标，衔接相关专项规划，结合乡镇具体发展情况，选用适合的用气量预测方法，合理预测乡镇用气量。乡镇用气主要包含居民生活用气、公建用气、供暖用气、汽车用气和工业用气等，燃气用气量预测方法包含分类预测法，比例估算法、人均综合用气指标等。

乡镇各类用气类型的主要预测法如下。

1. 居民生活年用气量计算

根据居民生活用气量指标、居民人口数、气化率、燃气热值，按下列公式计算：

$$Q_a=\frac{Nkq}{H_1}$$

式中　Q_a——居民生活年用气量，标准立方米 / 年（Nm^3/a）；

N——居民人数，人；

k——乡镇居民气化率，%；

q——居民生活用气量指标，兆焦 /（人・年）[MJ/（人・a）]；

H_1——燃气热值，兆焦 / 标准立方米（MJ/Nm^3）。

2. 商业公共建筑用户用气量计算

商业公共建筑用户用气量可根据商业公共建筑用气量指标、燃气热值、服务对象数量，按下列公式计算：

$$Q=\sum_{i=1}^{N} q_i N_i / H_1$$

式中　Q——商业公共建筑用户用气量，标准立方米 / 年（Nm^3/a）；

q_i——某一类商业公共建筑用气量指标，兆焦 /（服务对象数量・年）[MJ/（个・a）]；

N_i——某一类商业公共建筑服务对象数量，个；

H_1——燃气热值，兆焦 / 标准立方米（MJ/Nm^3）；

i——商业公共建筑类型。

3. 工业企业用气量计算

与生产规模和工艺特点有关，规划阶段一般可按以下三种方法估算。

①比较已使用燃气且生产规模相近的同类企业年耗气量进行估算；

②利用各种工业产品的用气定额及其年产量来计算；

③在缺乏产品用气定额资料的情况下，通常是将工业企业其他燃料的年用量，折算成用气量，折算公式如下：

$$Q_y=\frac{1\ 000G_yH_i^1\eta^1}{H_1\eta}$$

式中　Q_y——年用气量，标准立方米/年（Nm^3/a）；

G_y——其他燃料年用量，吨/年（t/a）；

H_i^1——其他燃料的低发热值，千焦/千克（kJ/kg）；

H_1——燃气的热值，千焦/标准立方米（kJ/Nm^3）；

η^1——其他燃料燃烧设备热效率，%；

η——燃气燃烧设备热效率，%。

4. 供暖用气量计算

房屋供暖用气量与建筑面积、耗热指标和供暖期长短等因素有关，按下列公式计算：

$$Q_c=F_{qn}\cdot qn/H_1\eta$$

式中　Q_c——年供暖用气量，标准立方米/年（Nm^3/a）；

F_{qn}——使用燃气供暖的建筑面积，平方米（m^2）；

q——耗热指标，千焦/（平方米·小时）[$kJ/(m^2\cdot h)$]；

n——年供暖小时数，小时（h）；

H_1——燃气低热值，千焦/标准立方米（kJ/Nm^3）；

η——燃气燃烧设备热效率，%。

5. 燃气汽车用气量计算

燃气汽车的使用较传统汽车有利于环境保护。燃气汽车用气量可根据规划期燃气汽车数量（一般按燃气汽车占有率计算）和燃气汽车用气量指标计算。

燃气汽车用气量指标应根据当地燃气汽车种类、车型和使用量的统计分析确定。当缺乏用气量的实际统计资料时，可根据上位规划的相关规定和乡镇的具体情况，分析比较确定燃气汽车用气指标[1]。

---

1. 汤铭潭. 小城镇市政工程规划［M］. 北京：机械工业出版社，2010.

6. 未预见气量

指管网的燃气漏损量和发展过程中未预见到的供气量，一般按各类用气量总和的 3%～5% 估算。

7. 总用气量计算[1]

分项相加法：适用于各类负荷均可用计算方法求出较准确用量的情况。

$$Q=K+\sum Q_i$$

式中　Q——燃气总用量，标准立方米（Nm^3）；

Q_i——各类燃气用量，标准立方米（Nm^3）；

K——未预见用气量，一般按各类用气量总和的 3% ～ 5% 估算，标准立方米（Nm^3）。

比例估算法：在各类燃气负荷中，居民生活用气和公共建筑用气一般可以比较准确地求出，当其他各类负荷不确定时，可以通过预测未来居民生活和公共建筑用气在总用气量中所占的比例，求出的总气量。

$$Q=Q_S/p$$

式中　Q——燃气总用量，标准立方米（Nm^3）；

Q_S——居民生活和公共建筑燃气用量，标准立方米（Nm^3）；

p——居民生活和公共建筑用气在总气量中所占的比例，%。

燃气的供气规模主要是由燃气的计算月平均日用气量决定的。一般认为，工业企业用气、公共建筑用气、采暖用气以及未预见用气都是比较均匀的，而居民生活用气是不均匀的。燃气的计算月平均日用气量可由下式得出：

$$Q=\frac{Q_a K_m}{365}+\frac{Q_a(1/p-1)}{365}$$

式中　Q——计算月平均日用气量，标准立方米（Nm^3）；

Q_a——居民生活年用量，标准立方米（Nm^3）；

---

1. 刘兴昌 . 市政工程规划［M］. 北京：中国建筑工业出版社，2006.

p——居民生活在总气量中所占的比例，%；

K_m——月高峰系数，一般取 1.1～1.3。

在对城镇燃气输配管网管径进行计算时，需要利用的主要数据是燃气高峰用气量，可利用下式计算：

$$Q' = \frac{Q}{24}K_d K_A$$

式中 Q'——燃气高峰小时最大用气量，标准立方米（Nm^3）；

Q——计算月平均日用气量，标准立方米（Nm^3）；

K_d——日高峰系数，一般取 1.05～1.2；

K_A——小时高峰系数，一般取 2.2～3.2。

8. 液化石油气用气量计算

液化石油气用气量与使用户数和户均用量等因素有关。

$$Q_S=N_s q_s$$

式中 Q_S——液化石油气总用量，千克（kg）；

N_s——液化石油气使用户数，户；

q_s——液化石油气户均使用指标，千克 / 户（kg/ 户）。

7.5.3 合理布局供气设施

乡镇燃气工程系统规划应以上位国土空间规划及相关区域规划、专项规划为依据，落实乡镇主要供气设施布局，明确其安全防护管控要求，根据供气设施服务片区供气需求，确定其供气规模。供气设施主要包含天然气母站、天然气门站、燃气储配站、天然气调压站、液化石油气瓶装供应站、汽车加气站等，燃气调压站按调节压力范围主要分为高—高压调压站、高—中压调压站、中—低压调压站等。

7.5.4 供气管网规划

以上位国土空间规划及相关区域规划、专项规划为依据，落实区域输气管道、石油通道等，并明确相关管控要求。根据乡镇空间结构、用地布局和供气范围、供气规模、气源条件以及现有燃气输配系统现状等因素，遵循“提高供气可靠性、增加输配系统供气能力、扩大管网覆盖范围”的原则进行规划，最终建设成供气可靠、输配安全、覆盖范围合理的城镇天然气输配系统。管网的布置工作应在管网系统的压力机制确定之后进行，其顺序按压力高低，先落实高压管线，后落实中压管线；少数镇区及有燃气管网覆盖的农村地区沿道路建设燃气低压供气管网。乡镇布置燃气管网时，中压配气干管应尽量靠近大型用户，主要干线应逐步连成环状，应尽量不穿越公路、铁路、高速路、河道和其他大型构筑物，必须穿越时要有一定的防护措施。

7.5.5　优化乡镇供气系统

目前我国城乡供气存在资源零散与不平衡问题。一方面，燃气设施资源需要进行有效整合，由于行政区划的影响，燃气设施建设各自为政，缺乏统筹规划及与其相适应的管理机制，燃气设施不能共建共享、重复投资，不仅造成经济上的浪费，也不利于节约集约利用城市资源。另一方面，城乡燃气设施需要统筹发展，由于长期受城乡二元结构体制的影响，城乡燃气设施发展不平衡，农村燃气设施落后，与建设社会主义新农村的目标相差较远[1]。

2021 年国务院下发的《2030 年前碳达峰行动方案》和 2022 年 3 月中共中央、国务院下发的《关于加快建设全国统一大市场的意见》都提出了建设全国统一能源市场的要求，我国城乡燃气行业迎来稳定有序的大发展。城乡燃气设施发展应强调区域统筹、城乡统筹、安全优先、节约高效等理念，建设全国燃气市场，统筹区域燃气设施布局，规范燃气一体化建设标准，鼓励燃气市场公平开放是当下城乡燃气设施发展的必要工作。

智慧燃气建设是优化乡镇供气系统的重要抓手，智慧燃气系统主要包含智能感知、智能传输、大数据分析、智慧应用四个部分主体内容。通过智慧燃气的架构体系建设和支撑平台建设，利用无人机技术、可视化技术、视频监控等技术，结合管道完整性系统、双重预防机制系统与辅助决策系统，搭建智慧燃气平台，实现智慧运营、智慧调度、智慧管网、智慧服务等四个方面的智能优化。

---

1. 殷金兰 . 新时期城乡燃气总体规划探讨：以南京市城乡燃气总体规划为例［C］// 中国城市规划学会 . 多元与包容——2012 中国城市规划年会论文集（07. 城市工程规划）. 昆明：云南科技出版社，2012：6.

案例

山东省菏泽市定陶区冉堌镇燃气工程规划

扫码了解以下内容：
冉堌镇镇区燃气工程规划图

冉堌镇历史悠久、经济发达、区位交通条件优越，属省级中心镇。镇域层次的规划范围为冉堌镇的行政辖区，总用地面积126平方公里；镇区层次的规划范围为冉堌镇的城镇开发边界，东至冉古路，南至南外环路，西至岚曹高速以东50米—西外环路，北至冉泰路，总用地面积493.16公顷。

（1）镇域燃气工程规划

气源规划：镇区及周边（服务半径5公里）农村新型社区燃气气源引自定陶区天然气管网，其他农村居民点根据实际情况鼓励采用CNG和LNG供气站、秸秆气化气等多种方式供气。选用沼气或农作物秸秆制气应根据原料品种与产气量，确定供应范围，并应做好沼水、沼渣的综合利用。

用气量预测：规划统一供气人口为7.42万人，规划远期燃气普及率为80%，人均用气量为0.3立方米/天，则年居民用气量约为650万立方米。规划冉堌镇年用气量为：650万立方米。

（2）镇区燃气工程规划

气源规划：燃气气源引自定陶区天然气管网。

用气量预测：镇区规划人口为4万人，规划远期燃气普及率为80%，人均用气量为0.3立方米/天，则镇区年居民用气量约为350万立方米。

管网规划：镇区高、中压输配管网宜布置成环状，高压管道不宜进入城镇建设密集地区，次高压管道宜沿道路外侧的绿化带敷设。各类燃气管道宜采用直埋方式敷设，并确保其安全防护距离；不得与其他管道或电缆同沟敷设。

资料来源：定陶区冉堌镇人民政府、山东建筑大学设计集团有限公司，《定陶区冉堌镇国土空间总体规划（2020—2035）研究报告》。

7.6 供热工程系统规划

供热工程是指通过一系列的设备和系统，将热能以可控的方式传递给用户，为用户提供供暖、热水等热能的过程，由热源设备、热交换设备、供热系统、用户终端设备等构成，对于提高生活质量、促进经济发展具有重要意义。本小节围绕合理预测热负荷、因地制宜开发建设新型热源、合理选择供热管网建设形式、建设智慧供热系统等方面，阐述了乡镇供热工程系统规划的内容、方向和举措。

7.6.1　合理预测热负荷

乡镇供热工程系统规划应以上位国土空间规划、相关区域规划及专项规划为依据，根据相关规范与地方标准要求，结合乡镇实际与规划情况，选定可行的乡镇热负荷预测方法，合理预测乡镇热负荷。热负荷预测法主要包含指标法、趋势法、相关分析等，乡镇热负荷主要包含采暖热负荷、生活热水热负荷与工业热负荷。

乡镇各类热负荷的主要预测法如下：

1. 采暖热负荷预测宜采用指标法，可按下式计算：

$$Q_h=\sum_{i=1}^{N} q_{hi}\cdot A_i\times10^{-3}$$

式中　Q_h——采暖负荷，千瓦（kW）；

q_{hi}——建筑采暖热指标或综合热指标，瓦 / 平方米（W/m^2）；

A_i——各类型建筑物的建筑面积，平方米（m^2）；

i——建筑类型。

2. 生活热水热负荷预测宜采用指标法，可按下式计算：

$$Q_s=\sum_{i=1}^{N} q_{si}\cdot A_i\times10^{-3}$$

式中　Q_s——生活热水热负荷，千瓦（kW）；

q_{si}——生活热水热指标，瓦 / 平方米（W/m^2）；

A_i——供应生活热水的各类建筑物的建筑面积，平方米（m^2）；

i——建筑类型。

3. 工业热负荷宜采用相关分析法和指标法，采用指标法预测工业热负荷时，可按下式计算：

$$Q_g = \sum_{i=1}^{N} q_{gi} \cdot A_i \times 10^{-6}$$

式中 Q_g——工业热负荷，吨/时（t/h）；

q_{gi}——工业热负荷指标，吨/（时·平方公里）[t/（h·km^2）]；

A_i——不同类型工业的用地面积，平方米（m^2）；

i——工业类型。

结合上述预测方法与应用场景，采用综合热指标法，预测乡镇的热负荷。

7.6.2 热源选择与规划

乡镇供热工程系统规划应以上位国土空间规划、相关区域规划及专项规划为依据，因地制宜确定乡镇的供热热源，并落实其防护管控要求，明确供热规模。应建立多能互补体系，实现多热源联网运行，通过实现区域一张网的发展战略，在最终满足供热需求的基础上，实现节能减排、促进地区经济发展的目标。其他清洁供热热源主要包括工业余热、地热、太阳能、风能、电能、垃圾焚烧发电供热、分布式能源站等。

针对城镇密集地区和靠近城区的乡镇，建议乡镇与城区共享供热设施，集中供热热源主要为热电厂或集中供热锅炉房等。对于相对分散无共享热源条件的乡镇需自建集中供热锅炉房，建议采用清洁能源为燃料。对于有较大工业热负荷的大型工业型乡镇可建设热电厂。

7.6.3 合理选择供热管网建设形式

乡镇供热工程系统的工业供热媒介宜采用热蒸汽，蒸汽供热管道宜采用单管制建设；居民生活热媒介宜采用热水，热水供热管道宜采用闭式双管制，包含一根供水管与一根回水管。从热源到热力站间的管网称为一级管网，从热力站至用户间的管网为二级管网。热力网有枝状管网和环状管网两种形式，供热建筑面积大于1 000 万平方米的供热系统应采用多热源供热，且各热源主干管应连通；在技术经济可行时，热力网干管宜连接成环状管网。

7.6.4　开发新型、绿色、低碳供热热源

目前，我国供热行业能源资源利用效率偏低，温室气体排放与污染物排放较高，具有较大的节能减排潜力。基于我国资源禀赋现状，采用清洁能源进行供热，合理构建可再生能源供热体系，持续优化能源结构，有利于实现区域可再生能源利用要求，大力提高能源资源利用效率，显著降低碳排放，节约供热运行费用，获得最佳的综合效益，为我国如期实现“碳达峰和碳中和”作出贡献[1]。常见的清洁能源供热模式为热电联产供热、天然气供热、电锅炉供热、余热利用供热，再生水源/污水源热泵供热；常见的可再生能源供热的技术手段主要为地热能供热、太阳能供热、空气源热泵供热、生物质供热[2]。

乡镇国土空间规划应根据乡镇实际情况和可再生资源禀赋，因地制宜对可再生能源加以发展利用，合理调整能源结构，积极推动和开展清洁能源供热，建立低碳环保、可持续发展的供热方式，在满足乡镇用户供热需求的基础上，有效提升居民用户的供热品质。应通过加大余热利用、采取低峰蓄热、二氧化碳高效冷热供应技术等节能新技术应用，加以政府引导，通过开展实施“清洁生产”“能效对标”“能效领跑者”等活动，树立标杆，提高要求，同时辅以政策激励，建立起供暖行业能效水平不断提升的长效机制[3]，形成以可再生能源为主，传统能源为辅，多能互补的供热模式[2]。应对集中供热系统进行智慧化提升改造，实现热源、换热站、末端设备之间信息的采集和传输，从全局出发，科学高效地制定各个换热站的运行方式，利用无线通信技术高效传输稳定的信号，调度中心与供热平台可实现对供热系统的远程实时监控，有效提升系统运行与管理水平，达到节能降耗的目的。

案例　**辽宁省兴城市徐大堡镇供热工程规划**

扫码了解以下内容：
徐大堡镇供热工程规划图

规划研究根据规划内容和控制深度的不同，将范围界定为两个层次。镇域规划范围：徐大堡镇全部行政辖区，面积 81.6 平方公里；镇区规划范围：北到海滨村村域界限，西到海滨村委会，南至李金村鱼塘以北，东至滨海大道，总面积约 127.66 公顷，主要位于海滨村。

---

1. 邹庆国．“双碳”目标下哈尔滨加快推进清洁能源供暖研究［J］. 学理论，2023（2）：84-86.
2. 吕超群．清洁能源供热［C］// 中国市政工程华北设计研究总院有限公司，《煤气与热力》杂志社有限公司，中国建设科技集团股份有限公司 .2022 供热工程建设与高效运行研讨会论文集 . 济南：山东建筑大学热能工程学院，2022：5.
3. 王忠民，刘大为 . 北京市低碳供热挑战与对策［J］. 节能与环保，2023（4）：16-19.

1）镇域供热工程

现状无集中供热设施，部分建筑供热为小型锅炉房提供，供热效率低。

规划1座热源厂，镇区内以集中供热为主，其余各村近期以分散供热为主。供热管网布置以枝状管网为主，中压主干管尽量避免敷设在主干路上，同时尽量避免穿越公路、其他大型建筑物，必须穿越时要有一定的防护措施。

2）镇区供热工程

（1）供热现状及存在的问题

镇区内现有居民住宅建筑大多由小炉灶取暖，集中供暖没有形成规模，基础设施发展落后。集中供热是城镇的主要基础设施之一，也是城镇发展程度的标志。分散供暖，平均热效率低，能源浪费大；冬季采暖时，大气环境受到严重污染。

（2）供热规划

大堡镇年平均气温8.6～9.0摄氏度，夏季以西南风为主，冬季以西北风为主。冬季采暖室外计算温度−15.1摄氏度，采暖期为143天。规划住宅采暖热负荷指标45瓦每平方米，公共建筑采暖热负荷指标60瓦每平方米，工业仓储厂房采暖热负荷指标75瓦每平方米，规划新建建筑必须采取节能措施。规划远期新建居住、公建按最新国家建筑节能标准执行。规划2035年集中供热普及率90%。至2035年，镇区供热建筑面积约为80.58万平方米，远期热负荷约为43兆瓦。镇区西南侧规划1座热容量为100兆瓦的热源厂，为整个镇区供热。

建设初期，根据镇区发展的进度及规模，逐步废除该区域内现状小锅炉房，或将现状锅炉房改建成换热站；建筑规模未形成之前需新建临时性锅炉房时，宜建在规划的换热站上，以便供热规划实施，节省管网投资、节约城市建设用地。在本规划区域内共设换热站10座，各区域换热站供热面积约为20万平方米，各区域换热站自身建筑面积约300平方米。

热网规划的管线平面位置见供热规划图。供热管网的布置原则及敷设方式确定如下：

①主干管应靠近大型用户和负荷集中地区，避免长距离穿越没有负荷的地段；

②供热管道应尽量避开主要干道和繁华街道；

③热水管网一律采用直埋敷设，并按二次网设置，一次网水温 130/70 摄氏度（即供水设计温度 130 摄氏度，回水设计温度 70 摄氏度），二次网水温为 80/60 摄氏度（即供水设计温度 80 摄氏度，回水设计温度 60 摄氏度）；

④管材及材料保温；

⑤管材材质采用碳钢聚氨酯保温管，其中一次网管网管径为 DN325、DN426，二次网管径为 DN219；

⑥埋深：不得小于冻土深度，穿越路口处需加设钢套管；

⑦保温和防腐：热网应做防腐及保温处理，采用预制保温管。

资料来源：辽宁省城乡建设规划设计院有限责任公司，《兴城市徐大堡镇总体规划（2018—2035）研究报告》。

7.7 通信工程体系规划

通信工程由邮政、电信、广播电视等分系统组成，通信工程系统规划的主要任务是确定发展目标、预测通信需求、确定通信设施规模和容量、布局各类通信设施和通信线路、制定通信设施综合利用对策与措施等。网络信息经济下，通信工程系统的重要性愈加凸显。本小节围绕结合乡镇发展需求预测通信业务量、建设一体化通信设施体系、建设集约安全的通信管道网络系统、建设智慧乡镇等方面，阐述了乡镇通信工程系统规划的内容、方向和举措。

7.7.1 结合乡镇发展需求预测通信业务量

乡镇通信工程体系规划应以上位国土空间规划、相关区域规划与专项规划为依据，结合乡镇通信建设现状与发展趋势，合理确定规划期内乡镇通信工程的发展目标，预测各类通信需求。乡镇通信预测主要包含移动电话用户、有线电视、宽带用户等内容，预测方法主要包括普及率法、平均增长率法、用地指标等。

乡镇通信量主要构成和预测方法如下。

1. 固定电话需求量预测

乡镇国土空间规划阶段固定电话用户预测应以宏观预测方法为主，可采用普及率法、分类用地综合指标法等多种方法预测。

普及率法：电话普及率一般采用综合普及率，普及率反映网络发展水平，它是从大量持续变化着的统计分析得出来的，用“部/百人”表示。

$$Y=100P\cdot Q$$

式中 Y——阶段末固话用户数，部；

P——规划人口数，万人；

Q——固定电话普及率，部/百人。

分类用地综合指标法：使用不同分类用地面积与单位用地用户主线指标预测固定电话数。分类用地综合指标法可按下式计算：

$$S_i=\sum_{i=1}^{N}S_m a_m$$

式中 S_i——固定电话主线数，线；

S_m——不同分类用地用户主线指标，线/公顷（线/ha）；

a_m——不同分类用地面积，公顷（ha）；

i——用地类型。

平均增长率法预测：平均增长率法预测是在统计分析近年电话平均增长率的基础上，采用相关综合分析，包括专家讨论等方式，分阶段确定电话用户的宏观增长率，再计算用户需求的一种方法。

确定电话用户的阶段平均增长率后，用户需求可采用下式计算：

$$Y=M(1+\alpha)^t$$

式中 Y——阶段末电话用户数，万部；

M——基础年用户数，万部；

α——该阶段平均增长率，%；

t——该阶段年数，年（a）。

固定电话需求量预测应结合乡镇具体情况，选用适合的固定电话需求量预测方法；采用两种以上预测方法进行预测，结合现状与规划情况，针对不同预测量进行误差分析论证，对预测值进行合理取舍；采用两种或两种以上预测方法进行预测，当预测量差距不大时，最终预测量可采用平均值法取值。

2. 移动电话用户预测

一般采用普及率法预测移动电话用户数，一般乡镇移动电话普及率取值为 90~120 卡号 / 百人。

3. 宽带用户预测

一般采用普及率法预测宽带用户数，一般乡镇宽带普及率取值为 30~50 线 / 百人。

4. 有线电视用户预测

一般采用普及率法预测有线电视用户数，一般乡镇有线电视普及率取值为 30~50 线 / 百人。

5. 邮政需求量预测

发展态势延伸预测法：此法是采集历年来邮政业务收入统计数据，分析历年的增长态势，排除突发性、偶然性因素，考虑未来发展的可能性，选择规划期内的邮政增长态势系数，根据规划期限，延伸预测规划期的邮政年业务收入。该法模型为：

$$y_t=y_0(1+\alpha)^t$$

式中　y_t——规划期内某年邮政业务收入量，万件；

y_0——现状（起始年）邮政年业务收入，万件；

α——邮政年业务收入增长态势系数（$\alpha\geqslant 0$）；

t——规划期内所需预测的年限数，年（a）。

采用此法，采集的样板数越多，年份越多，外延推伸越可靠。

单因子相关系数预测法：此法是在对历年的邮政业务收入增长及与之有关的经济、社会等主要相关因子的相互关系分析的基础上，寻找出其中对邮政年业务收入或通信总量增长关系最为密切的某单项经济或社会因子，并测出该因子与邮政需求量增长的相关系数，其预测模型如下：

$$y_t = x_t \cdot c(1+\alpha)^t$$

式中 y_t——规划期内某预测年的邮政业务收入量，万件；

x_t——规划期内某预测年的经济、社会因子的值；

c——现状（起始年）邮政年业务收入量与 x_0 因子值之比量；

α——邮政年业务量增长与 x 因子值增长之间的相关系数；

t——规划期内所需预测的年限数。

本模型采用的因子通常是城市人口规模数、国内生产总值、第三产业 GDP 等与邮政关系最为密切的因子中的某一个因子。同时，由于邮政设备、技术发展、邮政设施的经济、社会服务效益将提高，因此，规划期内单位邮政量相对应的经济、社会因子值要大于现状值，式中的 α 值为正值，即 $\alpha>0$。

综合因子相关系数预测法：本法是在单因子相关系数预测的基础上将多个因子预测结果综合起来，根据这些因子与邮政量的密切程度，选取各因子相关权值汇总合成，提高预测的可靠性和综合性。

通常与邮政量密切相关的经济、社会因子主要为规划区人口规模、全社会 GDP、第三产业 GDP 等，这些因子的相关权重在不同性质的乡镇、不同规模城镇也不完全相同。因此，需根据具体情况来确定[1]。

7.7.2 建设一体化通信设施体系

乡镇通信工程体系规划应以上位国土空间规划、相关区域规划及专项规划为依据，落实广播电视中心、无线电发射台、载波台、微波站、微波通道等区域通信设施。应预留设施用地，保障区域通信设施及微波通道空间需求，并明确其管控要

1. 戴慎志 . 城市工程系列规划（第 3 版）[M] . 北京：中国建筑工业出版社，2015.

求。通信基础设施规划要遵循“设施共建共享，政府提供支持，规划保障落地”的基本原则，结合区内实际发展需求，确定范围内通信设施类型及布局，通信设施主要包含通信局房、邮政局所、基站等设施。

1. 通信局房

指含有信息通信设备或者其他辅助设施用于进行信息交换、传输、处理的建筑。它是通信系统中各项业务的基础设施和承载体，通常按照网络层级分为数据中心与通信机房，通信机房一般分为核心机房、重要汇聚机房、一般汇聚机房与接入机房。一般乡镇建设机房为一般汇聚机房与接入机房。

1）数据中心

基于各地的自然资源、气候环境、用地保障和能源供给等资源情况统筹考虑，坚持立足当下、着眼长远，结合各地人口分布、经济情况、市场需求，统筹考虑产业环境以及人才支撑等因素，坚持以高标准规划为引领、以因地制宜与科学布局为导向，以按需设计与按标建设为路径，统筹推进数据中心建设。

2）通信机房

按照共建共享原则，新规划的一般机房空间应按四家运营商（含广电公司）的需求进行测算。各方设备宜共同使用同一机房，在满足各方设备正常运行和维护要求的前提下分配机房空间。一般汇聚机房按每座服务 6.0 万户 ~ 12.0 万户综合通信用户考虑。

接入通信机房结合小区或者单元用户需求设置，尽量选取在建筑内建设，要求周边环境稳定，优先结合行政办公用地、公共服务用地、居住用地和商业商务用地建设。

通信一般汇聚机房每处预留建筑面积 80~200 平方米，通信接入机房预留建筑面积 60 ~ 150 平方米，规划通信机房应采用共建共享方式，共址（在同一个地块或建筑内）建设，各运营主体机房应采用必要的物理隔离，电源、空调、监控和出局管线等基础设施各自建设。

2. 邮政局所

原则上以每个镇、乡为单位配置 1 处邮政支局，人口规模较大的镇驻地可以参考城市配置标准测算配置邮政局所的数量，居住人口达 5 000 人左右的连片居住地区可设置 1 处邮政服务网点，农村地区主要人口聚居区可按平均 5~10 公里服务半径或 1 万 ~2 万服务人口设置 1 处邮政服务网点[1]。

3. 基站

针对不同区域采用不同的密度指标以及建设策略，人口密度较高的镇区的站间距控制在 300～500 米；如果是在偏远地区，人口密度小的镇区的基站间距可以控制在 500～800 米；如果是在农村地区，那么站间距则可设计成 800～2 000 米。同时，还需要考虑通信制式，5G 与 4G 的密度要求不一样。

移动基站具体位置根据实际需求确定，应避免设在雷击区，优先选择在非居住建筑物上合建。新建铁塔、杆路必须共建共享，新建基站设施和传输线路具备条件的应联合建设。新建基站建设应与周边环境协调，和乡镇景观一致，每座基站建筑面积约为 40~60 平方米。

7.7.3 建设集约安全的通信管道网络系统

通信管道包括电信业务、数据通信、移动通信、有线电视等民用信息传输通道，宜采用地下埋设的敷设方式，不同运营商的通信管道应当同沟敷设，结合道路同步建设。采用综合通信管道的形式，所需的全部管孔应包含电信业务、数据通信、移动通信、有线电视、通信专网及各种运营网络多种信息传输需求。

应结合市政道路、地下管线现状与规划情况布置通信管道，大于 40 米的道路宜两侧布置通信管道，通信管道原则上沿人行道或慢车道敷设。通信管道建设应适度超前，管道容量满足 15~20 年需求。农村地区应结合周边景观环境与经济发展需求，建设架空或埋地通信线路。

7.7.4 优化通信体系，建设智慧乡镇

智慧乡镇建设处于我国全面深化改革和新型城镇化推进的关键节点上，是创新驱动发展背景下乡镇物理空间与智慧技术网络空间的深度融合，更是现阶段城镇化转型发展的新机遇与新路径。智慧乡镇是在政策催化、要素驱动、战略指导下统筹整合乡镇物质资源、信息资源、智慧资源，将大数据、云计算、物联网等新兴技术与乡镇经济社会发展深度融合，以打造智慧产业、智慧治理、智慧服务、智慧社

---

1. 戴慎志 . 城市工程系列规划（第 3 版）[M] . 北京：中国建筑工业出版社，2015.

区、智慧文化等多维智慧经济为发展目标的智慧发展新空间与新载体[1]。乡镇国土空间规划应加强智能设施、智能技术、智能治理和智能服务，提升乡镇通信网络覆盖水平，做好乡镇网络增速服务，全面普及人工智能技术，充分发挥物联网的优势等，打造智慧、集约、高效、绿色的数字化乡镇。

智慧化基础设施是智慧乡镇运行的基础。应对传统设施进行改造，增加现代信息通信技术等的投入，加强信息化基础设施、公共基础平台和标准数据库等智能设施建设，为乡镇经济增长提供支撑动力[2]。针对地下管线的实时运行数据实现平台化管理，综合利用云计算、物联网、大数据、地理信息等智能技术，通过“一张图”以全景展示的方式为地下管线规划、市政建设、应急管理等方面提供全面应用服务，建立长效统一的管理流程[3]。通过智慧设施、管线系统互联互通，把乡镇智慧建设内容纳入一张网络，通过对数据采集、存储、分析形成完整的数据体系，以数据为依托打造绿色和谐、产业优化、可持续发展的新格局。推动乡镇治理信息化、智能化、人本化发展[4]，运用现代信息通信技术统筹整合小镇内设施与资源，优化小镇公共管理、促进小镇商业竞争、回归人性化管理，实现乡镇智慧治理。推动智慧社区、智慧生活、智慧生态建设，发展智慧服务，打破智能技术束之高阁、远离生活的认知，赋予智能机器人文情怀[5]。

案例

山东省济南市济阳县曲堤镇通信工程规划

扫码了解以下内容：
曲堤镇通信工程规划图

根据规划内容和控制深度的不同，将范围界定为两个层次：镇域规划范围——曲堤镇全部行政辖区，镇域面积153.1平方公里；镇区规划范围——北至王海亭村，南至后辛村，东至张辛沟，西至济东高速公路，规划面积26.37平方公里。

1）镇域通信工程规划

（1）邮政规划

规划原地扩建现状曲堤邮政支局，占地面积0.23公顷。此外，随着镇域的开发建设各社区需配套建设邮政所，位置

1. 于业芹．智慧小镇建设：动因、要素与定位［J］．荆楚学刊，2018，19（3）：31-35.
2. 宋夕洋．智慧化特色小镇建设方案［J］．建筑电气，2017，36（6）：44-47.
3. 党安荣，许剑，佟彪，等．智慧城市发展的机遇和挑战［J］．测绘科学，2014，39（8）：28-32.
4. 李昊，王鹏．新型智慧城市七大发展原则探讨［J］．规划师，2017，33（5）：5-13.
5. 武志军．云栖小镇：打造智慧云生态［J］．中国品牌，2017（8）：42-45.

宜设在人流相对集中的场所，便于车辆出入及识别，均附设于其他建筑物中，每座邮政所需建筑面积100～150平方米，邮政所的具体位置需在下层次规划中落实。

(2) 电信规划

在镇区中部结合邮政支局规划电信支局1所，占地面积约0.23公顷，可设置固话、数据、移动电话、有线电视等通信业务。

镇区电信线路敷设方式宜为地下通信电缆，宜综合考虑弱电类线路的容量，避免和减少重复建设，使光纤到楼；镇域在居民点外为架空敷设，进入居民点后改为埋地敷设，实现光缆到村。积极扩展移动通信以及宽带业务，实现多种通信方式并存的局面。

2) 镇区通信工程规划

现状的电信设施不能满足信息化快速发展和用户对电信业务的强烈需求，线缆地下化程度低，现有电信线路以架空敷设为主。规划结合镇区发展，努力实现电信现代化的战略目标。

(1) 邮政规划

邮政服务设施在业务上一般分为干线处理中心、邮件处理中心、邮政局、邮政所等，其中邮件处理中心是邮件运转枢纽，邮政局、所是向社会提供公共服务的营业场所。

规划原地扩建现状曲堤邮政支局，占地面积0.23公顷。此外，随着镇区的开发建设，居住片区需配套建设邮政所，邮政所设置结合市场经济，以社会代办为主，位置宜设在人流相对集中的场所，附设于其他建筑物中，每座邮政所需建筑面积100～150平方米，邮政所的具体位置需在下层次规划中落实。

(2) 通信业务预测

通信业务预测包括固定电话用户、数据用户、移动用户、有线电视用户预测共四类。

本规划以远期预测业务量作为本次通信规划的依据，近期预测业务量作为分阶段实施通信网建设的指导。

①固定电话用户预测（趋势是大幅减少，以下预测仅供预测过程参考）

镇区内电话预测采用人口普及率法进行，电话普及率为 60 部／百人，镇区内规划人口为 14.4 万人。预测规划期末镇区固定电话总量为 8.64 万部。

②移动用户预测

预测至远期规划区移动电话普及率达 90%，至远期规划区内移动电话用户约 12.96 万人。

（3）通信设施规划

①电信支局规划

考虑到镇区内现状并无大型通信设施，并依据各类通信业务预测，坚持以“小局址，大容量”的设置原则，贯彻“集约化”理念，在镇区中部结合邮政支局规划电信支局 1 所，以满足规划区远期各类通信业务需求，占地面积约 0.23 公顷，可设置固话、数据、移动电话、有线电视等通信业务。

②固话、数据局址规划

根据远期固定电话用户、数据用户预测，远期镇域内需设置固话、数据目标局，新增的目标局附设于电信支局内。

③移动电话局址规划

根据远期移动用户预测，镇域内远期需新增 1 处移动电话传输节点，规划的移动电话传输节点，附设于电信支局内。

④广电局址规划

根据远期有线电视用户预测，至远期镇域内需新增 1 座有线电视分中心，新增的有线电视分中心附设于电信支局内。

（4）通信管道规划

通信管道建设要适度超前，管道容量要满足 15 ～ 20 年的需要。结合道路的建设敷设通信管道，逐步形成由骨干、主干、次干、一般等四个层次组成的通信管道网络。管群的组合一般为 24 孔、18 孔、12 孔、8 孔等 4 种，通常情况下，骨干通信管道不少于 24 孔，主干通信管道不少于 18 孔，次干通信管道不少于 12 孔，一般通信管道为 6 ～ 12 孔。近期形成对主要道路的覆盖，远期逐步形成对镇域全面覆盖。

资料来源：济南济北经济开发区管委会、济阳县曲堤镇人民政府、山东建筑大学设计集团有限公司，《济阳县曲堤镇总体规划（2017—2035）研究报告》。

7.8 环境卫生体系规划

环境卫生体系由垃圾处理厂、垃圾填埋场、垃圾收集站和转运站、车辆清洗场、环境卫生车辆停车场、公共厕所以及环境卫生管理设施组成，其功能是收集与处理城市各种废弃物，综合利用，变废为宝，清洁市容，净化城市环境。环境卫生体系建设对于提升居民生活质量、塑造城市形象、促进经济发展具有重要意义，本小节围绕合理预测固定废物产生量、建设绿色生态的垃圾收运体系、建设合理优化的环境卫生设施、建设智慧环卫系统等方面，阐述了乡镇环境卫生体系规划的内容、方向和举措。

7.8.1 合理预测固体废物产生量

固体废物是指人们在生产建设、日常生活和其他活动中产生的污染环境的固态半固态废弃物，通常按来源可分为工业固体废弃物、农业固体废弃物与城镇生活垃圾，根据其毒性及有害程度又可分为危险废物与一般废物。乡镇国土空间规划所涉及的固体废弃物主要包含生活垃圾、建筑垃圾、医疗垃圾、一般工业固体废物与危险固体废物，乡镇环境卫生体系规划应落实上位规划确定的环卫指标，衔接相关专项规划，合理预测固体废物产生量。

乡镇固体废物产生量主要预测方法如下：

1. 生活垃圾产量预测

生活垃圾产量预测方法一般包括人均指标法和增长率法，规划时可以采用两种方法，结合历史数据进行校核。

人均指标法：按相关资料统计，我国目前乡镇人均生活垃圾产量约为0.6~1.6千克/人·天，受乡镇具体条件影响，这个值的变化幅度较大。与世界发达国家小城镇生活垃圾的产量情况比较，我国乡镇人均生活垃圾生产量以0.9~1.4千克/人·天为宜，具体取值结合当地燃料结构、居民生活水平、消费习惯和消费结构及其变化、经济发展水平、季节和地域情况分析比较选定，由人均指标乘以规划人口数得到生活垃圾总量。

增长率法：由递增系数，利用基准年数据算得规划年的生活垃圾总量，如下式所示：

$$W_t=W_0(1+i)^t$$

式中　W_t——规划年乡镇生活垃圾产量，吨 / 天（t/d）；

W_0——现状年乡镇生活垃圾产量，吨 / 天（t/d）；

i——年增长率，%；

t——从起始年份到预测年份所间隔的时间，年（a）。

采用增长率法预测乡镇生活垃圾产量需要根据历史资料及乡镇发展的相关规划合理确定生活垃圾增长率，乡镇生活垃圾增长率随人口增长、规模扩大、经济发展水平、居民生活水平提高、当地燃料结构及其变化而变[1]。根据发达国家的历史经验，乡镇生活垃圾产量增长到一定阶段后，增加幅度逐渐放慢，趋于稳定甚至减少。

2. 工业固体废物产量预测

工业固废是我国固废的最主要组成部分，工业固体废弃物的产量与产业特性与产业结构，生产管理水平等有关系，其预测方法主要有以下三种。

单位产品法： 即根据各行业的统计资料，得出每单位原料或产品的产废量。规划时，若明确了工业性质和计划产量，则可预测出产生的工业固体废弃物量。

万元产值法： 根据规划的工业产值乘以每万元的工业固体废物产生系数，则可得出工业固体废物产量。参照我国部分相关走势指标，可选用 0.04～0.1 吨 / 万元的指标，建议先根据历年数据进行推算。

增长率法： 根据上述增长率法公式计算，参考历史数据和乡镇产业发展规划，确定工业固废的增长率[2]。

7.8.2　建设绿色生态的垃圾收运体系

乡镇环境卫生体系规划应结合乡镇发展目标与规划布局，依据上位规划与相关专项规划，合理确定乡镇垃圾收集、转运及处理模式。

乡镇生活垃圾收运一般采用“村收集、镇转运、县处理”的模式；一般工业垃圾以回收利用为主，遵循“减量化、无害化、资源化”的治理原则，优先进行综合利

1. 汤铭潭 . 小城镇市政工程规划［M］. 北京：机械工业出版社，2010.
2. 戴慎志 . 城市工程系统规划［M］. 北京：中国建筑工业出版社 .2008.

用，建立固废综合回收利用体系，通过固废回收与转化等途径，提高垃圾回收利用率；危险废弃物应送至危废处置中心进行无害化处理；建筑垃圾实行公共收集和分类收集，可回收垃圾进入城市回收系统，易燃垃圾送垃圾焚烧发电厂，有毒有害垃圾不得进入受纳场，剩余部分运往指定的建筑垃圾处理场或者经处理后由用地单位回填；医疗垃圾必须单独收集、单独运输、单独处置，收集的医疗垃圾由专用运输车运至危废处置中心进行安全处置。

7.8.3 建设合理优化的环境卫生设施

乡镇环境卫生体系规划应根据上位规划及相关专项规划，落实各类区域垃圾处理及转运设施，根据服务片区垃圾产生量规模，确定其处理或转运规模，并明确环境卫生管控要求。应结合乡镇实际发展需求，科学布局乡镇环境卫生设施，满足乡镇环境卫生发展需求，并制定环境卫生保护措施。乡镇环境卫生设施主要包含垃圾无害化处理设施、垃圾转运站、垃圾收集站、环卫车辆停车场、公厕等。

各类乡镇环境卫生设施建设的具体要求如下：

1. 生活垃圾转运站

当生活垃圾运输距离超过经济运距且运输量较大时，宜设置垃圾转运站。服务范围内垃圾运输平均距离超过 10 公里时，宜设置垃圾转运站；平均距离超过 20 公里时，宜设置大、中型转运站。

生活垃圾转运量计算：

$$Q=\delta nq/1\,000$$

式中 Q——转运站生活垃圾日转运量，吨 / 天（t/d）；

n——服务区域内人口数，人；

q——服务区域内生活垃圾人均日产量，千克 / 人 · 天（kg/ 人 · d）；

δ——生活垃圾产量变化系数，一般可采用 1.3～1.4。

2. 垃圾收集站

当采用人力收集时，垃圾收集站的服务半径宜为 0.4 公里，最大不宜超过 1 公里；采用小型机动车收集时，垃圾收集站服务半径不宜超过 2 公里；大于 5 000 人的居住小区（或组团）及规模较大的商业综合体可单独设置收集站。垃圾收集站用地指标如表 7–3 所示。

表 7-3　收集站用地指标

规模（吨 / 天）	用地面积（平方米）	与相邻建筑间距（米）
20~30	300~400	≥ 10
10~20	200~300	≥ 8
< 10	120~200	≥ 8

注：1. 带有分类收集功能或环卫工人休息功能的收集站，应适当增加占地面积；
2. 与相邻建筑间隔自收集站外墙起计算。
资料来源：中华人民共和国住房和城乡建设部，《环境卫生设施设置标准》（CJJ 27—2012）.

3. 公共厕所

居住用地公共厕所平均设置密度按每平方公里规划建设 3 ~ 5 座选取，人口集中的地方可取高值，人口密度低的地方取低值。

公共设施用地公共厕所平均设置密度按每平方公里规划建设 4 ~ 11 座选取，人流密度大的区域取高限密度、下限间距，人流稀疏区域取低限密度、上限间距，商业金融业用地宜取高限密度、下限间距，其他公共设施用地宜取中、低限密度，中、上限间距[1]。

工业和仓储用地公共厕所平均设置密度按每平方公里规划建设 1 ~ 2 座选取。

若沿道路设置，公共厕所的设置间距应符合表 7–4 规定。

有公共活动区的村庄，每个村庄设置 1 座公共厕所。

表 7-4　公共厕所设置间距指标

设置位置	设置间距（米）
商业区周边道路	<400
生活区周边道路	400~600
其他区周边道路	600~1 200

资料来源：中华人民共和国住房和城乡建设部，《环境卫生设施设置标准》（CJJ 27—2012）.

商业街区、重要公共设施、重要交通客运设施、公共绿地及其他环境要求高的区域的公共厕所建筑标准不应低于一类标准，主次干道交通量较大的道路沿线的公

1. 戴慎志 . 城市工程系统规划［M］. 北京：中国建筑工业出版社，2008.

共厕所不应低于二类标准，其他街道及农村地区的公共厕所不应低于三类标准[1]。

独立式公共厕所与周围建筑物的距离不应小于5米，周围宜设置不小于3米宽绿化隔离带。

4. 环境卫生车辆停车场、修造厂[2]

乡镇环境卫生管理机构应根据需要建立环境卫生车辆停车场、修造厂，环境卫生车辆停车场和修造厂的规模由服务范围和停放车辆数量等因素确定。环境卫生车辆停车场用地可按每辆大型车辆占地面积50~150平方米计算，环境卫生车辆数量指标可采用2.5~5辆/万人。环境卫生的车辆、机具、船舶等修造厂的用地，根据生产规模确定。

5. 固体垃圾处理设施[2]

1）生活垃圾焚烧厂

生活垃圾焚烧厂宜位于城镇规划建成区边缘或以外，其综合用地指标采用50~200平方米/吨·天，并不应少于1公顷，其中绿化隔离带宽度不应少于10米，并沿周边设置。

2）生活垃圾堆肥厂

生活垃圾中生物可降解的有机物含量大于40%时，可设置生活垃圾堆肥厂。生活垃圾堆肥厂应位于城镇建成区以外，综合用地指标采用85~300平方米/吨·天，其中绿化隔离带宽度不应少于10米。

3）卫生填埋场

当乡镇垃圾没有焚烧、堆肥等处理条件时，可采用卫生填埋方式进行无害化处理。卫生填埋场距大、中城市规划建成区应大于5公里，距小城镇规划建成区应大于2公里，距居民点及人畜供水点应大于0.5公里，且四周宜设置宽度不少于10米的绿化隔离带。

4）建筑垃圾填埋场

建筑垃圾填埋场宜在城镇规划建成区外设置，应选择具有自然低洼地势的山坳，地质条件较为稳定、符合防洪要求、具备运输条件、土地及地下水利用价值低的地区，不得设置在水源保护区、地下蕴矿区及影响城镇安全的区域内，距农村居民点及人畜供水点不应小于0.5公里[3]。

---

1. 汤铭潭. 小城镇市政工程规划［M］. 北京：机械工业出版社，2010.
2. 戴慎志. 城市工程系统规划［M］. 北京：中国建筑工业出版社，2008.
3. 中华人民共和国住房和城乡建设部.《环境卫生设施设置标准》(CJJ 27—2012).

7.8.4 优化环境卫生体系，建设智慧环卫系统

乡镇环境卫生体系规划充分利用移动互联网、物联网等信息化手段，整合环卫监测设备，通过环卫终端配套设施、软件系统等基础设施建设，推动乡镇环境卫生各个主体、各项活动行为在网络化数字空间中合理、高效、有序地进行，实现环境卫生管理向条理化、精细化转变，进而能够快捷有效地处理各类常规及突发事件，从而提高生产作业数据监查督办和安全生产防范能力，实现提升环卫管理效率与作业质量，降低运营管理成本。应合理规划环卫收集、运输、处理流程及路线，优化环卫作业模式，促进垃圾分类、减量的执行落实，达到“可视、可控、可互动、可循环”的目标。

案例

扫码了解以下内容：
铁热木镇环卫工程规划图

新疆维吾尔自治区喀什地区岳普湖县铁热木镇环卫工程规划

根据规划内容和控制深度的不同，将环卫工程规划范围界定为两个层次：镇域范围为铁热木镇行政管辖全域，行政辖区总面积约 947 平方公里；镇区范围北至天衢路，南至 310 省道南侧沿线，东至东迎街，西至西纳街和马场路，规划面积 380 公顷。

1）镇域环卫工程规划

至规划期末实现垃圾分类收集，可回收垃圾全部进行回收利用，危险废物与生活垃圾无害化处理率达到 100%，粪便无害化处理率为 100%。

（1）垃圾量预测

采用人均指标法预测规划区生活垃圾产生量，人均垃圾产生量镇区取 1.0 千克／人·日，其他村庄取 0.80 千克／人·日。

（2）垃圾收运

建立完善覆盖城乡的“村收集—乡（镇）中转—县处理”环卫系统，加强固体废弃物的资源化利用，规划区生活垃圾收集后均运往岳普湖县垃圾处理场进行统一处理。

（3）危险废物与医疗垃圾

建立严格的危险废物管理制度，实现危险废物全部安全处理处置。对医疗废物严格实行集中处置，不能与生活垃圾混同处理，2030 年集中安全处置率达到 100%，不能够有任何未经过处理的医疗废物排放。

(4) 环境卫生设施规划

镇区规划新建垃圾转运站1处，位于镇区的东北角，其占地面积为0.32公顷；在每个行政村内建设1处有机垃圾堆肥厂，进行统一处理。

2) 镇区环卫工程规划

(1) 垃圾量预测

镇区垃圾转运站负责转运镇域垃圾，运至岳普湖县统一处理，依据《环境卫生设施设置标准》(CJJ 27—2012)，垃圾转运量按照下式计算：

$$Q = \delta nq/1\,000$$

式中 Q——转运站的日转运量（吨／天）；

n——服务区域的实际人数；镇域人口为3.3万人，镇区人口为1.80万人。

q——服务区域居民垃圾人均日产量（千克／人•天），按当地实际资料采用；无当地资料时，垃圾人均日产量可采用0.8～1.8千克／人•天；本规划镇区取值1.0，镇域其他范围取值0.8。

δ——垃圾产量变化系数。按当地实际资料采用，如无资料时，δ 值可采用1.30～1.40。本规划取值1.3。

即镇区垃圾转运量为39.00吨／天。

(2) 垃圾收运

城镇生活垃圾全部实行袋装收集，居民垃圾实行分类收集，对居民生活垃圾、商业垃圾、单位垃圾全部实行计量收费清运。

生活垃圾全部采用密闭垃圾转运站转运。

城镇特种垃圾无论是近期还是远期规划，都必须单独收集、清运和处理。

城镇建筑垃圾由环卫部门统一指定倾倒地点，其处置基本上按“谁产生谁负责清运”的原则，没有运力的，可以委托环卫部门有偿代运。

城镇粪便经化粪池处理后，污水全部进入城镇污水管网最终进入污水处理厂。

(3) 生活垃圾处理

全镇域垃圾处理统一由垃圾转运站运至岳普湖县垃圾处理厂进行处理。

(4) 环卫设施配置

①垃圾转运站

规划新建 1 处小型垃圾转运站，位于天衢路与东迎街交叉口西南侧，用地面积 0.32 公顷。

②垃圾收集点

垃圾收集点的位置应固定，标识清晰规范，镇区垃圾收集点服务半径不宜超过 100 米。

③环卫车辆

按照《环境卫生设施设置标准》(CJJ 27—2012)，并结合全镇实际情况采购环卫车辆，提高环卫机械化清扫率，改善环卫工人的工作条件。

规划结合市政管网建设以及河流环境改善，在城镇道路、河流两岸的适当地点建设洒水车取水点。部分取水点可与消防车取水点合建。

④公共厕所

镇区按照 400 ～ 500 米间距设置 1 处公共厕所，共设置 10 处，可结合沿街商业等公共服务设施或城镇公园、街头绿地设置。

⑤环卫工人作息场所

在露天、流动作业的环境卫生清扫、保洁工人工作区域内，必须设置工人作息场所。作息场所可单独设置或与其他环卫设施合建。按清扫保洁服务半径每 0.5 ～ 1.5 公里设置 1 处。

资料来源：山东建筑大学设计集团有限公司，《岳普湖县铁热木镇总体规划（2016—2030）研究报告》。

关键术语

新型基础设施建设、需水量、排水体制、污水排放系统、低影响开发、海绵城市、新能源、智能电网、移动通信基站、城镇生活垃圾无害化处理

思考题

1. 乡镇基础设施体系的构成包含哪些系统？各个系统的职能分别是什么？
2. 乡镇市政基础设施及其规划布局与城市市政基础设施存在哪些差异？
3. 乡镇需水量预测的主要类型和方法包括哪些？
4. 简述乡镇排水体制的类型以及如何选择排水体制。
5. 简述乡镇污水管道设置的要求。
6. 乡镇用气类型有哪些？用气量预测方法有哪些？
7. 乡镇热负荷有哪些类型？不同类型的预测方法是什么？
8. 乡镇通信量的构成是什么？不同类型需求量的预测方法是什么？
9. 简述乡镇环境卫生系统规划中固体废物的种类及产生量预测方法。
10. 简述生活垃圾收集和转运设施的布局要求。

参考文献

图书和期刊

[1] 陈山枝. 关于我国推进智慧城市的思考与建议：从我国社会经济发展及转型的视角［J］. 电信科学，2011，27（11）：1-5.
[2] 戴慎志. 城市工程系列规划（第3版）［M］. 北京：中国建筑工业出版社，2015.
[3] 党安荣，许剑，佟彪，等. 智慧城市发展的机遇和挑战［J］. 测绘科学，2014，39（8）：28-32.
[4] 高顺利，刘靖，刘蓉，等. 城市智能燃气网运营调度架构与优化方向［J］. 煤气与热力，2013，33（3）：33-36.
[5] 黄晓莉，李振杰，张韬，等. 新形势下能源发展需求与智能电网建设［J］. 中国电力，2017，50（9）：25-30.
[6] 李昊，王鹏. 新型智慧城市七大发展原则探讨［J］. 规划师，2017，33（5）：5-13.
[7] 刘兴昌. 市政工程规划［M］. 北京：中国建筑工业出版社，2006.
[8] 吕超群. 清洁能源供热［C］// 中国市政工程华北设计研究总院有限公司，《煤气与热力》杂志社有限公司，中国建设科技集团股份有限公司. 2022供热工程建设与高效运行研讨会论文集. 济南：山东建筑大学热能工程学院，2022：5.
[9] 盛广耀. 中国城乡基础设施与公共服务的差异和提升［J］. 区域经济评论，2020（4）：52-59.
[10] 宋夕洋. 智慧化特色小镇建设方案［J］. 建筑电气，2017，36（6）：44-47.
[11] 汤铭潭. 小城镇基础设施工程规划（上）［M］. 北京：中国建筑工业出版社，2007.
[12] 汤铭潭. 小城镇市政工程规划［M］. 北京：机械工业出版社，2010.
[13] 王世杰. 全面推进乡村振兴战略背景下对城乡供水一体化的思考［J］. 农业科技与信息，2023，（6）：137-140.
[14] 王忠民，刘大为. 北京市低碳供热挑战与对策［J］. 节能与环保，2023（4）：16-19.
[15] 武志军. 云栖小镇：打造智慧云生态［J］. 中国品牌，2017（8）：42-45.
[16] 徐岚，雷振东. 北方平原地区小城镇"海绵化"建设的基础和策略［J］. 小城镇建设，2016（5）：22-27.
[17] 杨凤茹，陈亮，张雅卓，等. 低影响开发雨水系统规划研究综述［J］. 水力发电学报，2021，40（6）：62-78.
[18] 羿翰霖. 中国海绵城市的研究现状与展望［J］. 居舍，2023（10）：162-165.
[19] 殷金兰. 新时期城乡燃气总体规划探讨：以南京市城乡燃气总体规划为例［C］// 中国城市规划学会. 多元与包容——2012中国城市规划年会论文集（07. 城市工程规划）. 昆明：云南出版社，2012：6.
[20] 于业芹. 智慧小镇建设：动因、要素与定位［J］. 荆楚学刊，2018，19（3）：31-35.
[21] 张智. 排水工程上册（第五版）［M］. 北京：中国建筑工业出版社，2015.
[22] 中国工程院. 应对气候变化对能源开发利用的影响研究［R］. 2014.
[23] 住房和城乡建设部等三部门联合发文统化全域推进海绵城市建设［J］. 低温建筑技术，2021，43（5）：14.
[24] 邹庆国. "双碳"目标下哈尔滨加快推进清洁能源供暖研究［J］. 学理论，2023（2）：84-86.

政策法规

[25] 中华人民共和国住房和城乡建设部 . 住房城乡建设部关于发布行业标准《环境卫生设施设置标准》的公告 [EB/OL] . (2012-12-24) [2024-08-15] .https: //www.mohurd.gov.cn/gongkai/zhengce/zhengcefilelib/201212/20121231_224445.html
[26] 中共中央，国务院 . 关于完整准确全面贯彻新发展理念做好碳达峰碳中和工作的意见 [EB/OL] . (2021-09-22) [2024-08-15] .https: //www.gov.cn/zhengce/2021-10/24/content_5644613.htm
[27] 国家发展改革委，国家能源局 . 关于促进新时代新能源高质量发展的实施方案 [EB/OL].(2022-05-14) [2024-08-15]. https: //www.gov.cn/zhengce/zhengceku/2022-05/30/content_5693013.htm
[28] 中华人民共和国国务院 .2030 年前碳达峰行动方案 [EB/OL] . (2021-10-24) [2024-08-15] .https: //www.gov.cn/gongbao/content/2021/content_5649731.htm
[29] 中共中央，国务院 . 关于加快建设全国统一大市场的意见 [EB/OL] . (2022-03-25) [2024-08-15] .https: //www.gov.cn/gongbao/content/2022/content_5687499.htm

第 8 章

乡镇域国土空间综合防灾规划

导语

本章为乡镇域国土空间综合防灾规划的相关内容，分为四个小节。第一小节是综合防灾的编制框架与逻辑结构，主要包括乡镇域国土空间综合防灾、乡镇域国土空间综合防灾的基本构成要素、乡镇域国土空间综合防灾的现状、乡镇域国土空间综合防灾的主要内容以及乡镇域国土空间综合防灾规划编制的相关内容。第二小节是乡镇域国土空间综合风险能力评估与规划目标，主要对防灾风险与防灾能力评估及其参考要素、评估的参考指标以及乡镇域国土空间综合防灾目标与指标体系进行阐述。第三小节是乡镇域国土空间综合防灾规划的主要内容，包括乡镇域国土空间综合防灾规划的主要内容、防灾空间安全格局、防灾减灾设施、防灾基层自治、防灾教育以及各灾害的防灾规划等内容。第四小节是乡镇域国土空间综合防灾规划的实施机制，包括政策支持、专项资金投入、防灾人员培训以及监督评估等四个方面。

8.1 综合防灾的编制框架与逻辑结构

本小节重点探讨乡镇域国土空间综合防灾的编制框架与逻辑结构。首先，阐述乡镇域国土空间综合防灾的重要性和特点，分析其基本构成要素。其次，介绍当前乡镇域国土空间综合防灾的现状。接着详细阐述乡镇域国土空间综合防灾的主要内容，包括风险评估、目标设定、规划对策和实施机制。最后，讨论综合防灾规划的编制方法和逻辑结构，强调不同尺度下防灾内容的衔接与统筹。

8.1.1　乡镇域国土空间综合防灾

新时代防灾要求与理念面临多重革新，一方面需要满足人民高品质生活的需求，另一方面传统的灾害风险管理方法在应对新型、复杂灾害时出现了一定的局限性。乡镇域国土空间综合防灾作为国土空间灾害风险管控和防灾空间管制的依据，是乡镇域国土空间规划必须包含的重点内容。同时，由于综合防灾具有全过程、多灾种、多手段的特点，规划中除了包含单独的综合防灾板块，同时应关联镇村体系、土地用途管制、用地布局、镇域交通等其他板块。

乡镇级区域作为基本的防灾单元，是综合防灾规划体系中最重要的环节，规划内容更侧重可操作性和落地性。乡镇空间自然条件、地理位置、经济和社会条件、治理能力水平以及防灾减灾资源配置与城市之间存在的固有差异，在综合防灾规划的编制过程中，必然要采取截然不同的技术方法。因此，在开展乡镇级综合防灾减灾工作时，需要进行差异化的防灾规划指导，未来可依托现有国土空间规划中的详细规划或村庄规划，统筹安排居民点布局，布设应急避难设施等，以保障各类防灾管控要素、防灾控制线的精准落地[1]。

8.1.2　乡镇域国土空间综合防灾的基本构成要素

乡镇域国土空间综合防灾规划需要考虑各种灾害的承灾体、致灾因子和孕灾环境，并在规划中做出相应的防灾安排。

承灾体：承灾体是指直接受到灾害影响和损害的人类聚居地及社会主体。乡镇域国土空间人口密度低、空间有机度高、居民社会关系紧密，因此总体承灾体脆弱性较低。其中，乡镇域人类居住的建成环境主要为建筑质量一般或较差的地面以上建筑，一般没有地下空间提供防灾功能，建筑的灾害脆弱性比较高。

致灾因子：致灾因子是自然或人为环境中，能够对人类生命、财产或各种活动产生不利影响，并达到造成灾害程序的罕见或极端的事件。乡镇域国土空间规划单元面积更大且更为复杂，因此防灾需要考虑的致灾因子更多。相同的致灾因子在乡镇域国土空间中的表现特性与城市空间不同，因此不能完全套用城市空间防灾规范和实践。某些致灾因子在城市中发生概率较高，但是在乡镇域国土空间的发生概率很低，反之亦然。因此乡镇域防灾在灾种上的规划重点与城市防灾有所区别。

1. 夏陈红，翟国方 . 国土空间规划体系下的综合防灾规划发展路径研究［J］. 上海城市规划，2023（2）：67-73.

孕灾环境： 孕灾环境是由大气圈、水圈、岩石圈（包括土壤和植被）、生物圈和人类社会圈所构成的综合地球表层环境。自然环境方面，由于城市大多经历选址，而部分乡镇不可避免地位于地形地貌险峻、水文地质条件恶劣的地区，因此乡镇域防灾需要更多防灾手段和关键技术。社会环境方面，一般而言，乡镇域人力资源和财力资源的投入与产出比相较于城市空间明显不足，因此乡镇域防灾的必要设施和生命线系统现状一般较为薄弱，同时乡镇域防灾规划更加需要考虑效益。

8.1.3 乡镇域国土空间综合防灾的现状

目前，我国的城市空间综合防灾体系架构和内容已较为完整，而乡镇域相关研究和实践则较为薄弱。经过研究和对比相关乡镇域国土空间实践文本，发现其中的综合防灾内容架构不统一、内容不翔实，大多数照搬了传统的城市综合防灾结构框架和规范内容，与乡镇域的实际现状需求不符。

与城市空间不同，乡镇域的空间范围较广阔、空间特征较多变、防灾工程基础较薄弱，因此应当在借鉴部分城市防灾规划构架和内容的基础上，采用更为合理的编制框架与逻辑结构，构建城乡防灾一体化，消除城乡防灾减灾二元化现象。

在总体观念上，要转变思维方式，从观念和体制上消除我国城乡二元体制的影响，加强法律法规建设，将农村防灾减灾救灾体系和能力建设纳入经济社会发展规划。加强农村防灾减灾救灾统筹和规划，健全防灾减灾救灾科技支撑体系，完善信息设施提档升级，以信息化推进农村防灾减灾救灾管理机制和能力建设。

在制度安排和减灾实践上，各级政府应倾斜性支持农村尤其是贫困地区的防灾减灾能力建设，提高抗旱防洪除涝能力，确保国家粮食安全。不仅要加强农村和贫困地区灾害监测预报预警能力建设，通过各种手段和措施，逐步解决灾害风险预警的“最后一公里”问题，而且还要提高设防能力，编制和实施以村屯为单位的防灾减灾救灾规划，并将其纳入村屯现代化建设的管理体系和布局中，对灾害隐患点的居住区采取避让搬迁，构建公共安全和应急管理保障体系，建立和加强农村专业化的防灾减灾救灾队伍，完善消防、医疗覆盖深度，多管齐下，组织力量从工程和非工程措施上努力提高农村地区防灾减灾救灾能力，开展综合减灾技术指导和服务[1]。

---

1. 孔锋．我国农村防灾减灾救灾体系和能力建设：意义、现状、挑战和对策［J］．中国减灾，2020（21）：10-13.

8.1.4　乡镇域国土空间综合防灾的主要内容

乡镇域国土空间综合防灾板块应包括以下主要内容：防灾风险与防灾能力评估、防灾目标与指标体系构建、防灾规划对策措施（包含说明文本、图纸）、防灾规划实施机制。

防灾风险与防灾能力评估：即结合乡镇现状，分析潜在风险、隐患和综合应对能力。

防灾目标与指标体系构建：即结合相关规范文件、地域特征，提出防灾目标，有能力的乡镇可以进一步构建防灾指标体系，定量引导或约束镇域防灾相关工程建设。

防灾规划对策措施：是板块中最重要的内容。由于镇区内外的防灾特征和原理的差异较大，一般从镇区与镇域两个尺度考虑。在镇区尺度下，镇区空间与城市空间较为类似，防灾内容包括了镇区防洪、镇区抗震、镇区消防、镇区人防、镇区防疫、镇区综合救灾等内容。在镇域尺度下，防灾内容有所不同。除了镇域防洪、镇域抗震、镇域消防、镇域防疫、镇区综合救灾之外，还可能包括各类气象灾害防治和特殊防灾工程规划的相关内容。各项内容应从更为宏观性、区域性的防灾视角统筹规划，同时针对地域性较强的灾种要有的放矢，甚至可以单独编制相关规划和制定工程性对策。

防灾规划实施机制：是有效确保防灾规划转化为实际行动的关键环节。只有通过合理有效的实施机制，乡镇的综合防灾规划才能真正落到实处，乡镇防灾减灾能力才能得到有效提升。

8.1.5　乡镇域国土空间综合防灾规划编制

乡镇域国土空间综合防灾板块的逻辑结构应该明确其系统，包括风险评估、目标设定、规划内容和实施机制等多个层面。

首先，通过风险评估确定乡镇面临的主要灾害类型和潜在威胁，并在此基础上设定防灾目标和指标。其次，规划内容具体明确乡镇应采取的防灾减灾措施，包括分灾种的具体策略和社区防灾教育等。最后，实施机制的设计应确保防灾规划能够有效落地，包括制定明确的政策支持、资金投入、人员培训和监督评估等环节。整个逻辑结构确保了防灾措施既符合乡镇实际情况，又能动态适应未来风险变化，从而建立一个全面、高效的乡镇域国土空间综合防灾体系。

防灾规划基本内容中，一般按镇域尺度和镇区尺度分别编制。镇域综合防灾规划应隶属于镇域空间规划中的一个章节，而镇区综合防灾规划应单独成章。此时要注意在不同尺度下的同灾种间、各灾种间、各灾种与综合救灾间的衔接和协调。如果镇域尺度和镇区尺度的防灾内容较为相似，比如镇区空间占镇域比例较大或者镇域防灾风险和防灾能力状况本身较好，也可以合并编制。

8.2 综合风险能力评估与规划目标

乡镇域国土空间综合风险能力评估与规划目标是制定有效防灾策略的关键基础。本小节包括防灾风险与防灾能力评估的方法、参考要素和指标，以及如何制定具体的防灾目标与指标体系。通过案例分析和系统化的评估框架，为乡镇级国土空间规划提供了全面的防灾视角，有助于提升区域整体的防灾减灾能力，为乡镇的可持续发展和居民安全提供保障。

8.2.1 防灾风险与防灾能力评估

乡镇国土空间防灾的基础且关键的一步是对灾害风险和防御灾害能力的客观评估。防灾风险与防灾能力评估就是结合乡镇发展实际，对乡镇历史灾害的数据和情况进行分析，研判生态保护、资源利用、自然灾害、水安全、地质灾害等潜在风险和隐患，明确综合减灾能力的评估结果。在多灾种叠加分析的基础上，划分综合防灾能力等级，并明确重点防治区域。

案例

浙江省嘉兴市嘉善县乡镇防灾风险与防灾能力评估

扫码了解以下内容：
嘉善县各乡镇综合减灾能力评估图（评估单元：乡镇）

嘉善县组织开展了历史灾害、综合隐患、综合风险、减灾能力、综合风险和防治区划方面的风险评价、防控管控工作。历史灾害评估工作旨在摸清1949年以来全县重大自然灾害事件的发生情况，以及1978年以来全县年度自然灾害损失时空分布情况。基于长时序对全县历史灾害调查数据，形成全县历史灾害评估分析结果。

致灾隐患综合评估工作通过分析地震、洪水、台风风灾、森林火灾 4 类致灾因子的危险性，获得评估区域重点、一般、轻微 3 个等级的多致灾因子自然强度等级以及不同的致灾类型组合结果；自然灾害承灾体隐患综合评估通过分析统计房屋建筑、市政设施、水利设施以及矿山设施等承灾体隐患调查数据，获得评估区域高、中高、中、中低、低 5 个等级的承灾体综合隐患等级结果以及不同的隐患类型组合结果。

综合风险和防治区划工作可以判断自然灾害综合风险评估单元中承灾体在多灾种影响下的潜在损失量相对高低。按照参与评估单元数量的 0%～5%、5%～25%、25%～75%、75%～95%、95%～100% 分别划分出高风险、中高风险、中风险、中低风险、低风险 5 个等级。自然灾害综合风险区划工作主要是根据自然灾害综合风险区划将全县划定为高、中高、中、中低、低 5 个等级的自然灾害综合风险区，了解全县高综合风险区；自然灾害防治区划主要是将全县划定为一级、二级、三级和四级自然灾害综合防治区，了解全县自然灾害重点防治区。

嘉善县综合减灾能力等级较强、中等、较弱、弱的乡镇数分别为 4（占比 44.44%），2（占比 22.22%），2（占比 22.22%），1（占比 11.11%）。嘉善县综合减灾能力相对薄弱的乡镇主要分布在西南部和中部。综合减灾能力较弱的大云镇主要是乡镇减灾能力较弱，魏塘街道主要是乡镇减灾和社区减灾能力均较弱，综合减灾能力为弱的罗星街道主要是乡镇减灾能力较弱，社区减灾能力弱。

资料来源：嘉善县应急管理局、同济大学，《嘉善县城市安全和应急防灾体系专项规划（2023—2035）》。

8.2.2 防灾风险与防灾能力评估的参考要素

防灾风险与防灾能力评估的参考要素可以分为四大类，即致灾空间、承灾空间、防护空间和应急空间，其中包含的具体要素如表 8-1 所示。

表 8-1　防灾风险与防灾能力评估的参考要素

空间要素	具体要素识别
致灾空间	地震断裂带； 滑坡灾害点、崩塌灾害点、泥石流灾害点、地面塌陷灾害点、地裂缝； 土地资源破坏及地形地貌景观破坏区、含水层破坏区、采空塌陷区、采场、固体废弃物、积水塌陷坑、易发生地表错位的点位、发育不稳定斜坡； 河流、水库、山洪沟、易涝点、危险品油库、化工厂、易燃易爆工厂仓库、供气厂、储气站、加油站、燃气门站、危险品运输通道
承灾空间	地表径流、滨水缓冲区、雨洪淹没区、低洼积水空间； 地质灾害影响范围； 以危险源为中心、灾害影响距离为半径的周边空间
防护空间	防护林； 行洪区：行洪通道（河流、冲沟）、水库、低林地、草地、农田、坑塘湿地、洼地、河湖水系、截洪沟、防洪堤坝； 镇区排水系统、广场、绿地、景观水体； 安全隔离带（城市高压走廊绿带、防护林带、卫生隔离带、滨水空间、大型道路）、生态调节空间（生态保护区、郊野公园、大型绿地、水体空间等）、森林和草原防火隔离区
应急空间	救灾指挥体系：救灾指挥中心、救灾物资储备库、应急医疗机构、急救医疗设施； 生命线系统：防灾通道（救灾道路、疏散道路）、应急供水、应急供电、应急通信等生命线系统空间
	紧急避难疏散场所：规模较小的公园、花园、广场、专业绿地； 固定避难疏散场所：规模较大的公园、广场、体育场馆、大型停车场、空地、绿化隔离带以及抗震等级高的公共设施、专业防灾据点； 中心避难疏散场所； 应急医疗机构、急救医疗设施

资料来源：作者自绘

8.2.3　防灾风险与防灾能力评估的参考指标

在乡镇域国土空间综合防灾的规划中，细化和系统化的风险与能力评估是至关重要的步骤，其中供参考的具体指标如表 8-2 所示。

表 8-2　防灾风险与防灾能力评估的参考指标

准则层	指标层
致灾空间	地震动峰值加速度 距活动断层距离 地质灾害易发性 灾害点密度 多年平均降雨量 历史洪涝灾害情况 火灾隐患点密度 危险源分布密度 危险源危险性

续表

准则层	指标层
承灾空间	人口密度 建筑质量 / 建筑地震安全性评价 距河流水域距离 海拔高度 地形起伏度 建筑物耐火等级
防护空间	防护林覆盖率 行洪通道畅通性 排水管网建设密度 公园绿地覆盖率 河流水域分布密度 道路密度
应急空间	生命线建设密度 避难疏散场所可达性 救灾体系完备性 消防站点覆盖率 消防栓密度

资料来源：作者自绘

8.2.4　乡镇域国土空间综合防灾目标与指标体系

在乡镇域国土空间综合防灾规划中，设定清晰具体的防灾目标和指标体系对于提升防灾管理效率和有效性至关重要，其中供参考的具体目标如下表所示。

表 8-3　防灾目标与指标体系示例

序号	指标类型	指标名称	指标值（示例）	指标性质
1	灾前预防能力	应急预案制定与修订	每年一次	约束性
2	灾前预防能力	灾害预警信息发布公众覆盖率	>95%	预期性
3	灾前预防能力	人均避难场所面积	>2 平方米	约束性
4	灾前预防能力	灾害点位智能监测覆盖率	>80%	预期性
5	灾前预防能力	灾害信息发布公众覆盖率	>90%	预期性
6	灾前预防能力	建构筑物符合地震设防标准的比例	每年提升 5%~10%	预期性
7	灾前预防能力	建构筑物符合防洪标准的比例	每年提升 5%~10%	预期性
8	灾前预防能力	建构筑物配备灭火装置的比例	100%	预期性
9	灾中应急能力	应急预案演练率	100%	约束性
10	灾中应急能力	专业应急救援人员占常住人口比例	>1%	预期性

续表

序号	指标类型	指标名称	指标值（示例）	指标性质
11	灾中应急能力	乡镇综合行政执法装备达标率	100%	预期性
12	灾中应急能力	社会公众应急知识普及率	>80%	预期性
13	灾中应急能力	在校学生应急知识普及率	100%	预期性

资料来源：作者自绘

8.3 综合防灾规划的主要内容

本小节详细阐述了乡镇域国土空间综合防灾规划的核心要素和主要内容。重点包括防灾空间安全格局、防灾减灾设施、防灾基层自治、防灾教育等方面。同时，针对地震、暴雨洪涝、火灾、人民防空、地质灾害、公共卫生等具体灾害类型，提出了相应的规划标准、原则和措施。本节内容全面涵盖了乡镇域防灾规划的各个方面，为制定科学、有效的防灾减灾策略提供系统性指导。

8.3.1 乡镇域国土空间综合防灾规划的主要内容

在乡镇域国土空间综合防灾规划中，规划的主要内容应全面覆盖灾害的预防、应对和恢复各个方面。由于乡镇域与城市的空间特征不同，应首先明确乡镇域国土空间综合防灾规划的主要内容及其与城市防灾的相似、不同之处。

表 8-4 乡镇域国土空间综合防灾规划的主要内容板块

	防灾规划涉及内容	城市	镇区	镇域	乡镇域国土空间综合防灾
1	防灾空间安全格局	▲	▲	▲	有，与城市防灾不同的重点内容
2	防灾减灾设施	▲	▲	▲	有，与城市防灾相似的重点内容
3	防灾自治教育	△	△	▲	有，与城镇防灾相似的重点内容
4	地震	▲	▲	▲	有，与城市防灾相似的重点内容
5	暴雨洪涝	▲	▲	▲	有，与城市防灾相似的重点内容
6	火灾	▲	▲	▲	有，与城市防灾不同的内容
7	人民防空	▲	▲	×	有，与城市防灾相似的内容
8	地质灾害（除地震）	×	△	▲	有，与城市防灾不同的重点内容

续表

	防灾规划涉及内容	城市	镇区	镇域	乡镇域国土空间综合防灾
9	气象灾害（除暴雨）	△	△	▲	一般不涉及，或列为特殊工程
10	公共卫生	△	△	×	有，与城市防灾不同的内容
11	重大危险源	△	△	△	有，与城市防灾相似的内容
12	生物灾害	×	×	△	一般不涉及，或列为特殊工程

（▲为防灾重点必要项，△为防灾必要项，× 为防灾一般不包含项）
资料来源：作者自绘

乡镇级国土空间综合防灾规划是对县级国土空间综合防灾规划相关内容的深化和落实，采用编制规划篇章或编写关联内容方式进行编制，主要内容有：①将综合防灾规划要求融入乡镇级国土空间规划目标和指标体系；②落实上位规划的防灾标准，制定有针对性的防灾对策，进行综合防灾布局；③落实本乡镇的重大危险源、蓄滞洪区、地质灾害防护隔离带等防灾空间的位置和范围，确定需要保护和搬迁的村庄，制定具体管控措施和行动计划；④规划布局本乡镇的避难空间、防灾工程设施、应急保障基础设施和应急服务设施等[1]。

8.3.2　防灾空间安全格局

防灾空间安全格局是基于区域特定的地理、社会经济和环境条件，通过科学的规划方法和规划策略对区域空间内的防灾结构、防灾功能和关键设施等进行规划设计和布局，最大程度减轻灾害风险影响，合理配置防灾相关资源，保护人民生命财产安全和社会稳定。其中应包含以下三个核心组成部分。

1. 防灾分区的总体架构

明确乡镇域防灾空间的点、线、面关键组成部分，形成防灾核心、防灾片区、防灾关键点位和防灾关键通道等防灾要素的综合防灾减灾空间格局，对乡镇域和中心镇区分别设计总体架构，并绘制防灾体系框架图。

在综合防灾减灾体系建设过程中，应注重内部挖潜、资源整合，重点提升乡村地区与镇区的韧性协同能力。应急资源方面，注重信息共享、保障互联；基础建设方面，注重平战结合、平灾结合；源头防控方面，注重分级管控、隐患排查。基层建设方面，注重规模适宜、边界清晰，全力打造具有安全感的韧性乡镇域国土空间。

1. 戴慎志，刘婷婷，高晓昱，等．国土空间防灾减灾规划编制体系与实施机制［J］．城市规划学刊，2023（1）：48-53.

2. 防灾减灾分类分区及规划指引

依据乡镇域空间的行政管理、结构形态、功能布局和灾害影响特征等因素，综合考虑将乡镇域空间划分为多块功能防灾区，并根据其建成特点、主导功能和灾害风险特征，提出差异化的规划指引。规划指引要简明扼要地陈述该防灾分区的主要灾种、防灾减灾设施配置、综合保障细则和重点灾害防控的差异化措施等。

3 乡镇域社区防灾圈构建

社区生活圈是日常活动的空间范畴，是居民可以共同享用的配套服务基本单元，也是邻里之间可以互动交往的社区场所。防灾安全格局应明确镇区 15 分钟社区生活圈的分布，同时明确社区防灾圈配置（主要包含避难场所、救援疏散通道、防灾设施三项组成要素）。

案例

浙江省嘉兴市嘉善县综合防灾减灾空间布局

扫码了解以下内容：
嘉善县县域防灾体系框架图

嘉善县中心城区的综合防灾减灾空间布局由点、线、面三部分组成，主要防灾空间包括缓冲区，消防站及指挥中心、应急避难场所、疏散通道等。本规划以防灾分区为面；以综合防灾指挥中心、高等级避难场所为核心；以救援疏散干道为轴，基于防灾分区、防御设施、应急服务设施布局构建“一核一心四片、多点互通、多线串联”的灾害防御与避难救援相结合的综合防灾减灾空间格局。本规划依据嘉善县的行政管理、结构形态、功能布局、灾害影响特征等因素，综合考虑将嘉善县中心城区划分为四块功能防灾区，即魏塘防灾功能区、惠民防灾功能区、大云防灾功能区以及罗星防灾功能区。

资料来源：嘉善县应急管理局、同济大学，《嘉善县城市安全和应急防灾体系专项规划（2023—2035）》。

8.3.3 防灾减灾设施

在乡镇域国土空间综合防灾规划中，防灾减灾设施的设置是实现有效灾害管理和应急响应的关键。防灾减灾设施一般可以分为灾害防御设施、应急服务设施和应急保障设施三个类型。

1. 灾害防御设施

灾害防御设施主要目的是减轻自然灾害对人民生命财产和基础设施的直接影响。灾害防御设施规划就是针对不同的灾害，提出防灾目标、防灾指标和规划措施（安全布局、设施点布局及设防标准等）。

2. 应急服务设施

应急服务设施提供必要的支持和服务，以应对灾害发生时的紧急需求，主要包含监控预警、避难场所、疏散交通、医疗救治和物资储备五个方面。每个方面应包含现状分析、规划目标、规划措施和建设指引，对于设施布局点位能够确定的内容，应附应急服务设施分布图。

监控预警：监控预警方面的应急服务设施是指根据灾害的种类和特点，对灾害的危险性、危害性特征要素进行长期或定期监测，以及汇集、储存、分析、传输有关突发事件的信息，分析预测灾害可能发生、发展和危害的可能性和趋势，并依此对可能受到危害的相关地区发出预警信息和警报的监测设备、设施、信息系统等。应指出规划区域的监测预警能力的大小和可提升方面，并针对防洪防汛防涝、地震、管线等方面的监测预警展开规划策略。

避难场所：即避难疏散空间，包括避难疏散场地和避难疏散通道，在地震、洪涝、火灾和战乱等灾难下提供必要的防灾空间，同时，避难场所要充分考虑弱势群体的特殊需求。避难疏散空间在镇区与城市地区类似，涉及空间选址、空间覆盖范围和工程规模细节等传统内容。在建成区内，避难疏散场地包括公园、广场、运动场以及学校的操场等。避难场（地）要求为：疏散半径 300～500 米，人均疏散面积 2～4 平方米，疏散场地结合规划在各片区统筹安排。避难疏散通道主要考虑避震性，原则上应保证疏散、救护便捷安全，保障通向外围镇域的主要道路畅通无阻。规划镇区主干道通道两侧的建筑物应按震时有 7～10 米的道路宽度计算其倒塌堆积宽。避难疏散空间在镇域尺度下一般作为临时避灾空间，一般只考虑空间选址，重点在该空间的安全性和可达性。如遇到较为严重的灾害，避难的居民需要后续转移到镇区或城市，以得到更好的人力和物质资源救助，因此要额外考虑其地理条件和交通条件。

疏散交通：即疏散救援通道系统，规划应明确系统各个层级通道的具体道路、疏散地域的具体基地点位。一般而言，道路疏散系统主要依托公路和城市道路为救援通道，形成救灾干道、疏散干道、疏散次干道三级系统。

医疗救治：应明确医疗救援点、应急救援队伍和应急救援设备三个方面的内容。医疗救援点规划要在考虑镇域尺度的覆盖范围和服务网络的前提下，明确医院和小型医疗救助点的规模和地理位置。其中医院、乡镇卫生院是抗震救灾中主要的救护医院，应修建地下设施，防止医疗器械和药品被毁，应有自备电源和蓄水池，应储备防疫药品和器材。应急救援队伍应明确专职消防队、森林专业扑火队、森林半专业扑火队、乡镇综合应急救援队、村（社区）综合应急救援队，其他专业化应急救援队伍的规划数量、救援范围和职责，评估现状应急能力并定期组织培训和演练活动。应急救援设备包括抗汛抢险类、抗震抢险类和综合救援类装备，应明确各类发电装备、通信设备、交通工具等数量和老旧程度，定期检查评估应急能力。

物资储备：包括生活类物资、救援类物资等，规划应对物资储备库的数量、有效库容、现存各种类物资库存予以明确。食品、饮用水等易过期变质生活类物资应与乡镇厂商协议代储。

3. 应急保障设施规划

乡镇域应急保障设施规划的主要内容为乡镇域生命线系统，包括供水、供电、通信等。针对不同保障对象，应给予分类，明确各个保障对象在供水、供电和通信方面的最低应急功能保障级别。对于重要保障对象应切实加强防护。

乡镇域镇区与城市地区类似，在条件允许的条件下，生命线系统一律采取高标准设防，同时逐步地下化。对于重要建筑要提高防灾标准，进行重点防灾处理。要预留备用设施冗余，在保证镇区生命线系统在发生设施部分损毁时，仍有一定的服务能力。这些设施备用率应高于平时生命线系统的故障率。

案例

上海市崇明区城桥城镇圈综合防灾协同规划

扫码了解以下内容：
崇明区城桥城镇圈（堡镇片区）给水、排水、环卫、防灾规划图

堡镇片区国土空间总体规划编制范围总面积 221.97 平方公里，其中堡镇、港沿镇、竖新镇三镇行政管辖范围 203.12 平方公里，区内镇外面积 18.85 平方公里。三镇联合编制协同规划，有助于防灾资源的合理分配，具备经济性与科学性。

规划竖新镇新增一级消防站 1 处，并保留堡镇现状消防站。片区内应急避难场地人均不低于 3 平方米。规划结合镇级及社区及公园设置应急避难场所，结合镇政府及医疗卫生设施设置应急指挥中心及民防救护站。规划城市防洪（海塘）标准以崇明主海塘按 200 年一遇标准设防，即 200 年一遇高潮位与

资料来源：上海市规划和自然资源局，《崇明区城桥城镇圈（堡镇片区）协同规划（2021—2035）研究报告》。

12 级风（不低于同频风）。规划除涝标准采用 20 年一遇治涝标准，即按 20 年一遇最大 24 小时面雨量，1963 年 9 月设计暴雨雨型及相应同步潮型，确保镇域 24 小时排除，不受涝。

8.3.4　防灾基层自治

1. 基层自治的重要性和可行性

防灾基层自治是指在乡镇域防灾工作中将自治理念和基层体系植入防灾工程、防灾预案、防灾宣传等，最终提升乡镇域基层的应急能力，筑牢防灾减灾的人民防线。乡镇域国土空间面积大、人口密度小，而防灾资源相对稀少，这些因素都大大增加了灾害发生的不可预知性和严重性。仅仅通过政府主管部门和工程设施自上而下地指导防灾工作，在乡镇域地区难度较大。故防灾基层自治在乡镇域地区具有重要性。

防灾基层自治在我国乡镇域地区具有可行性。乡镇域社会的重要组织是村民委员会，即一个群众自治组织。当前应将防灾职责工作从村民委员会、党组织等进一步向群众拓展，逐步形成高可持续性的基层组织体系，并在基层防灾的应急预警、自救服务、恢复重建和宣传引导等方面的工作中发挥作用。防灾基层自治可以显著提升乡镇域地区的防灾韧性。

2. 基层组织机制

建立基层组织机制，首要是加快组建以基层党组织成员、村（居）民委员会成员、社区专职工作人员为骨干，乡镇（街道）派驻人员、志愿者等组成的应急管理组织机制和工作队伍。同时，基层组织应向下延伸到每一个群众，确保防灾组织和防灾信息传递不遗漏一户一人。

3. 基层应急预警机制

乡镇域的常见地质灾害一般具有前兆性，如短时强降雨、长时段降雨或地震导致的地质松动现象和堰塞湖，以及因上述情况引发的泥石流、滑坡、洪水。地震、汛情发生后，基层应急预警机制应立即启动，灾情严重的地方根据需要实施 24 小时值班值守制度。基层组织之间的信息沟通应定期更新，通过社交媒体群组、电话等及时发布防灾相关信息，这些信息既包括自上而下的官方信息，也应包括基于每一个体所见所闻的、可能成为的自下而上的关键信息。对于一些偏远地区、或因自身原因无法有效使用智能设备的群众，应设置专员保证其接收到防灾避灾关键信息。乡镇域的其他灾害一般也可以提前应急预警部署，如公共卫生事件、火灾、病虫灾害等。

4. 基层自救互救服务机制

乡镇域的常见灾害一般具有突发性，如地震和泥石流等地质灾害、洪水、火灾等，不管能否预测，灾害开始发生的那一刻就是迅速且危险的。灾害发生后，由于乡镇域的特性，救灾主体力量无法第一时间覆盖所有受灾地区，特别是边远地区，救灾主体力量进入并真正开始救援可能需要 12 小时甚至更长，此时基层自救服务机制应作为救灾初期的核心力量。

自救互救服务主要包括防灾知识教育和自救组织建设两个方面。防灾知识教育是防灾教育的重要内容，自救组织则是指在灾后第一时间开始发挥作用的基层自救小团体，应在灾前确定其组织关系，并完善联系人制度。灾害发生后，以联系人及其负责的团体展开自救互救、避难协调、物资清点和信息传递等工作。

案例

防空防灾一体化的人口疏散体系建设探讨

疏散地域的合理配置是人口疏散体系建设中的最后一环。疏散地域的功能是安置疏散人员，以有效躲避战争和突发事件为目的，故应具备基本的配套设施，以解决防空防灾疏散人口临时生活。疏散地域的合理配置要做好城乡挂钩，市区所属疏散单位、街道、社区要分别到被安置乡镇、村、屯实地考察，了解情况，共同制定安置方案。疏散地域按平均每人 5 平方米，每人每日 1 千瓦 · 时，30 天的供应量储备。疏散地域至疏散地域所在乡镇的道路应按三级以上公路标准规划修建，并配备迂回疏散道路。乡镇应建有医疗站，床位按照 1%~2% 标准设置。疏散地域建设经费由疏散地域所在市、县、乡镇人民政府、建设单位、疏散单位和社会共同承担。同时，要标绘准确、细致、全面的人口疏散图。图纸标注内容要全面、细致、准确、清晰，并根据发展变化和防空防灾特点定期修改，不断完善。其主要内容可能包括：各级指挥所、观察哨、调整哨；疏散单位、人数、地域；疏散路线、主要车站、码头、饮食、中转、医疗救护站；车船等运输能力保障情况等。

资料来源：吕芳 . 西部农村社区减灾 : 问题与成因：以震后五个重点村为例 [J] . 中国农村经济 ,2010(8):88-96.

8.3.5　防灾教育

防灾教育直接关系着乡镇域防灾工作的实际效能。在乡镇域地区中，由于防灾基层自治的普遍需求，在实际防灾减灾救灾的工作中，居民个体是主要的参与对象。防灾教育主要包括了防灾知识教育、防灾体验共感和居民防灾观念树立三个层级，这三个层级层层递进，体现了韧性理念下防灾教育的实用性和有效性。

1. 防灾知识教育

防灾知识教育是防灾教育的基础内容，通常通过纸质教材、传单、小型宣传点和讲座等形式进行，是单向的防灾教育手段。这种知识传导不需要太多人力物力且易于普及，一直是我国乡镇域防灾教育的核心内容。但是这种教育手段需要克服以下三大难题。

1）知识转化的困难性

一般而言，将知识转化为逃生、自救的本能和技巧是困难的，特别是乡镇域居民，其接受转化知识的能力本身与城市居民相较更差。知识教育应当考虑当地居民的可接受程度，重点人群特殊化处理，防灾知识的提炼和表达方式应进一步考虑和研究。

2）防灾知识的更新性

一般而言，通过纸质教材和讲座进行宣传的防灾知识是广泛适用的、经过验证的，是结合经验和专业知识的产物，而经验和知识是不断发展和更新的，且灾害的发生和强度是不可确定的。因此，防灾知识应当与时俱进，不断更新，特别是纸质教材或传单，应定期更新修正，传递最新的防灾动态和防灾理念实践。

3）防灾知识的遗忘性

遗忘是人类记忆的客观规律，作为关系生命与财产安全的防灾知识，需要定期进行有意识的引导回顾。一方面应定期开设小型宣传点、讲座，另一方面对于纸质教材或传单，要定期发放以强化居民防灾知识。

2. 防灾体验共感

防灾体验共感是防灾教育的进阶内容，通常通过如避难训练、纪念仪式、灾害地或博物馆参观等互动形式进行。防灾体验共感提升了居民在防灾教育中的主体性，使居民开始主动走进防灾。这种体验共感虽然需要投入更多的人力物力，但是对于防灾知识的转化和记忆有显著效益。

3. 防灾观念树立

防灾观念树立是基于公众参与防灾规划的防灾再教育，最终以实现可持续的、自发的全民防灾观的防灾教育手段，是防灾教育的终极目标。过程中的公众参与包括了防灾规划编制中的居民会议、方案公示宣传等，并与知识教育、体验共感的居民参与部分相结合。

一般而言，虽然防灾教育的主体是全体居民，但居民本身仍处于以个体和单个家庭为单元接受防灾教育的状态。通过公众参与防灾规划的手段，一方面能够让防灾规划更贴近居民的实际需求和能力；另一方面，居民对社区团体、政府防灾相关部门的理解与关心程度得到提升，居民对防灾理念知识的熟悉程度、对防灾工程的接受程度、对防灾规划的认可程度也能得到显著的提升，最终实现居民中树立人人为我，我为人人的全民防灾观终极目标。

案例

日本的线上防灾知识教育经验

2011 年东日本大地震，给日本灾区造成了巨大破坏和大量伤亡。2012 年 1 月 17 日，以京都大学名誉教授林春男为首的 13 名日本全国著名的防灾专家作为召集人，召开了“有效防灾培训与防灾启发倡导会议”，该会议制定了《The Great Japan ShakeOut 认证标准（Ver2.6）》，规定参加和准备演练的 4 个程序。第一是预先注册。主动确定参训，通过主页等以个人身份注册参加，或通过社区自治会、学校、事业单位等组织进行参会人员登记。第二，预先学习。包括提高参加演练的意识，主动使用主页上的关于灾害模拟和应对方法进行事前学习，参加社区训练讲座。第三，训练开始。根据规定，在学校、工作单位或住宅等当时所在的地方参加培训。演练以组织者规定的信号实施。确保安全采取“1 蹲下—2 保护头—3 抓牢”的规范行动并同时进行个性化训练。第四，回顾总结。主办方使用脸书和推特等发布参加情况，并编写演练的实施报告。2022 年有 6 328 560 人参加“The Great Japan ShakeOut”（日本大摇晃）地震演练，占日本人口 1.25 亿人的 5.1%；2023 年有 3 418 148 人，已经完成了千万人次参加的目标。

NTT DOCOMO 地震防灾演练应用程序，是结合该地震演练的模拟地震应用程序，让手机用户参与地震防灾训练。这个应用程序是在“有效防灾演练和防灾启发倡导会议”的协助下开发的。各地政府也可以使用该应用程序进行防灾演练。在应用程序上登记演练的日期和时间，到了登记的演练日期和时间，紧急地震速报的专用蜂鸣器声就会响起。手机用户听到蜂鸣器的声音，就立刻进行疏散避难的演练或演习。

资料来源：顾林生，杨大千，刘玉珍．日本地震烈度预警演练机制综述及对我国的启示［J］．中国应急救援，2024(1):9-18.

8.3.6　地震

防震规划的内容包括确定防震标准和防震原则，分析防震现状，提出防震规划和相关措施，同时涵盖次生灾害防治的内容。

1. 防震标准

根据《中国地震烈度区划图（1990）》《中国地震动参数区划图》（GB 18306—2015）等确定镇域设防标准，其中特殊工程和重大特大工程项目要按国务院《地震安全性评价管理条例》，由有资格的防震减灾行政主管部门对工程建设场地进行地震安全性评价。对有特殊要求的建筑物和构筑物应执行相应抗震规范。

新建工程必须按《建筑抗震设计标准》（GB/T 50011—2010）进行抗震设计和建设。农村地区新建工程应符合地方性抗震技术标准，如山东省《农村房屋建筑抗震技术标准》（DB37/T 5091—2017）。

2. 防震原则

根据相关规范和地域特征制定防震原则。

3. 防震现状

对当地的地震地理特征和防震工程现状进行基础摸排，明确规划范围内各个建筑的建筑质量，绘制现状分布图或制作建筑质量现状表，分级分类管控。

4. 防震规划与措施

主要明确建筑加固、疏散场地、疏散通道、应急中心等空间布局和规模，并落实到防灾专项图则。

对建筑质量中等的建筑进行整治修缮加固，对建筑质量差的建筑进行拆除重建，明确规划建设时间表。

国道和村内车行道是避震疏散及物资调配的主要通道，应在道路交叉口处设置明显的指示标志，并保证主要道路通畅。作为避震疏散的场地，要提高工程设施的抗震能力，并预防次生灾害造成的危害和影响。

5. 次生灾害防治

地震容易引起次生灾害，主要表现为地质灾害、火灾、水灾和瘟疫，因此应结合防洪规划、消防规划和综合应急保障规划综合考虑。

案例

辽宁省盘锦市大洼区唐家镇抗震工程指导思想

相关规划研究针对地震灾害，提出新建、改扩建工程应在全过程严格按照设防标准进行。重大建设工程、生命线工程和可能发生严重次生灾害的建设工程，需进行地震安全性评价，根据安全性评价的结果，加强抗震建设。

预防次生灾害的发生，对易产生爆、燃、毒、污染等次生灾害的工程，在新建时要与人口密集的镇区保持一定距离，并保证其便利的交通联系。原有的易产生次生灾害的工程逐步迁至远离住宅区的地点，切实做好抗震防灾工作。

建立点、线、面三者相结合的抗震救灾体系，逐步完善道路、绿地、广场相互联络的救灾系统，以保证地震时人口的疏散、避难、救护，人均疏散面积不少于2.0平方米/人。利用规划的滨河绿带、公园和外环路外侧作为防震避难场所。

资料来源：辽宁省城乡建设规划设计院有限责任公司，《盘锦市大洼区唐家镇国土空间总体规划（2021—2035）研究报告》。

8.3.7 暴雨洪涝

防洪排涝的规划内容包括确定防洪排涝标准、原则，分析防洪排涝现状，针对性提出工程治理措施和非工程治理措施。

1. 防洪排涝标准

根据《中华人民共和国防洪法》（2017修订）、《防洪标准》（GB 50201—2014）、《堤防工程设计规范》（GB 50286—2013）、国家及地方水利行业其他有关规程规范制定防洪标准。其中必须明确镇区和主要河流的洪水设防频率。

2. 防洪排涝原则

根据相关规范和地域特征制定防洪排涝原则。

3. 防洪排涝现状

要对当地的水文特征和防洪排涝现状进行基础摸排。在镇域尺度下应列出主要河流和水库，并分别明确其防洪标准、流域面积、河道比、河道断面底宽、上开口、堤坝高程、水工建筑物、涵洞等。

4. 工程治理措施

规划对河流要进行综合治理，按标准修筑堤防，使河道有足够的过水断面，确保汛期水流能顺利通过。

5. 非工程治理措施

大力开展绿化造林，减少水土流失，强化河道管理，提高防洪和防灾能力。鼓励坡度大于 25% 的区域退耕还林，利用草木拦蓄地表径流，最大限度减少山洪危害，减少水土流失，涵养水源，保护生态环境。

案例

广东省开平市赤坎镇防洪排涝工程规划

扫码了解以下内容：
赤坎镇镇域防洪排涝工程规划图

相关规划研究坚持全面规划、综合治理、防治结合、以防为主，充分利用原有的防洪治涝设施，并与中心城区总体规划相协调，兼顾市政建设要求。继续抓紧江河堤防的加固和控制河势，有计划地达到设计标准，充分发挥河道泄洪和堤防抗洪的能力，最大限度地发挥工程的整体防洪效益。

从实际出发，因地制宜，因害设防。在上游建设水库、中心城区加固堤防、下游拓宽水口。按照《堤防工程设计规范》和《广东省防洪（潮）标准和治涝标准》，捍卫耕地面积 1 万～5 万亩（1 万亩约为 666.7 公顷）的堤围，按防御 50 年一遇的洪水标准设防。其中，潭江赤坎中学段 50 年

资料来源：开平市赤坎古镇文化旅游开发建设管理委员会、开平市赤坎镇人民政府、广州市城市规划勘测设计研究院，《开平市赤坎镇总体规划（2016—2035）研究报告》。

一遇洪水位为 4.75 米（珠基高程），潭江交流渡段 50 年一遇洪水位为 3.43 米，潭江其余地段按照对应 50 年一遇洪水位进行设防与加固。堤围内排涝设计以涝区 20 年一遇 24 小时暴雨（282 毫米）所产生的径流量为标准：城镇及菜地按一天排干设计，稻田按两天排干设计。

8.3.8 火灾

消防规划的内容包括确定消防标准和原则，分析消防现状，提出消防规划与措施，并涵盖森林草原火灾防治的相关内容。

1. 消防标准

消防工程主要涉及消防供水、消防设施、消防通信供电、消防通道等内容。根据《乡镇消防队标准》（GA/T 998—2012）确定消防队、消防站、消防设施的配置。

2. 消防原则

坚持“预防为主、防消结合”的方针，提高全社会的消防意识，积极消除火灾隐患，防止和减少火灾的发生。同时与周边乡镇消防站共同构建区域城镇消防体系。

3. 消防现状

应对当地的建筑、路网特征和消防工程现状进行基础摸排。

4. 消防规划与措施

明确消防站的位置和设防标准。

建立消防责任制，在村委会设立消防办公室，并组织党员、村干部及村内成年积极分子成立义务消防队，对义务消防队成员进行基本的消防知识及设备操作方面的培训，同时对村民进行基本的消防安全教育。采用多种形式构建村庄消防体系，做到群防群治。

明确消防重点单位，如镇政府、中小学校、幼儿园、医院、加油站等。

保障消防供水，充分利用配水管网、河流湖泊、水塘水库等多种水源；消防用水量根据《消防给水及消火栓系统技术规范》确定镇区及各村用水流量，并按同一时间内有一处发生火灾，灭火持续时间均按 2 小时用水计算。

构建消防通道网络。消防车道应符合《建筑设计防火规范》等有关消防技术规范的规定，消防通道宽度不小于 4 米、净高不低于 4 米，主要消防通道间距不应大于 160 米。消火栓布置要满足相关规范，间距一般小于 120 米。

建设完善的消防有线、无线通信系统及计算机网络系统，镇域各村内充分利用有线广播系统及时报警救灾，并保证上下传导时通信畅通。

镇区应严格摸排建筑物的消防通道和安全距离是否符合规范。

5. 森林草原防灭火

森林火灾突发性强、破坏性大、危险性高，是全球发生最频繁、处置最困难、危害最严重的自然灾害之一，是生态文明建设成果和森林资源安全的最大威胁，甚至引发生态灾难和社会危机。我国在 2016 年制定了《全国森林防火规划（2016—2025 年）》，并在 2022 年 7 月进行了中期评估。2022 年，中期评估报告提出 24 小时森林火灾扑灭率应达到 95% 以上，森林火灾受害率稳定控制在 0.9‰以内。2022 年，国家林业和草原局、应急管理部印发了《“十四五”全国草原防灭火规划》。2023 年，《森林草原防火标准制修订三年行动方案（2023—2025 年）》发布。

案例

江西省宜春市袁州区南庙镇林火灾害防灾规划

南庙镇整体属于大武功山山脉，地形复杂、山势高耸陡峭，沟壑纵横，森林防火难度大，一旦发生火灾扑救困难。防灾规划中专门有森林防火一节，除规划配备了专业的扑火防火工具、防火检测站、专业扑火队以外，还从管护和技术两个层面提出规划策略。在管护层面，要组织领导与健全机构，加强火源控制，加强森林防火宣传教育工作。在技术层面，要完善林火监测系统，加快预测处理能力，完善领导责任制。

扫码了解以下内容：
南庙镇镇域生态敏感性评价图

资料来源：宜春市袁州区南庙镇人民政府、中国建筑科学研究院有限公司，《宜春市袁州区南庙镇总体规划（2018—2035）研究报告》。

8.3.9　人民防空

人民防空一般可简称为“人防”。人防规划的内容包括确定人防标准与发展规模，提出人防原则，分析人防现状，并提出人防规划和相应的措施。

1. 人防标准与发展规模

人民防空工程（以下简称“人防工程”）是指为保障战时人员与物资的掩蔽、人民防空指挥、医疗救护等功能而修建的地下防护建筑。这些工程既包括单独修建的地下设施，也包括战时可用于防空的地下室。人防工程由掩蔽工程、指挥系统、给水系统、警报通信系统、供电系统、医疗救护系统、人防仓库、工程抢救系统等组成，均需依据《人民防空条例》中的规定建设，通常按照五级以上工事标准修建。镇区应建设有线、无线、统控、自控相结合的防空警报网络。

乡镇域人防工程主要指镇区的防空设施，其功能与城镇地区一致。根据“疏散为主、掩蔽为辅”的原则，战时疏散人口比例应占镇区人口的 60%～70%。根据人均人防设施面积（0.8～1.5 平方米/人）计算出人防工程设施的总面积。此外，乡镇域的人防工程可能包括周边城市的附属早期工程、山体公园、国有林场等城市人口疏散基地。因此，乡镇域人民防空空间不仅服务于本区域人员，还需考虑附近城区人员的防空需求，进行跨区域统筹规划。

2. 人防原则

人防建设应贯彻“积极防御”的军事战略方针和“长期准备、重点建设、平战结合”的人防建设方针。人防建设要与经济发展和城市建设相适应，与地下空间开发相结合，合理布局，综合开发。

3. 人防现状

应对当地的人防工程现状进行基础摸排，了解现有设施的布局、功能和维护情况，为后续规划提供数据支撑。

4. 人防规划与措施

人防工程的规划可与绿化广场、地下停车库、大型办公楼及工业企业的建设相结合，逐步建立地下人防工程系统，并与生命线系统相结合，形成完善的人防工程体系。人防指挥中心及其通信设施应避开重要目标和易受毁坏的区域，利用地形、地物及地质条件提高工程防护能力。

疏散地域的合理配置是新型人口疏散体系的重要环节。疏散地域的主要功能是安置疏散人员，有效应对战争和突发事件，因此必须具备基本的配套设施，确保疏散人员的临时生活安置。疏散地域的建设应实现城乡联动，市区疏散单位、接待站和社区应与乡镇、村庄共同制定有效的安置方案。疏散地域应按每人 5 平方米的标准储备生活空间，并按每人每日 1 千瓦时的标准储备 30 天的能源供应。疏散地域至乡镇的道路应按三级公路标准建设，并配备迂回疏散通道，每个乡镇设立医疗站，床位比例设置为 1%～2%[1]。

8.3.10　地质灾害（除地震）

综合防灾规划中，应研究乡镇地质灾害的类别，识别其风险，并提出地质灾害的规划策略和建立监测预警机制。

1. 乡镇域地质灾害

地质灾害是指在自然或者人为因素的作用下形成的，对人类生命财产、环境造成破坏和损失的地质作用。除了地震之外，乡镇域地质灾害主要包括滑坡、崩塌、泥石流、地面塌陷四个类型，这些地质灾害主要发生在丰雨期的山地地区。

2. 地质灾害的风险识别

地质灾害的发生与气候水文、地质地形条件密切相关。因此规划应首先收集相关资料，获取如降雨量、地形、河谷断面、采矿区位置等信息，并进一步在空间上明确风险点和风险区域及其风险大小。本步骤应与村镇干部、气象部门和防灾减灾部门等协同工作。

3. 地质灾害的规划策略

针对识别出的高风险点和高风险区域，应重点研究其中涉及居住点和重要生命线系统的部分。

对于涉及的居民点，首先应保证信息渠道的畅通，如手机信号；其次应加强相关防灾教育，提升居民在突发灾害时自救互救能力；最后应落实基层防灾的“最后一步”，要求基层干部明确各居民点的具体情况和防灾能力。

4. 地质灾害的监测预警

监测预警是针对地质灾害的重要防灾减灾手段，是对工程防灾措施的一个有效

---

1. 郭拯敏 . 防空防灾一体化的人口疏散体系建设探讨［J］. 中国应急管理，2009（7）：30-34.

补充。从预报时间上划分，可以分为短临期预警、短期预警、中长期预警和长期预警。从监测主体上看，监测预警包括基于专业设备的物质性监测预警和基于政府部门与基层组织的社会性监测预警。

案例

2019 年四川省金川县曾达沟“6 · 27”特大型泥石流灾害

“6 · 27”曾达沟泥石流是四川省金川县曾达沟在 2019 年 6 月 27 日 22 点 45 分突发的特大型泥石流灾害，也是国内首次特大泥石流灾害成功避险的首例。该泥石流一次性冲出固体物质约 120 万立方米，直接经济损失达 1.51 亿元，而曾达乡全乡 820 人全部成功避险。

针对泥石流的监测预警是此次灾害成功避险的关键，其中基于社区居民的“群测群防”机制也发挥了重要的防灾作用。在 6 月 27 日泥石流暴发前一个月内降雨天数为 19 天。6 月 27 日 17 点 38 分，阿坝州自然资源局向金川县自然资源局发出通知，地质灾害预警等级为 2 级。一分钟后，金川县自然资源局立即通过 QQ 群、微信群、短信平台、电话通知等方式将预警信息发布至各乡镇防灾责任人、监测责任人、国土员。同时，金川县实施的自动化实时监测系统根据各监测点自动化雨量监测站点降雨信息，实时滚动发布雨情预警信息，该信息直接传递到隐患点所在乡乡长，分管副乡长、国土员、监测责任人和监测人。17 点 40 分曾达乡乡镇国土员以打电话、微信群等方式通知曾达沟监测员地质灾害预警等级为 2 级、发生地质灾害可能性较大，监测员遂通知泥石流沟受威胁群众。当日 20 点，监测员发现雨势未见减弱，沟水上涨较快，有泥石流暴发的可能，于 20 点 10 分开始逐户通知避险转移，20 点 55 分受威胁群众全部完成转移。6 月 27 日 22 点 45 分，曾达沟暴发泥石流灾害。

可以看出，灾害的监测预警的成功是监控设备、政府主管部门、基层干部、群众多方合作的结果。

资料来源：黄洪，陈宁生，胡桂胜，等. 大流域泥石流成灾特征与形成机制：以金川县曾达沟“6 · 27”特大型泥石流为例 [J]. 自然灾害学报，2021,30(5):207-216.

8.3.11　公共卫生

综合防灾规划应对乡镇域公共卫生风险进行研判，并提出公共卫生资源和公共卫生防控的规划与措施。

1. 乡镇域公共卫生风险研判

我国城乡二元发展的现状，在公共卫生防控工作中尤为明显。乡镇域公共卫生防控有如下共性特点。

乡镇域公共卫生资源明显匮乏。主要存在医疗点不足、医疗设施老化、医疗专业人员不足等问题。

乡镇域公共卫生防控工作经验不足。主要存在管理模式僵化、“一刀切”的问题，医疗保障制度和防控预案不健全。

乡镇域居民防控意识薄弱。主要存在缺乏公共卫生相关知识等问题，居民没有意识、也没有能力应对公共卫生风险，特别是突发性传染病传播风险。

在规划编制阶段，规划编制人员需要对该区域的公共卫生风险展开前期调查。对于公共卫生资源、防控工作经验和公众防控意识三个主要方面有基本研判，以期因地制宜地指导规划目标和策略。

2. 公共卫生资源的规划与措施

公共卫生资源主要包括了各级医疗服务点、医疗设备和医疗专业人员，需要强调卫生资源网络的全域覆盖。

规划应与县卫健局、乡镇卫生院联动编制，并加强对村卫生室、乡村医生的业务指导，进一步提高基层医疗服务水平。

在传染病防控方面，镇中心医院要设立卫生防疫隔离站，在各社区和各村设立防疫点，配备专门防疫人员和防疫设备。依托医院、隔离站、防疫点和核酸检测点，建立镇村多级防疫体系网。

3. 公共卫生防控的规划与措施

公共卫生防控需要结合自上而下的防控工作和自下而上的居民自治。首先要制定实用型应急预案，与各级负责机构联合编制，模拟不同公共卫生风险下的应对机制，同时明确各方职责。其次要进行以人为核心的公共卫生科学防控。创新管理模式，杜绝“一刀切”等简单粗暴的封村断路现象，严重影响居民的正常生活工作。鼓励村民自治组织参与公共卫生风险防控。

案例

充分发挥农村三级医疗卫生机构医防协同分级服务的作用

各级医疗卫生机构协同联动，以省内城乡医院对口帮扶关系为基础，遴选省内城市综合实力较强的二级及以上综合性医院，按照分区包片原则，与各县（市）建立对口帮扶机制，依托医共体做好分级诊疗衔接，完善基层首诊、接诊、转诊流程。加强老年人等重点人群健康监测，确保高龄合并基础性疾病等重症风险较高的感染者得到及时发现、及时救治，明确和畅通转诊“绿色通道”，提高转诊效率。落实有转诊需求村民的交通保障机制，原则上通过自驾车或120急救车等进行点对点转运，乡镇和村要统筹调度，动员社会组织、社会工作者、志愿者、社会慈善资源等协助就医转诊。

村卫生室就近做好农村居民健康服务。通过上级医疗卫生机构协同支持，乡村医生对居家观察和治疗的重点人群做好健康教育、健康监测、中医辨证、指导抗原检测和对症用药治疗等服务。乡村医生要将电话告知村组群众，方便及时联系，可通过视频、电话等非接触方式了解出现新冠病毒感染相关症状人员的健康状况，根据抗原检测和健康监测情况，为有需要的村民提供开药和随诊服务。

完善家庭医生签约服务。发挥农村地区家庭医生贴近村民的作用，通过家庭医生签约服务加强对签约村民的健康宣传和教育，并通过微信、短信、电话等多种形式及时回应签约村民的健康咨询和问题。加快提升农村地区65岁以上老年人签约服务覆盖面，对重点人群实现签约全覆盖。

资料来源：中华人民共和国国家卫生健康委员会，《关于印发加强农村地区新冠肺炎疫情防控和健康服务工作方案的通知》（联防联控机制综发〔2022〕131号）。

8.3.12 其他灾害与特殊工程

由于乡镇域国土空间的职能多样、规模较广，其受到非典型灾害的可能性较城市空间更大。特别是第一产业、第二产业较重要、较发达的区域，受到极端气象灾害可能会遭受较大损失，如重大危险源、干旱、高温热浪、风尘、雷电、低温冰冻等。另一方面，在某些情况下，乡镇域规划无法通过传统的防灾手段实现安全防灾目的。特别是镇域在临海、临河湖水库、临沙漠戈壁等特殊地理位置时，需要针对特定灾害编制特殊工程手段相关规划内容。

案例

新疆维吾尔自治区喀什地区岳普湖县铁热木镇风沙灾害防灾规划

铁热木镇位于新疆喀什地区，风沙灾害严重。防灾规划中专门有防风防沙一节，强调首先要保护农业生态环境，改善气候条件，防止和减少因生态环境破坏而造成的自然灾害。其次，要加强对灾害的预警工作，完善防灾措施，在镇区设置灾害预防指挥中心。最后，现有防护林体系尚不完善，要沿农区道路建设农区防护林，以达到防风固沙防尘的效果。保护绿洲生态范围，在镇域南北两侧沙漠与绿洲分界处设置300米防风防沙林带，避免宝贵的耕地资源被风沙侵袭。

扫码了解以下内容：
岳普湖县铁热木镇镇域防灾减灾规划图

资料来源：山东建筑大学设计集团有限公司，《岳普湖县铁热木镇总体规划（2016—2030）研究报告》。

8.4　综合防灾规划的实施机制

乡镇域国土空间综合防灾规划的实施机制是确保规划从理论转化为实践的关键环节。本节详细阐述了四个核心方面：政策支持、专项资金投入、防灾人员培训和监督评估。这些机制共同构成了一个全面的实施框架，旨在提供法律保障、财政支持、人才储备和质量控制，以确保防灾规划得到有效落实。通过这些机制的协同作用，乡镇域的防灾能力将得到全面提升，为居民创造更安全、更有韧性的生活环境。

8.4.1　政策支持

实施机制的设计是确保防灾规划有效转化为实际行动的关键环节。为此，首先需要制定明确的政策支持框架，如出台相关法律法规和指导原则，以确保防灾措施得到法律层面的支持和保障。

在政府防灾减灾救灾区域协作意识提升的基础上，不断完善灾害治理的宏观制度，明确规定灾害治理区域协作的内容，为灾害治理区域协作提供政策支持和制度保障。例如，修订相关法律、国家层面的应急预案等，增加灾害治理区域协作的内容，使区域协作具有权威的政策支持，从而为各地区域协作实践的开展提供制度保障。此外，也需改革现有的绩效考核机制，将灾害治理的区域协作纳入评价指标体系，重视区域内灾害治理整体效果的衡量，防止出现单纯强调行政区灾害管理绩效而导致区域协作不足的弊端[1]。

健全纵向和横向规划实施协同配合机制，加强统一领导、协调配合、分工负责、齐抓共管，强化对规划实施的指导、协调和监督，优化整合资源，明确各责任主体。各部门要把实施本规划作为防范化解重大安全风险的重要任务，结合实际细化任务分工和阶段目标，加强与年度计划相衔接。各街镇要结合各自职责和工作实际，坚持目标导向、科学施策、分层分步的原则，明确基层管理单元防灾安全韧性建设项目清单和工作措施，推进综合防灾减灾各项任务实施落地。

8.4.2 专项资金投入

资金投入机制需要明确，应为防灾项目活动的实施提供充足和稳定的财政支持。投入机制包括建立专项防灾基金、调配必要的财政预算，以及寻求国家资助来增强乡镇的财政能力。乡镇地区资源有限，因此投入的一大原则是讲究经济性和科学性，使有限的防减灾资源发挥最大效用。

强化综合防灾减灾资金投入，健全规划实施资金保障体系，完善政府投入、分级分类负责的防灾减灾救灾经费保障机制，加强对综合防灾减灾项目资金分拨使用的管理与监督。鼓励和动员社会化资金投入，积极拓宽筹资渠道，确保规划项目资金保障到位，切实推动规划相关任务和项目落实落地。健全社会力量参与机制，搭建统筹协调、服务指导平台，支持红十字会、行业协会、基金会等社会组织、志愿者及其他社会力量参与综合防灾减灾工作[2]。

---

1. 孔锋．透视我国城乡基层社区防灾减灾救灾能力建设与区域协作［J］．首都师范大学学报（自然科学版），2019，40（5）：89-96.
2. 徐汇区自然灾害防治委员会办公室，《徐汇区综合防灾减灾规划（2023—2035 年）》，2023.

8.4.3　防灾人员培训

人员培训是实施机制不可或缺的部分。应组织定期的灾害管理培训和演练，提高当地政府部门人员、应急管理人员和乡镇域居民的灾害防范意识和应对能力。通过教育和培训，建立一支知识丰富、技能熟练的防灾队伍，为灾害应对提供人力保障。

加大宣传力度，加强规划实施宣传引导。开展全方位、多角度、立体式宣传活动，创新综合防灾减灾规划实施宣传方式，结合线上线下多样化宣传手段，通过政策贯宣、科普宣教、知识讲座等宣传方式，提升各级领导干部综合防灾减灾意识和安全能力，组织各类灾害风险防范基本知识和灾害应对技能培训进企业、进社区、进学校、进家庭，增强全民灾害风险防范意识和安全素养。强化防灾减灾救灾专业人才培养，加强防灾减灾救灾政策研究和决策咨询专家队伍建设，营造有利于规划实施的良好氛围[1]。

8.4.4　监督评估

为了确保防灾规划的各项措施得到适当执行，并能根据实施结果进行调整和优化，建立一个有效的监督评估机制至关重要。监督评估机制应包括定期的进度检查、效果评估和反馈收集，同时，建立透明的报告系统，让乡镇域居民能够了解防灾规划的执行情况，从而增加政策的透明度和公众的参与度。只有通过有效的监督评估机制，乡镇的综合防灾规划才能真正落到实处，乡镇的防灾减灾能力得以有效提升。

关键术语

防灾空间安全格局、防灾分区总体架构、社区防灾圈、灾害防御设施、应急服务设施、应急保障设施、自救互救服务机制、避难疏散空间、监控预警设施、防灾项目专项资金、监督评估机制

思考题

1．相比城市区域，乡镇区域的承灾体有哪些主要脆弱性？

2．为什么乡镇区域的防灾规划框架不能完全照搬城市模式？

3．简述综合防灾规划中承灾体、致灾因子、孕灾环境的概念。

4．在镇区和镇域尺度下，乡镇防灾内容有哪些关键差异？

5．简述防灾空间安全格局的核心组成部分及其作用。

6．解释防灾规划实施机制在提升乡镇防灾能力中的作用。

7．为什么在编制乡镇防灾规划时需要考虑不同尺度的防灾内容？

8．在乡镇域防灾规划中的安全格局是指什么？

9．防灾减灾设施主要包括哪些类型？各自的具体内容是什么？

10．社区防灾圈的主要组成要素是什么？如何规划它们的合理布局？

11．论述分析在乡镇层面进行防灾基层自治的必要性和主要机制。

参考文献

图书和期刊

[1] 吴志强. 城市规划原理（第4版）[M]. 北京：中国建筑工业出版社，2010.

[2] 夏陈红，翟国方. 国土空间规划体系下的综合防灾规划发展路径研究 [J]. 上海城市规划，2023（2）：67-73.

[3] 赫磊，解子昂. 走向韧性：城市综合防灾规划研究综述与展望 [J]. 城乡规划，2021（3）：43-54.

[4] 颜文涛，任婕，张尚武，等. 上海韧性城市规划：关键议题、总体框架和规划策略 [J]. 城市规划学刊，2022（3）：19-28.

[5] 孔锋. 我国农村防灾减灾救灾体系和能力建设：意义、现状、挑战和对策 [J]. 中国减灾，2020（21）：10-13.

[6] 张相双. 市县国土空间总体规划中的防灾安全空间格局构建研究 [D]. 上海：同济大学，2022.

[7] 李捷. 市县国土空间总体规划的灾害风险评估方法研究 [D]. 上海：同济大学，2023.

[8] 戴慎志，刘婷婷，高晓昱，等. 国土空间防灾减灾规划编制体系与实施机制 [J]. 城市规划学刊，2023（1）：48-53.

[9] 吕芳. 西部农村社区减灾：问题与成因——以震后五个重点村为例 [J]. 中国农村经济，2010（8）：88-96.

[10] 顾林生，杨大千，刘玉珍. 日本地震烈度预警演练机制综述及对我国的启示 [J]. 中国应急救援，2024（1）：9-18.

[11] 葛学礼，朱立新，于文. 我国村镇建筑防灾研究概述 [J]. 自然灾害学报，2014，23（2）：8-14.

[12] 郭拯敏. 防空防灾一体化的人口疏散体系建设探讨 [J]. 中国应急管理，2009（7）：30-34.

[13] 黄洪，陈宁生，胡桂胜，等. 大流域泥石流成灾特征与形成机制：以金川县曾达沟“6·27”特大型泥石流为例 [J]. 自然灾害学报，2021，30（5）：207-216.

[14] 孔锋. 透视我国城乡基层社区防灾减灾救灾能力建设与区域协作 [J]. 首都师范大学学报（自然科学版），2019，40（5）：89-96.

政策法规

[15] 中华人民共和国国家林业和草原局，应急管理部. 关于印发《“十四五”全国草原防灭火规划》的通知 [EB/OL].（2022-10-12）[2024-08-20]. https：//www.gov.cn/zhengce/zhengceku/2023-01/10/content_5736078.htm.

[16] 中华人民共和国国家卫生健康委员会. 关于印发加强农村地区新冠肺炎疫情防控和健康服务工作方案的通知 [EB/OL].（2022-12-16）[2024-08-20]. https：//www.gov.cn/xinwen/2022-12/16/content_5732370.htm.

第 9 章

乡镇域国土空间历史文化保护传承

■ 导语

本章为乡镇域国土空间历史文化保护相关内容，分为三个小节。第一小节是历史文化保护传承体系，主要包括明晰保护内涵、建立保护名录、构建保护格局以及明确保护要求等内容。第二小节是乡镇历史文化活化利用，主要对探索多元路径、改善人居环境、推动非遗传承以及促进文旅融合等内容进行了阐述。第三小节是乡镇历史文化传承发展，包括融入城镇更新、融入乡村振兴、融入区域发展以及融入现代生活等内容。

9.1 历史文化保护传承体系

本小节主要探讨了乡镇历史文化保护传承体系的构建与实践路径。通过明确保护内涵、建立保护名录、构建保护格局以及提出具体保护要求，为乡镇历史文化遗产的全方位保护提供了系统性框架。强调了在国土空间规划体系下，结合历史文化资源与生态、农业、城镇空间的协调关系，确保历史文化资源得到全面保护和有效传承，同时提升乡镇文化特色和发展潜力，助力实现乡村振兴目标。

9.1.1 明晰保护内涵

在我国现存的各类历史文化遗产中，历史文化名镇名村及传统村落占有十分重要的地位。它们数量众多，分布广泛，包括太湖流域的水乡古镇群、皖南古村落群、川黔渝交界古村镇群、晋中南古村镇群、粤中古村镇群，既有乡土民俗型、传统文化型、革命历史型，又有民族特色型、商贸交通型，反映了中国不同地域历史文化村镇的传统风貌，代表着全国不同地域的历史文化价值与特色[1]。

按照党中央、国务院的决策部署，在住房和城乡建设部与国家文物局的共同推动下，我国历史文化名镇名村和传统村落保护工作取得了显著成效。以城乡规划法、文物保护法、非物质文化遗产保护法、历史文化名城名镇名村保护条例、文物保护法实施条例为骨干的历史文化保护法律法规体系得到丰富和完善，为乡镇历史文化遗产的保护传承提供了法律依据和支撑，制定了乡镇历史文化保护传承的路径和方法，建立镇、村两级保护层次，物质文化遗产、非物质文化遗产两大保护传承体系。

在乡镇国土空间规划体系中，要秉持正确的保护理念，建立科学的保护传承体系，依法保护传承好乡镇历史文化遗产，保留历史文化记忆，让人们记得住乡愁，坚定文化自信，增强家国情怀成为新时期历史村镇发展的重要导向。

乡镇空间是承载地域历史文化的基本单元。乡镇域国土空间规划中要依托乡镇特色生态空间和人文禀赋优势，构建山水田园交融、镇村协调发展、文化和谐共生的乡镇历史文化保护传承体系。注重保护承载不同历史时期文化价值的乡镇各类历史文化遗产，保护历史文化名镇、名村（传统村落）；保护历史镇区、历史地段、地下文物埋藏区和风景名胜区；保护不可移动文物、历史建筑（传统建筑组群）和传统园林；保护古井、古桥、古树名木、乡镇工业遗产、农业文化遗产、灌溉工程遗产、非物质文化遗产和地名文化遗产，保护历史文化线路、廊道和网络等区域性历史文化资源，实现古代与近现代全覆盖，地上与地下全囊括，全方位展现乡镇发展文明历史和人民在中国共产党领导下走过的革命历程、中华人民共和国成立与发展历程、改革开放和社会主义现代化建设伟大征程。

案例

江苏省苏州市吴江区城乡文态建设规划策略

扫码了解以下内容：
吴江区文态建设布局规划图、吴江区文化旅游空间格局规划图

文态建设规划作为城市总体层面的战略性专项规划，对吴江全区在规划与建设中涉及历史文化遗产保护、文化景观保护的内容和项目进行管控，对全区在规划与建设中涉及历史文化资源传承利用、公共文化设施布局、新农村建设、旅游发展、文创产业布局、水利设施建设、道路交通设施建设

1. 卢爱军 . 中国历史文化名镇名村的类型及其价值［J］. 统计与管理，2015（5）：101.

的内容和项目予以引导。

（1）文态建设目标

以文化作为推动城乡可持续发展的杠杆是吴江区文态建设的目标。吴江区的文态建设规划重点关注对吴江全域历史性和地域性文化资源的发掘和保护，并通过空间规划布局予以整合利用，通过协同建设实现将吴江建设成为具有“田园牧歌的水乡泽国，小桥流水的古镇古村，粉墙黛瓦的建筑风貌，千船竞舟的运河景象，精致秀美的生活方式，吴越遗风的礼仪之邦”文化特征的新吴江的建设目标，以“全域保护，整合协同”作为实现吴江区文态建设目标的规划策略。

（2）文态建设协调策略

依据吴江全域文化资源的价值关联性以及空间布局关联性分析，以地域文化的独特性优势资源为基础，通过文化资源的跨行政区块整合在吴江全域空间上形成“6211”的文态建设协同框架，实施共建共享的文态建设全域协同策略。即“6 区 2 带，1 环 1 网”：6 大文态特色建设协同区，2 条文态复合发展协同带，1 个串联“6 区 2 带”的水上文化景观旅游航道环，以及 1 张覆盖吴江全域的陆上旅游风景路网。落实“优化文化投入方式，提升文化产业质效，统筹城乡文化发展，增进民生福祉”的文化发展目标。

（3）覆盖全域的文化旅游空间格局

上述资源系统在空间分布上呈现相互交织的特征，规划依据文态建设协同区“6211”的空间总体布局结构，将全方位体验吴江文化特色作为文化旅游的目标，建构包含 7 大文化旅游资源系统的“447”文化旅游空间格局，即 4 个特色文化游览区，4 条文化景观游览廊道，7 大历史文化古镇。

资料来源：上海同济城市规划设计研究院有限公司，《苏州市吴江区城乡文态建设规划（2017）研究报告》。

9.1.2　建立保护名录

从 1982 年我国施行《中华人民共和国文物保护法》，公布第一批国家历史文化名城名单开始，我国历史文化遗产保护力度不断加大，留下丰富“家底”：142 座国家历史文化名城、799 个中国历史文化名镇名村、8 155 个中国传统村落，划定历史文化街区 1 200 余片，不少有价值的工业建筑、文化景观也逐步纳入保护体系（数据截至 2023 年 10 月）[1]。

2021 年 9 月 3 日，中共中央办公厅、国务院办公厅印发了《关于在城乡建设中加强历史文化保护传承的意见》(以下简称《意见》)，要求各地区各部门结合实际认真贯彻落实[2]。《意见》明确了城乡历史文化保护传承的源头、过程、方法和出路，比较系统和全面。从源头上，《意见》要求准确把握保护传承体系基本内涵，对保护对象作出了明确规定，主要包括历史文化名城、名镇、名村（传统村落）、街区和不可移动文物、历史建筑、历史地段，与工业遗产、农业文化遗产、灌溉工程遗产、非物质文化遗产、地名文化遗产等保护传承，共同构成城乡历史文化保护的有机整体。

《意见》的出台具有重大意义。始终把保护放在第一位，以系统完整保护传承城乡历史文化遗产和全面真实讲好中国故事、中国共产党故事为目标，本着对历史负责、对人民负责的态度，加强制度顶层设计，建立分类科学、保护有力、管理有效的城乡历史文化保护传承体系。

乡镇域国土空间规划应按照“应调尽调”原则，开展乡镇全域全要素历史文化资源调查，深入挖掘历史文化元素，摸清底数，自下而上逐级申报、认定、公布。

注重对展现中国共产党成立、新中国成立、社会主义建设和改革开放等重大历史事件载体的调查，对调查资源从历史、文化、艺术、科学等多重价值维度开展科学评估，认定公布保护对象，建立乡镇全域全要素保护名录和分布图。做好已公布保护对象的标志牌设立和测绘建档等工作，加快数字化信息平台建设，建立数据共享和动态维护机制。

推行乡镇历史文化遗产保护告知书制度，明确保护要求，建立健全历史文化资源调查评估长效机制，对具有重要保护价值、地方长期未申报的历史文化资源可按相关标准列入保护名录。

---

1. 党安荣，李翔宇，吴冠秋，等. 数字孪生赋能历史文化名城保护与传承研究［J］. 中国名城，2024（1）：38.
2. 中共中央办公厅，国务院办公厅.《关于在城乡建设中加强历史文化保护传承的意见》，2021.

案例

扫码了解以下内容：
抚州市市域传统村落分布图、抚州市市域传统村落区域资源评价图、抚州市市域整体发展框架图、抚州市市域产业发展布局图

江西省抚州市聚集型传统村落的保护名录分类方法及活化利用策略

抚州具有悠久的历史，丰富的文物，格局清晰的古城，璀璨的文化，以及众多的传统村落。目前抚州市各级传统村落 160 个，是江西乃至全国传统村落遗存最为丰富的地区之一。抚州传统村落保护发展规划是抚州整体文化及资源保护利用必不可少的一部分。

（1）保护名录分类方法

传统村落的现状发展基础是决定其发展方向的重要依据，因此研究聚集型传统村落的类型是其未来发展的重要考虑因素。一是建立纵向多要素评级体系。规划结合现场调研、资料收集分析，通过文化遗产、区位交通、产业基础、空置程度和区域资源五大要素对传统村落保护发展状况进行分级评定。二是建立以发展优劣势进行横向分类比较。通过各要素分级评定，综合分析村落保存发展状况，提取村落核心发展优势进行归类，分为特色型、产业型、辅助型、生活型、衰落型五类。各类村落均具有基本的生活属性，规划将文化遗产保存很好或已进行旅游开发的村落归类为特色型；将产业发展成熟或发展潜力较大的村落归类为产业型；将周边资源丰富，联动条件优越的村落归类为辅助型；将仅具有生活属性的村落归类为生活型；将生活属性较弱，面临整体衰亡困境的村落归类为衰落型。

（2）传统村落活化利用策略

规划通过对传统村落进行典型分类、因势利导，明确传统村落保护要求与措施，指引传统村落发展方向，寻求解决保护与发展矛盾路径；充分发挥集中连片的聚集优势，建立传统村落保护利用价值评价体系，以基点辐射、引擎驱动的发展思路，选取核心村落重点保护、优先发展，打造村落发展引擎，以点带面，实现抚州市全域传统村落共同发展振兴。

资源是发展的根基。规划深入挖掘传统村落核心特色资源，充分利用资源基础条件，激发资源潜力，发挥资源作用，扩大资源优势，通过传统村落特色资源的综合利用，将资源变资产，将固态资源转化为传统村落发展的活态推力。抚州

市域传统村落核心特色资源包括历史文化资源、产业基础资源、旅游景点资源、交通区位资源及山水生态资源五类。规划针对上述资源分别提出了相应的发展战略。比如，自然山水环境与优美田园风光是乡村生产生活生态融合的重要组成部分。对于生态资源优越的传统村落，规划以诗意栖居发展模式为主。利用乡村原生态自然环境对人群的吸引力，置入民宿及养生养老功能，延续原汁原味的传统生活，同时改善民生，打造诗意栖居，落实生态价值实现机制。

资料来源：上海同济城市规划设计研究院有限公司遗产保护与文化复兴研究院，《抚州市传统村落保护发展规划研究报告》。

9.1.3 构建保护格局

当前，我国遗产保护与实践也形成了比较完善的法律法规体系，对历史文化格局的整体性保护提出了独特的理念。2018 年修订的《历史文化名城保护规划标准》（GB/T 50357—2018）（以下简称《标准》）总则部分明确，“本标准适用于历史文化名城、历史文化街区、文物保护单位及历史建筑的保护规划，以及非历史文化名城的历史城区、历史地段、文物古迹等的保护规划”。因此，新修订《标准》事实上是在国土空间规划体系下，我国在遗产历史格局整体性保护上施行的总体性要求。《标准》还提出保护规划内容涵盖城址环境及与之相互依存的山川形胜、物质文化遗产与非物质文化遗产、自然遗产与文化遗产等。同时，这一要求从“历史文化名城”延伸至“历史文化名城名镇名村”“历史文化街区”的规划编制与评选，再延伸至“传统村落保护”，其秉持的基本理念始终是保护文化遗产的总体格局、维护文化遗产空间的整体性。这就是对名镇、名村（传统村落）及其传统生产生活相关的地形地貌、河湖水系、田园风光、等自然人文景观和风貌环境的整体保护，要求“能够较完整和真实地体现传统格局和历史风貌”。

乡镇历史文化保护传承总体格局是基于历史文化资源分布空间和类型，识别乡镇特色文化价值、绿色生态价值内涵，以乡镇域、乡镇区两个层次，构建具有地域特色的多层次多元素的历史文化保护传承格局和框架。历史格局整体性保护是历史城镇、乡村保护传承不可或缺的重要内容，积极构建历史文化遗产保护格局，进行整体性、系统性、原真性保护也是历史文化保护传承工作者的基本共识。

乡镇域国土空间规划中应以乡镇历史文化保护传承体系为基础，明确保护对象和内容，探索建立区域总体保护内容体系。重点保护历史文化名镇名村、传统村落的风貌环境。保护与名镇名村（传统村落）传统生产生活相关的地形地貌、河湖水系、田园风光、历史驳岸、古树名木等自然人文景观。保持文化空间场所的景观环境和场地特征，保护传统布局形态、街巷院落肌理等，彰显特色乡镇文化单元。

案例

扫码了解以下内容：
锦淀周三镇空间结构图、锦淀周三镇整体性保护格局图

江苏省昆山旅游度假区锦淀周三镇水乡文化与风貌整体性格局保护

2019 年，随着长三角生态绿色一体化示范区的政策落地，环淀山湖地区的发展模式、空间组织、交通格局正在探索全面转型。不同于以往的新城建设，示范区一方面提出了“江南韵、小镇味、现代风”的发展思路，同时要以“重历史、应保尽保”为原则，完整展现不同历史时期发展积淀形成的乡镇空间脉络和文化风貌，延续地区水镇交融的江南水乡空间特征，充分展现示范区的自然生态特色、城镇空间特色与地方文化特色，彰显地区魅力，将与水共生的水乡基因延续，营造功能与风景共融的“水乡客厅、小镇网络、水乡单元”，全面营造一个世界级的水乡人居文明典范。

昆山旅游度假区锦淀周三镇水乡文化与风貌保护以周庄古镇、锦溪古镇、淀山湖镇老街为核心，总面积 223 平方公里，处于长三角生态绿色一体化示范区的协调区，是昆山最具江南水乡风貌的代表区域。以周庄、锦溪为代表的江南水乡古镇，依水而建的古镇、村落构成水乡风貌的核心，以其丰厚的历史文化底蕴、质朴的江南民俗风情、清晰的水乡古镇风貌，在国内外独具特色。

根据“锦秀淀周，第一水乡”的发展目标，打造昆山南部生态宜居滨湖城市副中心的总体愿景，通过对乡镇空间各类要素的梳理研究，提出文化格局、水网格局、生态格局的核心特征及其构成要素，建立从宏观、中观到微观的多层次水乡文化与风貌整体性保护目标。

在宏观层面，注重全域水乡历史文化保护传承体系的研究，强调各类保护要素及载体的整体性。在中观层面，侧重

原真性，研究城镇、乡村、田园、湖荡共生及古今共融的关系与组织方式，延续江南水乡肌理，保持江南水乡文化及其环境的真实性。建立系统完整的水乡风貌评估体系，确定各风貌单元发展的主要功能以及发展路径，提出在水乡城镇、自然生态、人文景观等原真性风貌塑造的主要建议和要求，提出高度、强度及风貌指引，明确刚性管控要求与弹性引导策略，总结建设管控的基本要求。在微观层面，强调特色性，关注历史城镇、乡村建筑高度控制，提出全域限高与局部天际线的关系，滨水区域天际线应塑造融洽、自然的滨水空间关系，控制滨水建筑形态与群组关系，确保滨水沿岸良好的轮廓线；历史风貌片区天际线应分级分区管控，兼顾古镇保护与新镇发展，突出整体与布局、古貌与今容的协调融合。同时，对建筑风貌识别性、城市色彩控制、城镇临水界面、景观视线通廊控制、民族文化内涵体现等提出具体控制要求。

资料来源：上海同济城市规划设计研究院有限公司遗产保护与文化复兴研究院，《昆山旅游度假区水乡文化与风貌研究报告（2022）》。

9.1.4 明确保护要求

乡镇历史文化保护传承的要求是实现遗产保护目标的行动纲领。

严格拆除管理，列入保护名录的历史文化遗产不得随意拆除。对于因公共利益需要或者存在安全隐患不得不拆除的，应进行评估论证，广泛听取相关部门和公众意见，并予以公示。

科学划定乡镇域各类保护对象的保护范围和必要的建设控制地带，在地下文物分布相对集中区域划定地下文物埋藏区，明确保护重点和保护要求。严格保护各类不可移动文物本体及其周边环境，大力实施原址保护；保护不同时期、不同类型历史建筑的价值特色和文化内涵，重点保护体现其核心价值的外观、结构和构件等，及时加固修缮，消除安全隐患；保护历史镇区、历史地段的街巷肌理、水系形态、空间尺度和景观环境，以及古井、古桥、古树名木等环境要素，整治不协调建筑和景观；保护名镇、名村（传统村落）的传统格局、历史风貌、人文环境，及其所依存的地形地貌、河湖水系等自然景观环境，传承传统营建智慧；保护非物质文化遗产及其依存的文化生态[1]。

1. 中共中央办公厅，国务院办公厅.《关于在城乡建设中加强历史文化保护传承的意见》，2021.

在国土空间规划体系下，“三区三线”和历史文化保护线的关系值得关注。协调历史文化空间与生态空间、农业空间、城镇空间的关系，是确保乡镇历史文化资源得到全面保护、合理利用和有效传承的关键。依据相关法律法规要求严格划定历史文化保护线，确保与各类历史文化资源的保护范围相契合，并将矢量界线精准叠合至“一张图”坐标体系中。鉴于乡镇空间内历史文化资源、自然生活环境资源等较为丰富，原则上允许历史文化保护线与“三线”在空间上适度重叠，但重叠部分必须同时满足历史文化保护和“三线”保护的双重标准，实施从严管控。通过对各类遗产资源的梳理，并结合国土空间规划相关要求，明晰历史文化资源与各类空间交叠时的划分关系和约束条件，为专项保护规划的编制提供指引，进而完善历史文化保护体系。

案例

扫码了解以下内容：
赤坎镇域历史文化规划图

广东省开平市赤坎镇历史文化保护要求

中国历史文化名镇——赤坎镇，距今已有 350 余年历史。该镇位于广东省珠江三角洲西南部经济开发区内，开平市中部的潭江之滨，是著名侨乡，历史上曾是开平县城所在地，镇域面积 61.4 平方公里，古镇区仅 3 平方公里，由司徒氏、关氏两大家族在古镇东（下埠）西（上埠）两端发展形成。由于优越的地理条件，赤坎墟逐渐发展成一个繁荣商埠，一直与三埠、水口并列为开平三大镇。

（1）规划制定“活旧、建新”总体发展策略

“活旧”就是探索历史建筑、华侨文化的保护与活化利用。对于旧墟镇应做到保护、传承和活化利用，引入社会资本对赤坎旧镇区进行整体保护利用，将赤坎打造成为中国古镇文化旅游新地标、广东华侨文化保护与开发创新示范区。对于旧村落应做到加强传统村落的保护和利用，推动农村富余劳动力就业平台的形成。对于老传统，应深度发掘、整理赤坎镇域历史、人文、传说资料和传统文化，加强非物质文化遗产的保护和传承。

“建新”就是探索华侨小镇的建设新路。新目标，即根据项目实际，需要建设一个新镇区以解决赤坎的发展空间需求，赤坎镇将突出历史传承，以“百年后的古镇”为目标来开展新区建设。新城镇，即融入“互联网+”和“物联网”发展

理念，将岭南骑楼、碉楼、洋楼等建筑元素融入城市建设中，推动侨乡建筑艺术复兴，打造智慧城镇、绿色城镇、海绵城镇和侨乡特色小镇。新管理，即将“一站式服务”、综合执法和经营城市理念引入新区管理，打造和谐高效赤坎。

(2) 规划建立“分区、分类”保护对象体系

乡镇历史文化保护传承的要点应以乡镇域为研究范围，建立全域保护要素体系，因此，规划在镇域层面形成“重点保护区＋重要保护点”的两级历史文化保护体系。一是重点保护片区，包括古镇片区和三门里片区。对两个片区实行线位保护，实施分区保护。根据历史文化保护专项规划，划定保护范围、建设控制地带，同时提出保护与管控要求；二是重要保护点，包括全镇域内的文物保护单位、历史建筑、传统风貌建筑、历史构筑物等各类不可移动文物本体及其周边环境，大力实施原址保护，并提出活化利用策略。

(3) 规划提出“一轴两心两区”整体保护框架

乡镇历史文化保护传承的整体框架是对全域历史文化遗产的结构提炼，明确保护重点，建立保护框架，构建乡镇域全空间、全要素的村镇历史文化保护传承体系。赤坎历史文化名镇的整体保护框架为“一轴两心两区”。

“一轴”指历史文化轴，沿赤坎内河北岸（堤西路和堤东路），将上埠和下埠的重要历史建筑及人文空间串连，并结合滨江绿地景观的建设，形成一条具有地方文化特色的文化轴线。

“两心”指上埠宗族文化核心和下埠宗族文化核心。上埠宗族文化核心以上埠的关族图书馆为核心，组织上埠整个空间布局。下埠宗族文化核心以下埠的司徒氏图书馆为核心，组织下埠整个空间布局。

“两区”指核心保护区（历史旧镇区），建设控制区（建设控制地带）。

在保护框架的基础上，规划还对建筑高度、风貌、道路等提出保护与管控的要求，保护赤坎历史文化名镇的传统格局、历史风貌、人文环境，及其所依存的地形地貌、河湖水系等自然景观环境，传承传统营建智慧；保护非物质文化遗产及其依存的文化生态。

资料来源：开平市赤坎古镇文化旅游开发建设管理委员会、开平市赤坎镇人民政府、广州市城市规划勘测设计研究院，《开平市赤坎镇总体规划（2016—2035）研究报告》。

9.2 乡镇历史文化活化利用

本小节重点探讨乡镇历史文化活化利用的多元路径，强调在保护文物和传统文化的基础上，合理开发和利用乡镇的历史文化资源，以推动乡村振兴和改善人居环境。内容涵盖对工业遗产和历史建筑的活化利用、人居环境的改善、非物质文化遗产的保护与传承以及文旅融合的探索等多个方面，旨在通过多种途径提升乡镇的文化价值，促进文化、生态、农业等产业的深度融合与可持续发展。

9.2.1 探索多元路径

在 1987 年国际古迹遗址理事会（International Council on Monuments and Sites，ICOMOS）公布的《华盛顿宪章》中，就提出“历史性城区的保护应该成为社会和经济发展的整体效果的组成部分，并在各个层次的城市规划和管理计划中考虑进去”。在工业文明和信息化的冲击下，只有将古镇发展融入整个城镇及其所在地域的运转机制中去，才有可能在更大地域范围内，以更加理性的和富有责任感的精神，去追求更为长效和逐步释放的文化价值[1]。

实现历史文化遗产的可持续发展，仅仅依靠单一的保护措施是不够的。需要将历史文化遗产的保护和利用纳入更广阔的社会经济发展框架中，使其成为推动地方发展的重要动力。

乡镇域国土空间规划中应遵循“保护第一、加强管理、挖掘价值、有效利用、让文物活起来”的新时代文物工作方针，加大国有文物保护单位开放力度，强化文物资源的公共文化服务功能。活化利用乡镇工业遗产、历史建筑，在保持原有外观风貌、典型构件，满足结构、消防安全要求，不影响历史文化价值的基础上，结合实际使用需求，通过加建、改建、添加设施等方式适应现代生产生活需要，并提升消防、无障碍、绿色节能等性能。积极探索非物质文化遗产、农业文化遗产、灌溉工程遗产等保护与发展新路径，合理延续既有功能，促进生态农业、乡村旅游发展，推动乡村振兴。

1. 阮仪三，袁菲 . 迈向新江南水乡时代：江南水乡古镇的保护与合理发展［J］. 城市规划学刊，2010（2）：35-40.

案例

扫码了解以下内容：
规划实施评估技术路线、周庄镇域保护格局图、周庄镇历史镇区保护格局图、周庄镇保护范围规划图

江苏省昆山市周庄古镇保护传承路径

改革开放以来，周庄镇作为我国首批进行保护传承发展的历史城镇，在“保护古镇，开发新区，发展旅游，振兴经济”的十六字方针指引下，依托古镇旅游资源发展旅游、依靠旅游发展反哺古镇保护，实践出一条保护与发展并重的“周庄模式”。周庄古镇先后编制了四版保护规划，每一版规划，都是在特定的时期和发展阶段，针对当时面临的问题与挑战，作出具有前瞻性的应对，制定古镇保护传承的体系和发展路径，深刻地影响了周庄古镇的发展。

在国土空间规划体系背景下，周庄开展了2020版保护规划编制工作。规划重点突出以下几点内容：

一是建立以人为本的规划实施评估体系。2018年住建部提出建立历史文化名城名镇名村“一年一体检、五年一评估”的工作体检评估制度，作为历史文化名镇保护规划的关键环节，实施评估工作显得尤为迫切和重要。基于此，新一轮的规划修编在实施效果评估和实施过程评估的基础上，将人的感受和作用纳入到评估体系中，对古镇中的住户、商户和管理者分别进行抽样访谈，切实评估真正生活、工作在古镇中的各类群体的综合因素，考虑以人为本的保护与发展要求，研究兼具物质评估和重视人本的实施评估体系的建立和应用。

二是建立全空间、全要素遗产保护传承路径。规划加强对周庄古镇历史文化价值与特色的研究，延展历史文化的时间轴，拓展保护对象，明确保护重点，建立保护框架，构建镇域全空间、全要素的村镇历史文化保护传承路径。整个路径体系是多层级多要素的有机整体，体现了空间全覆盖、要素全囊括，系统完整保护传承城乡历史文化遗产的理念。在乡镇建设中守底线、转思路、变方法，由“拆、改、留”变为“留、改、拆”，避免大拆大建工作方式，弘扬和传承城乡历史文化。

三是建立乡镇历史文化遗产活化利用模式。规划明确历史文化遗产活化利用原则与利用策略，在满足保护要求的前提下开展文化遗产的合理利用，以用促保。多角度、全方位挖掘文

化遗产的利用价值，打造重要节点、展示线路、展示廊道与展示片区，建立周庄镇全域历史文化遗产活化利用模式，建设江南水乡文化标识体系，讲好世界第一水乡周庄故事。

对周庄历史文化遗产的活化利用给予分类指引，包括各类物质空间的开放利用（如万三酒庄工业遗产的改造再利用）；传统村落祁庄结合乡村文旅、创想田园、自然生态遗产等综合利用促进乡村振兴；贞丰十二坊等非物质文化遗产的双创式转化利用，推进全域创意产业的发展。

资料来源：上海同济城市规划设计研究院有限公司遗产保护与文化复兴研究院，《周庄历史文化名镇保护规划（2020—2035）研究报告》。

9.2.2　改善人居环境

党的十九大报告首次将“生态宜居”作为乡村振兴的总要求，随后中共中央办公厅、国务院办公厅印发了《农村人居环境整治三年行动方案》，对农村人居环境整治提出了明确的目标。而后党的二十大报告指出，推动绿色发展，促进人与自然和谐共生。大自然是人类赖以生存发展的基本条件。尊重自然、顺应自然、保护自然，是全面建设社会主义现代化国家的内在要求。必须牢固树立和践行绿水青山就是金山银山的理念，站在人与自然和谐共生的高度谋划发展。

乡镇历史文化保护传承的根本是要积极推动历史文化的活化利用，讲好文化故事，增强文化自信，在此基础上再带动乡镇人居环境的改善，提高群众的幸福感、获得感。

乡镇国土空间历史文化保护传承要充分尊重民意，因地制宜推动乡镇传统民居和传统建筑组群小规模、渐进式有机更新，完善公共服务设施和市政基础设施，改善人居环境。修缮、整治传统民居，要结合建筑原有形制、结构、材料，运用传统工艺和现代技术，推动绿色化更新改造，改善内部空间品质，合理增设厨卫设施、适老化设施等，提档升级基础设施和公共服务，提升传统民居的宜居性，保护延续传统建筑组群的布局特征和特色风貌。支持产权人依法合规实施自主更新、合理利用，鼓励社会参与，积极探索政府、居民、市场成本共担、利益共享模式。维护乡镇民居周边自然环境，美化绿地景观，完善设施配套等，着力提升环境质量，切实改善群众生活环境。

这些措施不仅关注传统民居和建筑组群的物质形态保护，更注重提升居民的生活质量和环境体验。通过小规模、渐进式的有机更新，乡镇既保留了自身历史文化特色，又满足了现代生活的需求。这种平衡发展的理念，与我国近年来对乡村振兴和人居环境改善的政策导向高度契合。

9.2.3 推动非遗传承

非物质文化遗产的保护和传承已经上升为国家战略层面的重要议题，2021 年中共中央办公厅、国务院办公厅印发《关于进一步加强非物质文化遗产保护工作的意见》（以下简称《意见》）明确非物质文化遗产是中华优秀传统文化的重要组成部分，是中华文明绵延传承的生动见证，是连结民族情感、维系国家统一的重要基础。保护好、传承好、利用好非物质文化遗产，对于延续历史文脉、坚定文化自信、推动文明交流互鉴、建设社会主义文化强国具有重要意义[1]。

《意见》要求，到 2025 年，非物质文化遗产代表性项目得到有效保护，工作制度科学规范、运行有效，人民群众对非物质文化遗产的参与感、获得感、认同感显著增强，非物质文化遗产服务当代、造福人民的作用进一步发挥。到 2035 年，非物质文化遗产得到全面有效保护，传承活力明显增强，工作制度更加完善，传承体系更加健全，保护理念进一步深入人心，国际影响力显著提升，在推动经济社会可持续发展和服务国家重大战略中的作用更加彰显。

乡镇域国土空间规划中应深入挖掘历史文化名镇、名村（传统村落）中的非物质文化遗产资源，加强对非物质文化遗产的研究阐释，推动乡镇地方戏曲、曲艺、民间手工艺等传统艺术振兴发展，增强与相关物质空间载体的互动呈现，推动其成为激活物质文化遗产价值的文化动力。推动非物质文化遗产保护与文化旅游高水平融合、高质量发展，建设一批非物质文化遗产特色景区和村镇，注重发挥非物质文化遗产服务基层社会治理的作用。完善非物质文化遗产项目名录，推进代表性传承人队伍建设。建立传统营造匠师制度，设立培训基地，开展职业技能等级认定工作，弘扬工匠精神。

案例

浙江省绍兴市“黄酒小镇”发展利用功能策划

扫码了解以下内容：
黄酒小镇结构调整规划图

绍兴黄酒小镇位于中国历史文化名镇东浦，是第二批全国特色小镇、首批浙江省级特色小镇创建单位。这里是绍兴黄酒的发祥地，距今已有 1 600 余年的历史，素有“越酒行天下，东浦酒最佳”之说；这里是唐代大文豪贺知章、南宋爱国诗人陆游和辛亥革命先烈徐锡麟的故乡，素有“水乡、酒乡、桥乡、名士之乡”的美誉；这里也是融江南水乡之韵和黄酒文化之核的特色小镇。

1. 中共中央办公厅，国务院办公厅.《关于进一步加强非物质文化遗产保护工作的意见》，2021.

（1）总体格局上，形成“双核驱动、两轴两区”

绍兴黄酒小镇总用地面积约 4.6 平方公里（含水面），其中，古镇核心保护区 0.36 平方公里。小镇以“古镇生活核”东浦和“黄酒文化核”湖塘为核心，紧扣彰显黄酒元素、浓缩绍兴风情、把脉消费趋势三大抓手，显特色，补短板，通过“一镇两区”模式，打造“产业＋文化＋ 旅游＋社区”四位一体的大格局。同时，以黄酒为主题，形成一系列手工酒坊、酒具、酒坛制作等相关上下游产品的展示、体验、加工的黄酒文化传承轴；以江南水乡名镇绍兴东浦风情为主题，保障民居宜居，形成以水乡日常生活展示，商业、餐饮等旅游功能的古镇风情休闲轴。

（2）非遗传承上，坚持“文化为魂、产业引领”

东浦镇可谓历史悠久，人杰地灵，有着极其丰富的人文景观和文化内涵，以及得天独厚的资源优势。它是闻名于世的绍兴黄酒的发祥地，也是伟大的爱国诗人陆游和辛亥革命先烈徐锡麟的故乡。因此，规划深入挖掘小镇的核心文化价值，系统梳理传统文化要素，建立以非遗文化传承为核心的产业体系，强调黄酒元素，形成产业高地。产业引领的具体策略要做到四个“一”，即建一处地标、办一场黄酒文化论坛、办一批情怀企业、聚一群行业精英。以“政府引导、企业运作、集约化管理、一站式服务”为原则，融江南水乡之韵和黄酒文化之核，打造小而美、特而强的特色小镇。

资料来源：上海同济城市规划设计研究院有限公司遗产保护与文化复兴研究院，《“黄酒小镇”发展利用功能策划及概念规划设计（2018）研究报告》。

9.2.4　促进文旅融合

近年来，我国在文旅融合方面的政策导向和机构改革，为乡镇文旅融合发展提供了重要的制度保障和发展机遇。新时代背景下，我国为适应时代要求，增强和彰显文化自信，统筹文化事业、文化产业发展和旅游资源开发，于 2018 年 4 月 8 日，原国家旅游局和原文化部整合成立文化和旅游部，标志着文旅融合迈进了新的纪元，文旅融合发展成为业界和政府关注的焦点，农文旅融合发展也成为乡村振兴的重要途径。党的十九届五中全会进一步确立了我国文化事业发展的远景目标：“坚持以文塑旅、以旅彰文，推动文化和旅游融合发展，到 2035 年建成文化强国。”通过建立融合目标和探索融合模式，不仅能够提升乡镇的文化软实力和经济竞争力，还能为乡村振兴注入新的动力。这种文旅融合的理念和实践，其实是顺应了国家层面对文化和旅游产业发展的战略布局。

丰富的历史文化资源是促进乡镇文旅融合发展的前提和基础，保护利用好历史文化亦有利于促进文化产业的繁荣。同时，文旅融合为文化产业和旅游产业都带来了新的动能、新的机遇，具有重要的理论研究价值和实践价值。

建立融合目标，乡镇文旅融合协同融合要聚焦重点难点、突破点，做好顶层设计，完善融合发展的目标与空间布局；以乡镇文化为基础，创新传承利用文化资源特色，建设“文化+”的现代旅游产品，融合乡镇生态特色资源，提供面向全体居民的全链条文旅产业，实现文化、生态、农业、健康、休闲等相关产业的深度融合，催生出一批具有时代特征、民族特色、乡土特色的新时代乡镇文旅融合发展示范。

探索融合模式，促进文旅特色产业融合，加速推动文旅机构融合、文旅服务产业化融合；助力产业链集群建设，融入双循环格局，建设产业兴旺、生态宜居、乡风文明、治理有效、生活富裕的现代化新乡镇。

案例

扫码了解以下内容：
沙庄村规划总平面图、沙庄村总体布局结构图

“陪伴式”规划工作方式，力促古村文旅融合发展

沙庄村位于江苏省里下河地区建湖县西南部，古射阳湖腹部的盐城、淮安、扬州三市交界处，村庄面积24公顷。古村位于国家4A级旅游景区、省级风景名胜区、省级旅游度假区九龙口内，紧邻九龙口国家湿地公园，优越的区位和资源条件为沙庄带来巨大的发展潜力。

沙庄村历史久远、文化底蕴深厚。明洪武年间，潘、李两姓从苏州被“赶散”到此，经过数百年的繁衍，潘、李两大姓氏逐渐形成了沙庄村最大的家族，并兴建了潘氏宗祠、李氏宗祠，成为两个家族祭祀和见证家族发展脉络的场所。世代生活于此的百姓靠山吃山、靠水吃水，日出而作、日落而息，古老淳朴的生活历经时代变迁延续至今。独树一帜的淮剧、杂耍、舞龙、荡湖船、扭秧歌、灯会等传统戏曲、舞蹈艺术，与酱园、酒坊、油坊等共同孕育了沙庄村璀璨的历史文化，生动地反映了江苏里下河地区乡土文化生息的过程。

在文化复兴战略、乡村振兴战略、生态文明建设等国家宏观发展方针与政策的指引下，规划以乡村文化与生态文化

融合发展为原则，促进乡村文化与旅游产业的融合发展。

在遗产保护方面，规划坚持修旧如旧、最少干预原则。保持村庄的乡土建筑肌理、空间布局、街巷体系、特色环境要素，挖掘村庄丰富的历史文化内涵。对于风貌不协调建筑，坚持修旧如旧，以存其真的风貌协调原则，保护村庄真实的历史风貌，延续原住民生活环境，保留烟火气。

在文化传承方面，规划立足本土文化、活态传承原则。深入挖掘沙庄村传统文化特色，活化利用淮剧、杂技元素，从静态文化展示、动态街头演艺、场馆演出以及环境要素的文化植入，塑造“淮剧文化全景式体验地”。通过文化性、历史性、故事性、演绎性等手段，进一步诠释沙庄村诚实守信的社会主义核心价值观和永不褪色的精神财富。

在产业复兴方面，规划统筹区域协调、产业融合原则。依托区域大景区生态旅游格局，挖掘沙庄村传统文化特色，强化淮剧文化元素，形成以文化＋生态的文旅产业体系。沙庄村坚持规划引领，积极推进文化项目建设，以文旅项目带动乡村振兴、旅游振兴，先后完成了闲置土地、危坡房屋征收、生态修复、古建筑修缮、现代建筑整治等工作，保留了古镇的原乡感、烟火气，为文旅产业复兴奠定了基础。

在设施提升方面，规划秉持“生态宜居、以人为本”原则。沙庄村在做好遗产保护、文旅产业发展的同时，保留原住民和乡村生活，坚持以人为本，从公共服务设施、市政基础设施、环境设施等几个方面开展改造、提升措施。在建筑设计和环境提升上，更加注重乡土性、多样性和多元化，旨在打造秀丽自然与人文结合的设施完善的乡愁地。

资料来源：上海同济城市规划设计研究院有限公司遗产保护与文化复兴研究院，《江苏九龙口沙庄古村保护与发展规划（2019）研究报告》。

9.3 乡镇历史文化传承发展

乡镇历史文化是中华文明的重要组成部分，承载着地方特色和民族记忆。本小节重点探讨如何在现代化进程中实现乡镇历史文化的传承与发展，主要从四个方面展开：将历史文化融入城镇更新，在保护中实现有机更新；融入乡村振兴战略，激活传统村落活力；融入区域发展，打造特色文化廊道；融入现代生活，增强文化自信。通过多维度的融合，既能保护和传承珍贵的历史文化资源，又能满足现代生活需求，实现乡镇的可持续发展。

9.3.1 融入城镇更新

城镇更新改造不仅能满足人的幸福感，更重要的是激活城镇中心功能。结合城镇有机更新和美丽宜居城镇建设，统筹处理新老镇区关系，合理确定老镇区建设密度和强度，积极做好城市城镇体检评估，逐步疏解与历史文化保护传承不相适应的城镇功能。按照“留改拆”并举、以保留保护为主的原则，实施乡镇生态修复和功能完善工程，禁止大拆大建、拆真建假、以假乱真，不随意改变和侵占河湖水系，不随意更改老地名。

住房和城乡建设部印发《关于扎实有序推进城市更新工作的通知》明确城市更新底线要求，提出坚持“留改拆”并举、以保留利用提升为主的原则，鼓励小规模、渐进式有机更新和微改造，防止大拆大建[1]。加强历史文化保护传承，不随意改老地名，不破坏老城区传统格局和街巷肌理，不随意迁移、拆除历史建筑和具有保护价值的老建筑，同时也要防止脱管失修、修而不用、长期闲置。坚持尊重自然、顺应自然、保护自然，不破坏地形地貌，不伐移老树和有乡土特点的现有树木，不挖山填湖，不随意改变或侵占河湖水系。坚持统筹发展和安全，把安全发展理念贯穿城市更新工作各领域和全过程，加大城镇危旧房屋改造和城市燃气管道等老化更新改造力度，确保城市生命线安全，坚决守住安全底线。

乡镇域国土空间规划应加强整体特色风貌和重点地段建设管控，彰显地域特色和建筑文化。通过对历史文化的传承弘扬，促进新的建筑和城镇环境创新发展，延续城镇文脉，避免“千镇一面、万楼一貌”。鼓励采用“绣花”“织补”等微改造方式，增加公共开放空间，加大公共服务设施和基础设施供给，多元探索现代生活和传统文化的有机结合。应加强消防安全、抗震防灾、避险疏散等应急工程建设和预案管理，提升各类历史文化遗产防灾减灾能力。在符合历史文化保护和国土空间规划的前提下，鼓励合理开发利用地下空间，增强历史城镇综合承载能力。

1. 中华人民共和国住房和城乡建设部.《关于扎实有序推进城市更新工作的通知》(建科〔2023〕30号).

案例

扫码了解以下内容：
严州（梅城）古城规划总平面图、玉带河实施效果图

彰显“绣花功夫”的历史城镇更新实施要点

梅城，古称严州，位于浙江省西部，是历史上介于皖南徽州和省会杭州之间、钱塘江干流中唯一的一个州府。梅城是其州治及县治，历史上占有重要的经济地理位置。梅城走过了近 1 800 年的沧桑历史，形成了灿烂而丰富的严州历史文化。近年来，梅城镇和大多数历史城镇一样，在高速发展的城市建设和市场经济冲击下，建筑风貌和历史遗存的保护与利用的问题日益突出。古城历史遗迹虽然众多，但是大部分区域尚未修缮，建筑密度大，基础设施严重落后，居住卫生环境脏乱差，存在严重防汛排涝、防火防灾等安全隐患。《严州（梅城）古城保护与利用概念性规划与城市设计》中针对城镇更新，从以下几个方面进行了谋划和安排。

一是在发展定位上，协调好“城”和“乡”的关系。梅城镇发展的总目标为“建设新时代美丽城镇，展现千年古府新面貌”，对于梅城来说是重要的机遇期，重点突出彰显历史城镇的文化内涵、全面提升城镇的基础设施、完善公共服务配套，复兴古城文化。同时还要处理好城镇发展和区域乡村发展的定位关系和本质区别，实现城乡协调发展。

二是在城镇更新方面，协调好“老”与“新”的关系。梅城作为长三角地区不可多得的一座“州府规制清晰，街巷肌理完整，历史文脉可循，历史遗存丰富”的古城。丰富的历史文化遗产是其发展的重要内容，规划在全力保护各类历史文化遗存，采取“修旧如故”的修缮策略，还原其真实性特点。同时还要进行有机更新，新建筑既要满足现代人的居住、生活的需求，更要取得与老建筑风貌的协调，实现新老共融的关系。

三是在产业发展方面，协调好“破”与“立”的关系。美丽城镇的建设需要有产业的支撑，梅城作为美丽城镇的示范样本，也要有产业支撑。通过“千年古府”的展现，自然山水的展现，现代文明的展现，使得休闲旅游度假产业成为梅城最主要的产业，休闲旅游度假已成为当下重要的生活方式。

四是在公共服务方面，协调好“建”与“惠”的关系。规划围绕美丽城镇的建设，重点在公共服务配套方面下足功夫，包括社区文化设施、医疗设施、教育设施、文化设施等方面，提升社区公共环境，全面完善居民日常生活的公服配套保障，真正地惠及广大百姓，提高居民的幸福感、获得感。

五是在实施机制方面，协调好“统”与“分”的关系。“政府主导、市场运作”作为梅城镇城镇更新实施的基本原则，强调以政府作为公共利益的代表，制定相关的实施政策，控制和引导规划实施主体，同时推进居民参与，体现社会公正，以分期建设的方式，循序渐进地完成景区的建设工作。

资料来源：上海同济城市规划设计研究院有限公司遗产保护与文化复兴研究院，《严州（梅城）古城保护与利用概念性规划与城市设计研究报告》。

9.3.2 融入乡村振兴

实施乡村振兴战略是传承中华优秀传统文化的有效途径。中华文明根植于农耕文化，乡村是中华文明的基本载体。乡镇历史文化传承发展要积极融入乡村振兴发展战略，统筹乡镇保护与发展，加大历史文化名村（传统村落）的乡村保护和活化利用力度，传承弘扬乡土文化、地域文化，推动历史文化遗产在“活态保护”中持续焕发活力。

乡村振兴具体措施要着力传承传统营造技艺，用好乡土建设材料。将乡村老房子、老物件、老手艺、老地名等作为独特发展资源，积极发展乡村旅游、休闲农业、文化创意等产业。以文化振兴激发历史文化名村（传统村落）内生动力，着力提升乡村基本公共服务水平，融入集山水美景、田园风光、乡愁记忆、现代产业、宜居生活于一体的特色田园乡村示范区。

案例

“古湾茶香”与“田园乡村”交相辉映的乡村振兴新路径

扫码了解以下内容：规划总平面图、遗产保护利用规划图

杨湾村位于江苏省苏州市东山镇，地处国家5A级旅游景区东山镇的西南部，背山临湖，总面积约11.86平方公里。村庄自然风光秀丽、文化底蕴深厚，特色物产丰饶，是中国传统村落，中国历史文化名村，江苏省最具魅力休闲乡村，江苏省生态村，苏州市城乡一体化建设示范点。近年来，杨

湾村坚持上下联动，内外齐动，输血与造血并举，管理与发展并重，积极探索村级集体经济发展新路子，通过资源盘活利用、村民入股分红、项目建设带动、创新引领发展和政策扶持引导等途径，不断提高村级集体经济收入。

（1）优化整合村庄环境

一是聚力水环境综合整治。杨湾古村紧邻太湖，一直是东山镇西南部的主要商埠和水运码头，围绕“水活、水清、水灵、水净、坡绿、岸净”的水生态建设目标，重点推进河道清淤、拆坝建桥、截污纳管等工作。二是完善基础配套设施。尤其加强道路改造提升，对需要农业生产农路、沟渠田林路、村庄主干道等方面进行提档改造。在符合历史文化保护要求的前提下，因地制宜地采取灵活的技术措施进行基础设施建设。

（2）促进特色产业创新融合

一是保持村庄历史文脉，传统功能和原住民生活的延续性。鼓励传统特色产业和乡村休闲度假产业的发展，并合理引导商业开发和旅游活动。二是处理山、水和古村的关系，充分发掘村落内的微空间、停留空间、亲水空间。全力打造杨湾“田园乡村”品牌，让杨湾村的文化底蕴和自然资源有效整合。积极开发特色旅游项目，盘活部分村民的闲置房屋资产，以集体租赁的形式鼓励群众投资开发特色精品民宿、生态美食、咖啡茶吧、乡村餐厅等为主题的乡村旅游配套项目，按照“文化＋艺术、文化＋休闲、文化＋体验、文化＋衍生品”来规划引领杨湾的发展方向。

（3）注重文化保护传承与发展

杨湾古村是苏州东山镇明清建筑保存最多的村之一，保护村庄的历史空间格局和传统风貌，保护村庄依存的自然环境景观，保护各类物质文化遗存，保护地方建筑特色和传统工艺，并加强物质文化遗产物质载体的保护。

资料来源：苏州规划设计研究院有限公司，《苏州市东山镇杨湾历史文化名村（保护）规划（2014—2030）研究报告》。

9.3.3　融入区域发展

乡镇域国土空间规划要基于乡镇独特历史文化资源和绿色生态格局，建立区域融合发展的新格局、新形态、新理念。宏观上要积极融入国家重大区域发展战略，加强跨区域历史文化遗产的整体保护，整合各类历史文化资源要素，加强江、河、湖、海等滨水地带的“紫道”“绿道”“蓝道”联动塑造，弘扬乡镇优秀传统地域文化，打造特色跨区域文化廊道和历史文化线路上的重要节点；中观上要借助市、县层面发展动力，凸显新时代区域文化价值和生态价值，塑造市、县层面历史文化传承发展的核心；微观上要结合乡镇自身空间特色和人文资源优势，协调各类历史文化遗产的保护与乡镇发展建设，在保护中发展，发展中保护。

案例

融入区域发展的江苏省昆山市锦淀周三镇

扫码了解以下内容：
三镇总体结构规划图、
三镇水乡意向图

长三角生态绿色一体化发展示范区要求充分体现高质量发展新目标、生态绿色新理念、人居品质新示范、新江南文化新空间、跨界协同新机制，强调引领度、集成度、显示度、多样性和操作性的示范区发展总纲领。淀山湖世界级湖区北部水乡三镇（即锦溪镇、淀山湖镇、周庄镇）作为示范区的协调区，其生态本底与启动区五镇（即黎里镇、西塘镇、姚庄镇、金泽镇、朱家角镇）一脉相承，示范区的探索给了三镇发展空间，赋予三镇前所未有的机遇，水乡三镇融入区域发展，成为昆山市谋求绿色 GDP 发展转型的重要契机。

在发展战略上，研究提出三个方面。一是锦淀周三镇作为示范区的规划协调区，应在发展模式、治理方式上示范区同步推进，坚持目标一致、方向一致、标准一致，整体提升锦淀周一体化水平。二是锦淀周三镇作为紧邻上海的同城地区，应把握虹桥国际开放枢纽、淀山湖世界级湖区的发展契机，承载新功能、探索新模式，做好虹桥商务区的配套合作区，加快融入长三角一体化。三是昆山发展进入 3.0 时代，提出建设江南特质的绿色生态城市，锦淀周三镇应在其中发挥示范引领作用，昆山成为生态宜居滨湖城市。

在发展路径方面，研究提出探索区域协同、共建共享之路。研究围绕“第一水乡、锦秀淀周”的思路追溯历史渊源，梳理水乡的基因演变，水与生活、生产的关系，水对空间格局的塑造，从水乡感的流失和水乡动力的视角，探索第一水乡应有的空间特质、未来动力、地区魅力，探讨融入示范区共保生态、共建交通、共享设施的方式，并重点考虑体制机制的调整，保障三镇全新发展思路的落实。昆山水乡三镇将借助示范区的政策机遇，积极融入区域发展，从江南水乡中脱颖而出，走出一条“绿色GDP”发展的新示范之路，成为示范区中的示范。

资料来源：昆山市自然资源和规划局，《世界级湖区北部三镇（昆山）战略研究报告（2020）》。

9.3.4 融入现代生活

城镇建设是乡镇城镇化进程的必由之路，是推动区域经济增长，开拓乡村市场，强化城乡联系，提高群众生活幸福指数的重要桥梁，实践中要加强乡镇历史文化遗产保护传承意识，不断增强群众文化自信。

充分发挥城乡历史文化遗产对提高国民素质和社会文明程度的重要作用，通过保护传承，让祖国大地处处见历史、处处显文化，在城乡建设中彰显城镇精神和乡村文明，使历史文化遗产成为百姓生活喜闻乐见的生活元素，在日用而不觉中接受文化熏陶。

加大宣传推广力度，按规定组织开展传统节庆活动、纪念活动，推动口述史、民俗、文化典籍的整理和出版，创新丰富表达方式，积极融入优秀传统艺术元素，引导公众自觉参与乡镇历史文化保护传承，缩短历史文化与公众的距离，充分展现中华优秀传统文化的影响力、凝聚力和感召力。

关键术语

历史文化名镇、历史文化名村、历史文化保护线、非物质文化遗产、城镇更新、有机更新、历史文化传承、跨区域文化廊道、千镇一面

思考题

1. 简述乡镇历史文化保护传承体系的基本构成要素。
2. 在乡镇域国土空间规划中应明确哪些历史文化保护的管控要求？
3. 历史文化保护格局的概念及其作用是什么？
4. 在乡镇历史文化保护中，如何有效平衡保护与利用之间的关系？

5．解释乡镇历史文化遗产活化利用的基本原则及其重要性。

6．如何通过文旅融合促进乡镇历史文化资源的活化利用？

7．在城镇更新中应如何做好历史文化的保护和传承发展？

8．如何在区域发展中协调乡镇历史文化遗产的保护与区域一体化发展的关系？

参考文献

图书和期刊

［1］ 卢爱军．中国历史文化名镇名村的类型及其价值［J］．统计与管理，2015（5）：101.

［2］ 党安荣，李翔宇，吴冠秋，等．数字孪生赋能历史文化名城保护与传承研究［J］．中国名城，2024（1）：38.

［3］ 阮仪三，袁菲．迈向新江南水乡时代：江南水乡古镇的保护与合理发展［J］．城市规划学刊，2010（2）：35-40.

［4］ 杨颖，李明．复合系统视角下的明月湾村保护发展战略初探［J］．农村经济与科技，2018，29（10）：160-162.

［5］ 张文茜，沈守云，廖秋林．江南水乡景观体系的特征与问题探讨［J］．现代园艺，2016，（7）：98-99.

［6］ 张彧，史文正，王金平．城市型历史文化名村保护规划实施评估方法研究：以山西大阳泉村为例［J］．中国名城，2020（9）：79-86.

［7］ 姚如青．美丽城镇建设应做好“结合”文章［J］．杭州（周刊），2019（16）：40-43.

［8］ 王晓毅．农村人居环境整治提升路径论析［J］．国家治理，2019（3）：49-53.

［9］ 黄晓琼．全面提升海西侨乡特色小镇思考［J］．福建建筑，2018（2）：10-13.

［10］ 顾金峰，陆建洪．乡镇财政支持现代农业发展的思考：以苏州市东山镇为例［J］．科技信息，2012（36）：84.

政策法规

［11］ 中共中央办公厅，国务院办公厅．关于在城乡建设中加强历史文化保护传承的意见［EB/OL］．（2021-9-3）［2024-08-21］.https：//www.gov.cn/gongbao/content/2021/content_5637945.htm

［12］ 中共中央办公厅，国务院办公厅．关于进一步加强非物质文化遗产保护工作的意见［EB/OL］．（2021-8-12）［2024-08-21］.https：//www.gov.cn/gongbao/content/2021/content_5633447.htm

［13］ 中华人民共和国住房和城乡建设部．关于扎实有序推进城市更新工作的通知［EB/OL］．（2023-7-5）［2024-08-21］.https：//www.gov.cn/zhengce/zhengceku/202307/content_6891045.htm

第 10 章

乡镇域国土空间土地综合整治

导语

本章为乡镇域国土空间土地综合整治的相关内容，分为六个小节。第一小节是土地综合整治的内涵目标与整体程序，主要包括土地综合整治内涵、目标与任务、基本原则及阶段划分等内容。第二小节是土地综合整治与国土空间规划的关系与内容衔接，主要对国土空间规划中土地综合整治体系架构、乡镇国土综合整治内容、土地综合整治与村庄规划的衔接，及土地综合整治与乡村发展的衔接等内容进行了阐述。第三、四、五小节分别针对土地综合整治中的农用地综合整治、建设用地整理与乡村公共空间综合整治以及乡村生态修复三项内容进行详细阐述。第六小节是土地综合整治实施后的验收、管护及成效评价等方面的内容。

10.1 土地综合整治的内涵目标与整体程序

本小节内容主要探讨了土地综合整治的内涵、目标、基本原则以及实施程序。首先，详细阐述了全域土地综合整治的概念，强调其作为乡村振兴的重要政策工具和发展理念。随后，分析了土地综合整治的核心目标，包括农用地整理、建设用地整理、生态保护修复和乡村历史文化保护等。接着，明确了实施土地综合整治的四项基本原则。最后，对土地综合整治的阶段划分进行了介绍，确保实施过程的规范与有效管理。

10.1.1 土地综合整治内涵

全域土地综合整治是指以科学合理规划为前提，以乡镇或部分行政村为基本实施单元，通过“全域规划、整体设计、综合治理”方式，统筹开展“山水林田湖草沙”全要素治理，整体推进农用地整治、村庄整治、低效工业用地和城镇低效用地整治、生态环境优化提升，优化生产、生活、生态空间格局，促进耕地保护和土地集约节约利用，统筹城乡规划，改善农村人居环境，助推乡村全面振兴的空间治理活动。

全域土地综合整治的概念是由土地整理演变而来的。传统意义上的土地整治聚焦于扩大农用地规模、提升耕地质量和优化农田水利设施，全域土地综合整治是将整治对象从过去单一的土地（农田）转向村庄与“山水林田湖草沙”的全要素、全空间、全部门、全周期的综合整治，是一项具体的工程，也是一种政策工具，更是一种促进乡村振兴的发展理念。

这种全域土地综合整治的理念和方法，标志着我国土地整治工作进入了一个新的阶段，体现了更加系统、全面和可持续的发展思路。它不仅仅是对传统土地整治概念的扩展，更是对国土空间治理理念的重大创新。这一转变并非突然出现，而是我国国土综合整治思想长期演进的结果。回顾历史，可以发现国土综合整治概念的发展经历了多个阶段，每个阶段都反映了当时的社会需求和发展重点。

国内国土综合整治概念出现于 20 世纪 80 年代，为促进国土空间与资源合理开发利用，吴传钧、陈传康、陆大道等一批科学家积极呼吁开展国土综合整治[1]；20 世纪 90 年代开始，随着城市化、工业化速度加快，耕地资源保护面临巨大压力，土地整治作为稳定耕地数量、提高耕地质量的重要手段而广泛开展[2]，成为该时期国土综合整治的主要形式；新时期国土空间与资源开发利用面临新的形势，生态环境破坏与自然资源不合理利用成为当前面临的主要问题，业界与学界都呼吁通过国土综合整治促进山水林田湖草沙系统修复，实现国土空间资源可持续利用[3]。综上所述，尽管在不同时代背景下，国土综合整治被赋予了不同的内涵和表现形式，但其核心内涵始终明确，即国土综合整治是优化国土空间与自然资源利用的过程。不同阶段

1. 夏方舟，杨雨濛，严金明 . 中国国土综合整治近 40 年内涵研究综述：阶段演进与发展变化［J］. 中国土地科学，2018，32（5）：78-85.
2. JIN XIAOBIN，SHAO YANG，ZHANG ZHIHONG，et al. The evaluation of land consolidation policy in improving agricultural productivity in China［J］. Scientific Reports，2017，7（1）：2792.
3. 李华，龚健 . 生态文明背景下的土地整治思考［J］. 中国土地，2018，394（11）：45-46.

国土空间资源开发利用能力和社会文化差异导致合理利用的标准不同，但通过国土综合整治实现当前生产力水平下最优利用状态的目标是一致的。

10.1.2　土地综合整治的目标与任务

核心目标为统筹推进农用地整理、建设用地整理、生态保护修复和类乡村建设行动，推动耕地和永久基本农田集中连片和质量提高、空间格局进一步优化、人居环境进一步优化、产业融合发展水平进一步提升。发挥资源整合优势，促进空间复合利用，积极破解自然资源瓶颈，优化乡村生产、生活、生态空间布局，全面助推乡村全面振兴，加快形成城乡融合发展新格局。

全域土地综合整治的任务设定应因地制宜、实事求是、客观准确，可量化、可统计、可考核，主要包括以下四个方面。

农用地整理。适应发展现代农业和适度规模经营的需要，统筹推进低效林草地和园地整理、农田基础设施建设、现有耕地提质改造等，增加耕地数量，提高耕地质量，改善农田生态。

建设用地整理。统筹农民住宅建设、产业发展、公共服务、基础设施等各类建设用地，有序开展农村宅基地、工矿废弃地以及其他低效闲置建设用地整理，优化农村建设用地结构布局，提升农村建设用地使用效益和集约化水平，支持农村新产业新业态融合发展用地。

乡村生态保护修复。按照山水林田湖草沙系统治理的要求，结合农村人居环境整治等，优化调整生态用地布局，保护和恢复乡村生态功能，维护生物多样性，提高防御自然灾害能力，保持乡村自然景观和农村风貌。

乡村历史文化保护。充分挖掘乡村自然和文化资源，保持乡村特有的乡土文化，注重传统农耕文化传承，保护历史文脉。

10.1.3　土地综合整治的基本原则

一是生态优先，守住红线。坚持节约优先、保护优先、自然恢复为主的方针，统筹推进国土空间整体保护、系统修复与综合治理，严守生态保护红线，严格保护耕地特别是永久基本农田。

二是规划引领，综合治理。坚持以国土空间规划为基础，统筹各类专项规划，协调各类乡村建设行动的空间安排，落实国土空间用途管制。实行全域整体推进、全要素综合整治，注重空间协同，不断优化国土空间格局，激活配优各类自然资源要素。

三是政府主导，社会参与。发挥政府主导作用，加强政策支撑，注重机制创新，形成工作合力。坚持农村集体经济组织和农民主体地位，引导社会广泛参与，发挥叠加溢出效应，促进集体经济发展和城乡共同富裕。

四是因地制宜，改革创新。聚焦重点发展区域，合理确定工作目标任务。推进农村土地制度改革、行政审批制度改革，建立健全涉农资金统筹整合长效机制，加强制度供给和要素资金保障。

这些原则不仅考虑了国土空间的科学利用和生态保护，还强调了社会参与和制度创新的重要性，充分体现了全域土地综合整治的系统性和前瞻性。这种全面而深入的指导思想，正是源于我国对国土空间治理认识的不断深化和实践经验的积累。为了确保这些原则能够得到有效落实，并防止在实施过程中出现偏差，相关部门进一步明确了全域土地综合整治试点工作的具体要求。

为贯彻落实党中央、国务院决策部署，有效发挥全域土地综合整治优化国土空间格局、助力乡村振兴的积极作用，同时切实防止因实施不当出现突破底线、侵害群众权益等问题，自然资源部结合全域土地综合整治试点工作，提出全域土地综合整治的工作原则。一是应坚决维护“三区三线”划定成果的严肃性，严格控制耕地和永久基本农田调整，稳定农业空间，严禁调整生态保护红线，保护生态空间，严守城镇开发边界，锁定城镇空间。二是坚决防止耕地和永久基本农田阶段性流失和质量降低，坚持先补后调原则，严格落实耕地保护目标责任。三是切实维护群众合法权益等[1]。

10.1.4　土地综合整治阶段划分

土地综合整治包括前期谋划、方案审批、项目实施、竣工验收和后期管护等五个阶段。从方案审批通过至整体验收为实施期，一般为 3～5 年；整体验收交付后为管护期，根据项目管理规范或实际情况通过签订管护协议、合同约定等方式落实管护期限和责任，其中土地整治类项目不少于 3 年。

前期谋划阶段主要包括开展潜力调查、确定项目选址、做好规划衔接和确定

1. 中华人民共和国自然资源部 .《自然资源部办公厅关于严守底线规范开展全域土地综合整治试点工作有关要求的通知》（自然资办发〔2023〕15 号）.

整治目标等内容；方案审批阶段主要包括编制和申报项目计划、编制和申报实施方案、同步编制相关方案和实施方案审批等内容；项目实施阶段主要包括严格项目实施、规范实施方案调整、强化过程监管等内容；竣工验收阶段主要包括验收程序和质量标准、开展子项目验收、开展年度阶段性验收、开展整体验收和做好归档管理等内容；后期管护阶段主要包括落实用途管制要求、严格耕地和永久基本农田管护和落实种植要求的内容[1]。

10.2 土地综合整治与国土空间规划的关系与内容衔接

本小节主要探讨了土地综合整治与国土空间规划的关系及其内容衔接。首先，分析了土地综合整治在不同层级国土空间规划中的体系架构，强调其在国家、省、市、县和乡镇五级规划中的纵向分级与横向分类。接着，详细阐述了乡镇级国土空间规划中土地综合整治的具体内容，特别是与村庄规划和乡村发展的衔接要求，以确保各项规划任务的落实与执行，最终实现乡村空间格局优化、资源整合以及产业融合发展的目标。

10.2.1 国土空间规划中土地综合整治体系架构

根据国土空间规划的定位和内容要求，土地综合整治需要在不同层级的国土空间规划中，以不同的内容重点和组织形式存在，纵向分别与对应层级的国土空间规划要求相契合，分别为国家、省、市、县和乡镇五级；横向则以专章、专项等规划形式分别组织，主要采用国土空间规划专章专节专题、国土空间规划配套专项规划、国土空间规划详细规划设计等三种形式存在。最终形成纵向分级、横向分类的整体架构[2]。

纵向上结合未来国土空间规划分级方式形成五级体系，分别为国家、省、市、县和乡镇，不同层级解决对应问题。国家层面主要是明确全国的土地综合整治与生态修复格局，明确全国不同地区的整治重点与分区，确立主要的整治和修复问题分

1. 浙江省自然资源厅.《浙江省自然资源厅关于印发〈浙江省土地综合整治全过程管理办法（试行）〉的通知》（浙自然资规〔2023〕21 号）.
2.张侃，杨青，宋晗.国土空间规划中综合整治与生态修复机制探讨［C］// 活力城乡 美好人居——2019 中国城市规划年会论文集（08 城市生态规划），2019：165-171.

类，明确对应的指标体系与关键的考核机制；省级层面首先是承接国家层面的总体要求，重点在于明确本省的主要问题分类和分区划定，结合各分区地市的情况分解整治和修复的指标与任务，并提出省级重大工程和示范项目、配套政策支撑；市级层面的重点应是进一步分解指标任务，细化实施方式与项目安排，并配套相应的考核与资金政策；县级层面则着重在于落实上位要求，是具体项目实施的重要主体，乡镇层面则重点在于配合支撑相关项目的实施。

横向上土地综合整治与生态修复主要采用国土空间规划专章专节专题、国土空间规划配套专项规划、国土空间规划详细规划设计等三种形式存在。国土空间规划专章专节专题是指在国土空间规划中采用专题研究的方式，并在说明书和文本中加入专章专节内容，此类形式主要在表达整治和修复格局、明确分类分区方式时适用；国土空间规划配套专项规划主要在细化指标体系、明确任务机制时适用；国土空间规划详细规划设计中主要在具体的整治和修复项目时适用。

这种纵横结合的规划架构体现了土地综合整治在国土空间规划体系中的系统性和全面性。通过在不同层级和不同形式中融入土地综合整治的内容，可以确保整治工作与整体国土空间规划相协调，同时也能够针对不同地区和不同尺度的需求进行细化和落实。这种多层次、多维度的规划方法不仅有利于土地综合整治工作的全面开展，还能够提高整治效果的精准性和适用性。事实上，这种规划思路也反映了国土空间治理理念的进一步完善和深化。

10.2.2 乡镇土地综合整治内容

乡镇级国土空间规划中有关全域土地综合整治内容主要为落实市县级国土空间规划的目标与要求，分类制定乡村地区的综合整治重点工程，制定“山水林田湖草沙”系统治理和生态修复措施，划定土地综合整治的具体范围和边界，侧重点在于配合支撑相关项目的实施。有条件的乡镇可进一步细化土地综合整治的管控内容并建立、完善项目库。落实项目的建设年限、规模资金预算和来源等内容，直接指导全域土地综合整治。

乡镇级国土空间规划在全域土地综合整治中扮演着关键的落实角色，它将上级规划的宏观目标转化为具体的实施方案。这种自上而下的规划传导机制确保了全域土地综合整治工作的系统性和连贯性，同时也为基层实施提供了充分的灵活性和针对性。乡镇级规划的这种定位和功能，实际上是整个国土空间规划体系中的一个重要环节，体现了“自上而下”与“自下而上”相结合的规划思路。从陆续出台的各级国土空间规划编制技术规程来看，国土空间规划通过目标、边界和规则等方式向下逐级传导，最终以村庄规划为抓手，指导全域土地综合整治[1]。国家、省级国土空间规划侧重于体现规划的战略性与协调性，对土地综合整治的管控要求更多体现在战略和政策层面的引领上。

10.2.3　土地综合整治与村庄规划的衔接

全域土地综合整治是实施规划的平台和抓手，需要开展全域土地综合整治的，必须编制村庄规划，两者要实行充分衔接，不能有目标和内容错位。具体要求如下。

一是在编制乡镇国土空间规划时，就要进行统筹安排，按照宜农则农、宜建则建、宜留则留、宜整则整的原则，明确全域土地综合整治的目标任务、整治区域、主要内容、空间布局等。整治区域可以是乡镇的全部或者部分村庄，因地制宜。

二是要将各项整治任务纳入村庄规划。由乡镇政府组织编制整治区域内的村庄规划，要将整治任务、指标和布局要求落实到具体地块，并明确组织管理、实施时序、项目安排、资金估算和投资来源等。

三是要突出耕地保护。通过全域土地综合整治，确保整治区域内耕地质量有提升、新增耕地面积原则上不少于原有耕地面积一定比例。

10.2.4　土地综合整治与乡村发展的衔接

发挥国土综合整治的空间格局优化和资源要素保障作用，开展整区域、全要素、全过程的全域土地综合整治，促进乡村空间格局优化与布局协同，加快资源要素整合，推动整治项目有效实施、精准落地，保障农村一二三产业融合发展合理用地需求，为农村产业发展壮大留出用地空间。规划以镇（乡）域为基本单元，实施国土空间全域、全要素综合治理，统筹推进农用地整理、生态保护修复、建设用地整理和各类乡村建设行动。

这种全域、全要素、全过程的土地综合整治方法，不仅有助于优化乡村空间格局，还能为农村产业发展提供必要的用地保障。通过统筹考虑农用地、生态用地和建设用地，全域土地综合整治为乡村振兴提供了一个系统性的空间解决方案。这种

1.闫海，张飞．全域土地综合整治视角下国土空间规划应对策略研究：以江苏省建湖县高作镇为例［J］．规划师，2021，37（7）：36-44.

综合治理的理念，实际上体现了对乡村发展更加全面和深入的思考，特别是在农村土地资源利用方面。在这一背景下，全域土地综合整治对于农村土地，尤其是耕地的调整，也提出了具体而明确的要求。

在充分尊重农民意愿的前提下，以乡镇或村为单位开展全域土地综合整治，盘活农村存量建设用地，腾挪空间用于支持农村产业融合发展和乡村振兴。探索在农民集体依法妥善处理原有用地相关权利人的利益关系后，将符合规划的存量集体建设用地，按照农村集体经营性建设用地入市。在符合国土空间规划前提下，鼓励对依法登记的宅基地等农村建设用地进行复合利用，发展乡村民宿、农产品初加工、电子商务等农村产业[1]。

10.3 农用地综合整治

本小节内容聚焦于农用地综合整治的各个方面，首先强调了对农用地整治潜力的调查和测算，确保整治方案符合上位国土空间总体规划的要求。接着，明确了农用地综合整治的基本任务，包括开发宜耕后备土地资源优化耕地布局、提升耕地质量、改善农田生态等。随后，介绍了农用地综合整治的主要工程项目，如高标准农田建设、旱地改水田等，并探讨了如何通过这些项目衔接耕地占补平衡，确保土地资源的有效利用与保护。

10.3.1 调查农用地整治潜力

农用地综合整治方案应结合上级国土空间总体规划“双评价”、县域国土综合整治潜力评价、耕地质量等别评定结果、粮食生产功能区、宜耕土地储备区和重要农产品生产保护区划定成果以及水资源承载能力评估报告，统筹开展农田基础设施建设情况、耕地质量等别与连片度、低效林草地和园地摸底调查，梳理全域农业发展空间现状问题，统筹全域农用地布局结构与乡村振兴规划目标，实事求是地做好农用地整治潜力测算与潜力区域划定。按照宜农则农、宜建则建、宜留则留、宜整则整的原则，合理规划农用地综合整治方案。

1.中华人民共和国自然资源部、国家发展改革委、农业农村部.《自然资源部　国家发展改革委　农业农村部关于保障和规范农村一二三产业融合发展用地的通知》(自然资发〔2021〕16 号).

案例

河北省衡水市安平县国土综合整治与生态修复专题

扫码了解以下内容：
安平县农业适宜性等级评价图、安平县农业生产潜力分布图、安平县宜耕后备资源开发区域示意图、安平县高标准农田耕地质量等别图

安平县隶属河北省衡水市，地处北京、天津、石家庄三角中心，北距首都北京市 250 公里，西距省会石家庄市 91.2 公里，安平县既属环渤海、环京津开放地带，又在京九铁路大动脉沿线，是国家农业生产重点建设区和农产品供给安全保障的重要区域，服务以首都为核心的世界级城市群。安平县域总面积 493 平方公里，共辖 5 镇 3 乡 230 个行政村，包括安平镇、马店镇、南王庄镇、大子文镇、东黄城镇、大何庄乡、程油子乡、西两洼乡。

安平县国土综合整治与生态修复专题中对国土空间开发适宜性进行了评价，依据农业生产适宜性和承载能力评价结果，结合三调土地利用现状，分析得出农业生产适宜区可开发为耕地的规模，并明确其分布范围。该专题充分考虑自然灾害、土壤类型等因素，结合宜耕后备土地资源开发调查，及遥感影像筛选出各乡镇范围内可开发的宜耕后备土地资源潜力图斑，依照已开展项目经验，确定相应的新增耕地系数，计算各乡镇可补充耕地潜力并予以汇总。专题结合安平县土地整治规划成果，利用 ArcGIS 等技术软件对土地利用规划、土地利用变更、耕地质量等别等数据库进行处理和分析，依据耕地自然质量等别遴选高标准农田建设区。

资料来源：泛华建设集团有限公司、河北师范大学，《安平县国土空间总体规划（2020—2035）研究报告》。

10.3.2　明确农用地综合整治基本任务

农用地综合整治是以增加耕地面积、提高耕地质量为基本目标，综合考虑农村生态系统整体性和区域自然环境差异性，采取行政、经济、法律、工程和生物等措施，推进乡村地区“田水路林村”全要素综合整治，优化耕地布局，改善耕地质量和集中连片度，提升农田生态环境和农田防护林体系，提高农用地综合生产能力和抗灾能力，为农业适度规模经营和发展现代农业创造条件。

在乡镇级国土空间总体规划中，农用地综合整治应依据全域国土综合整治目标，将确需采取人工措施进行整治方可实现规划目标的拆旧建新、整理复垦、零星开发、修复治理等区域划定为整治区域，并落实到图斑地块。划定的整治区域应相

对集中连片，可根据需要对区域内已有项目进行优化整合，并明确整治项目的建设时序、整治要求和建设指引。

乡镇级国土空间总体规划在农用地综合整治方面的这些具体要求，体现了全域土地综合整治的精细化和实操性。通过明确整治区域、整治要求和建设指引，为后续的实施工作提供了清晰的指导。这种精细化的规划方法不仅有助于提高整治效果，还能确保整治工作与整体规划目标保持一致。在具体执行过程中，尤其是涉及耕地调整时，全域土地综合整治还有更为具体和严格的要求：乡镇政府负责组织统筹编制村庄规划，将整治任务、指标和布局落实到具体地块，确保整治区域内耕地质量有提升、新增耕地面积原则上不少于原有耕地面积的5%，并做到建设用地总量不增加、生态保护红线不突破。整治区域内涉及永久基本农田调整的，应编制调整方案并按已有规定办理，确保新增永久基本农田面积原则上不少于调整面积的5%[1]。

10.3.3 农用地综合整治工程项目

农用地综合整治的主要方向包括：推进农用地整理、宜耕后备土地资源开发、高标准农田建设项目、“旱地改水田”土地整治工程等。鼓励积极稳妥地推进复合型农田、生物通道、节水灌溉和生态护岸建设，补齐农田基础设施建设短板，修复局部生态系统。

农用地整理：通过整治田间道路、沟渠、田坎、零星的坑塘水面，调整分布于耕地中的其他零星地类，推动“三调”中标记为即可恢复、工程恢复的农用地复垦，完善农田基础设施建设，实现现状耕地提质改造。

宜耕后备土地资源开发：是指在不破坏生态环境的前提下，在耕地集中连片和耕地质量较高的区域，适度开发其他草地、盐碱地、沙地、裸土地等，完善农田基础设施建设，加强新增耕地质量建设和管理，推动落实耕地占补平衡。

高标准农田建设：是指通过土地整治，建设形成的土地平整、集中连片、设施完善、农田配套、土壤肥沃、生态良好、抗灾能力强，与现代农业生产和经营方式相适应的永久基本农田。经过整治的高标准农田可调入永久基本农田进行保护[2]。

---

1. 中华人民共和国自然资源部.《自然资源部关于开展全域土地综合整治试点工作的通知》(自然资发〔2019〕194号).
2. 中华人民共和国农业农村部.《高标准农田建设通则》(GB/T 30600—2022).

旱地改水田工程：是指综合考虑山水林田湖自然生态系统，通过水资源开发及优化配置，改造中低产田，增加有效水田面积，提升农业综合生产能力，提高粮食生产保障水平，建设高产稳产农田。

加强农业农村基础设施建设：通过农业农村基础设施建设，提高农业综合生产能力，改善农村交通服务，以基础设施现代化促进农业农村现代化。主要包括农村道路畅通工程、农田水利工程、农村电网和宽带网的建设及乡村冷链物流系统建设等内容。

农田防护与生态环境保持：根据因害设防、因地制宜的原则，通过建设农田林网工程、岸坡防护工程、沟道治理工程和坡面防护工程等整治项目，协调防护工程与农村居民点景观，调整优化农田生态格局，增强农田生态防护能力。

案例

扫码了解以下内容：
梅街镇国土综合整治规划图

安徽省池州市贵池区梅街镇农用地综合整治项目

该镇隶属于安徽省池州市贵池区，地处贵池区南部，距贵池城区约 23 公里，西北距省会合肥约 212 公里，距离佛教圣地九华山约 20 公里。全镇辖 10 个行政村和 2 个社区，镇域面积 259.32 平方公里。

梅街镇属于丘陵山区，“九分山水半分田”的自然地理格局使得该镇现状农村居民点呈点状分布，农用地空间布局集中连片度较低。根据三调初步成果，梅街镇标注了“恢复属性”的非耕地图斑有 173 个，面积为 211.63 公顷。其中即可恢复面积为 12.02 公顷，工程恢复面积为 199.61 公顷。从地类来看，“其他林地”与“乔木林地”标注恢复属性面积比例最高。

结合池州市总规与梅街镇国土空间开发总体格局，规划全域国土综合整治总体目标为提高土地质量和土地利用效率，增加有效耕地面积，改善生产、生活条件和生态环境，对田、水、路、林、村进行综合整治，对土地利用状况进行调整改造，对土地资源重新分配。

依据梅街镇全域国土综合整治总体目标，规划农用地综合整治项目，包含以下四类。

农用地整理：以严格落实耕地保有量，增加有效耕地面积，提高耕地集中连片度和耕地质量，提高农田生态系统稳定性为建设目标。规划建设1个农用地整理项目区，建设面积111.06公顷，涉及10个村庄。

宜耕后备土地开发：以落实耕地保有量和占补平衡，强化补改结合，增加有效耕地面积，提高耕地集中连片度和耕地质量，提高农田生态系统稳定性为建设目标。规划1个土地开发项目区，建设面积15.62公顷，涉及9个村庄。

高标准农田建设：规划将耕地建设成为与现代农业生产和经营方式相适应、生态环境优良的旱涝保收、高产稳产、农田生态系统稳定的基本农田，结合人居环境整治，打造农田生态景观。规划建立2个高标准农田建设项目区，进行高标准农田建设面积88.43公顷，耕地质量提升1个等级以上。

旱地改水田：规划合理利用水资源，把旱地建设成为“田成方，能灌溉，土壤肥，无污染，产量高”的高产稳产农田。规划1个旱改水项目区，改造面积28.26公顷，涉及铺庄村、姚街村、潘桥社区、桃坡村。

表10-1　梅街镇国土综合整治项目规划表

项目类型	项目名称	建设规模（公顷）	建设时序	涉及区域
农用地整理	梅街镇农用地整理项目	111.06	2020—2025年	乌石村、铺庄村、姚街村、潘桥社区、桃坡村、峡川村、梅街村、刘街社区、太平村、长垅村
宜耕后备土地资源开发	梅街镇宜耕后备土地资源开发项目	15.62	2020—2025年	铺庄村、姚街村、潘桥社区、峡川村、梅街村、刘街社区、太平村、和平村、长垅村
高标准农田建设	梅街镇桃坡村、铺庄村等5个村高标准农田建设项目	63.53	2020—2025年	桃坡村、铺庄村、潘桥社区、梅街村、峡川村
	梅街镇太平村、长垅村等6个村高标准农田建设项目	24.90	2020—2025年	太平村、长垅村、源溪村、和平村、姚街村、刘街社区
旱地改水田	梅街镇旱地改水田项目	28.26	2020—2025年	铺庄村、姚街村、潘桥社区、桃坡村

资料来源：广州国测规划信息技术有限公司、广东省城乡规划设计研究院科技集团股份有限公司，《贵池区梅街镇国土空间总体规划（2021—2035）研究报告》。

10.3.4　衔接耕地占补平衡

根据《中华人民共和国土地管理法》（2019 年修正）和原国土资源部发布的《关于改进管理方式切实落实耕地占补平衡的通知》（国土资规〔2017〕13 号），国家实行占用耕地补偿制度。实施的耕地后备资源开发、高标准农田建设、土地复垦、耕地提质改造、旱地改水田等土地整治项目，经验收认定并完成项目信息报备后，将成为可用于耕地占补平衡的有效补充耕地指标。补充耕地指标包括新增耕地面积、新增水田面积和新增粮食产能 3 项指标[1]。新增耕地面积由项目建设前后耕地面积之差得到，新增产能由新增耕地增加的产能、提质改造耕地增加的产能之和得到，新增水田面积由新增耕地中水田面积、旱地改造为水田面积、水浇地改造为水田面积之和得到。

农用地综合整治项目产生的补充耕地指标经上级验收后，进入省级、市级、县级统筹库。在满足本辖区自身建设项目耕地占补平衡需求，且符合其他补充耕地指标出让条件的前提下，县级以上人民政府可将富余的补充耕地指标通过补充耕地指标交易平台进行交易获得相应收益。

通过建立多级统筹库和交易平台，不仅可以实现耕地资源的优化配置，还能为地方政府创造额外的收益，从而为进一步的土地整治和乡村发展提供资金支持。这种机制设计反映了对土地资源价值的深刻认识，以及对市场化手段在资源配置中作用的充分利用。为确保这一机制能够更好地服务于耕地保护和农业发展的长远目标，自然资源部进一步细化了补充耕地指标的管理办法，明确了包括建立补充耕地储备库，实行指标分类管理；采取指标核销方式，落实耕地占补平衡；完善管理机制，规范省域内指标调剂等方面的具体规定[2]。

10.4　建设用地整理与乡村公共空间整治

本小节重点探讨建设用地整理与乡村公共空间整治的内容。首先，分析建设用地的整治潜力，评估建设用地的利用效率，并结合国土空间总体规划要求，合理调整各类建设用地的结构。其次，介绍建设用地整治的主要内容，包括农村宅基地、

1. 海南省国土资源厅 .《海南省补充耕地指标交易管理暂行办法》，2018.
2. 中华人民共和国国土资源部 .《关于改进管理方式切实落实耕地占补平衡的通知》（国土资规〔2017〕13 号）.

低效工业用地以及乡村公共空间的整治与复垦。最后，将详细阐述建设用地综合整治的具体工程项目，并强调如何通过增减挂钩政策优化土地资源配置，支持农村新产业和新业态的发展。

10.4.1 评估低效用地整治潜力

建设用地整治规划应首先要落实上位国土空间总体规划的国土综合整治要求，明确上级规划传导的整治目标任务、整治类型、重点区域、重大工程及管控要求等内容。同时，建设用地整治应结合上位国土空间总体规划的“双评价”、县市国土综合整治潜力评价、村庄分类等结论，统筹村庄建设现状情况、低效用地摸底调查、村民回迁意愿调查，分析建设用地的节约集约发展问题，统筹乡镇域整体发展格局和产业发展空间需求，有序落实建设用地减量，合理安排各类新建用地，统筹增减挂钩安排。

10.4.2 建设用地综合整治主要内容

建设用地整治是按照土地节约集约、高效利用的原则，依据镇村用地布局和空间结构，推进镇域存量建设用地的整治利用，统筹考虑农民住房建设、产业发展、公共服务、公益事业、基础设施、生态保护等各类建设用地的补充完善。

乡镇级国土空间总体规划中，建设用地综合整治应参考全域国土综合整治的目标要求，充分利用城乡建设用地增减挂钩政策，有序开展农村宅基地、低效工业用地、乡村公共空间等建设用地的整治与复垦，合理安排新建区块，促进存量用地盘活利用。规划应明确建设用地整治项目的拆旧建新规模、新增耕地、建设时序、涉及区域等内容。

农村宅基地整治：统筹考虑区位条件、资源禀赋、环境容量、产业基础和历史文化传承等，选择适合本地实际的农村闲置宅基地和闲置住宅进行盘活利用，因地制宜地选择盘活利用模式，鼓励发展休闲农业、乡村旅游、餐饮民宿、文化体验、创意办公、电子商务等新产业新业态。同时支持采取整理、复垦、复绿等方式开展农村闲置宅基地整治[1]。

低效工业用地整治：对未达到预定经济、社会和环境效益的工业用地进行重新

1. 中华人民共和国农业农村部.《关于积极稳妥开展农村闲置宅基地和闲置住宅盘活利用工作的通知》，2019.

规划和开发，主要包括低效工业用地的整合再开发、土地用途调整、产业结构优化升级等。建立完善的低效工业用地退出机制，通过市场化手段分割转让、租赁等方式，促进土地资源的合理流动和高效配置。

乡村公共空间整治：对集体土地上除确权的承包地、宅基地和农户自留地以外的各类土地资源形成的公共空间进行整治提升，促进乡村人居环境的改善和公共空间品质的提升。

10.4.3　建设用地综合整治工程项目

建设用地综合整治的主要内容包括：落实建设用地减量化目标，合理安排拆旧腾退、安置建新以及乡村公共空间整治类等各类新建用地。

拆旧腾退类工程项目：落实建设用地减量化。规范开展农村建设用地整理，有序实施乡村宅基地与工矿废弃地整理、空心房、空心村整治以及其他低效闲置建设用地整理，明确腾退建设用地的规模和位置，并落实到图斑。腾退用地优先复垦为耕地，落实建设用地减量化。

安置建新类工程项目：合理安排各类新建用地。对现有建设用地规模确实无法满足农村发展、村庄建设合理需要的，适当扩大村庄建设用地规模。统筹农民住宅建设、产业发展、公共服务、基础设施等建设用地，优化农村建设用地布局结构，提升农村建设用地使用效益和集约化水平，支持农村新产业、新业态发展。明确建新项目的建设规模、建设时序、涉及区域等内容。

乡村公共空间整治类项目：主要针对农村居民点内部公共空间，重点包括村庄公共空间、道路公共空间和乡村产业公共空间的综合治理。改善提升村庄出入口空间、户外活动空间、公共服务空间、道路水体空间、庭院内外空间等村庄公共空间，鼓励围绕公共建筑、水塘、古树名木等打造村庄公共活动空间，为村民营造日常交往、文体活动与重要集会的主要场所。加强住宅及公共建筑的前庭后院、活动广场、小游园等小微空间建设，打造宜居宜业的人居环境。加强乡道、重点镇村道路等重要公路两侧区域的道路公共空间环境整治，重点治理公路建筑控制区范围内摆摊设点、堆放物品、倾倒垃圾、非法搭接路口或其他损害污染公路和影响公路畅通的行为，同时进行美化和规范利用。加强村内主次干路和通组入户硬化建设，加强道路亮化、绿化及排水建设，构建畅通宜人的路网空间。推进产业公共空间治理，全面进行摸底排查，盘活低效资产，针对低效闲置资源，坚持集中治理，统筹利用，整合土地资源，完善集体经营性用地布局，整治产业公共空间环境。

案例

辽宁省葫芦岛市建昌县大屯镇农村建设用地和废弃矿山整治

扫码了解以下内容：
大屯镇镇域国土综合整治规划图

农村建设用地整治：将村屯周边的基础设施、闲置、废弃土地等非宅基地用地进行整理，将农村建设用地适当缩并而节约转化为耕地。统筹整治区域内农房建设、产业发展、公共服务、基础设施等各类建设用地，有序开展农村宅基地、工矿废弃地、城镇低效用地以及其他闲置低效建设用地整治。建设用地复垦 25.75 公顷，涉及 6 个村。搬迁面积 40 公顷，共 340 户。

废弃矿山整治：通过废弃矿山复绿、开发造地、建设用地利用等方式，推进矿山综合整治。废弃矿山综合治理面积 6.38 公顷，涉及 2 个村 4 个地块，复垦面积 0.4 公顷。

资料来源：大屯镇人民政府、辽宁省城乡建设规划设计院有限责任公司，《建昌县大屯镇国土空间总体规划（2021—2035）研究报告》。

案例

江苏省淮安市洪泽区朱坝街道墩南等村全域土地综合整治项目

在乡村村庄布局规划、村庄规划的基础上，结合苏北农房改善政策，确定村庄分类，并推进农村建设用地复垦和建新项目建设。

农村建设用地复垦：项目提出涉及 5 个行政村、1 327 户的农村建设用地复垦。拆迁总面积 49.48 公顷，复垦面积 47.65 公顷，共 318 个地块，拟确定建立 34 个城乡建设用地增减挂钩复垦项目库项目。项目主要工程内容包括土地平整工程、灌溉与排水工程、田间道路工程和土壤改良工程。

建新项目建设：包括新增农村居住用地、新增农村三产融合发展用地、基础设施建新用地。新增农村居住用地 2 处，共计 39.67 公顷，作为村民集聚安置点，安置区建筑形式拟定为联排别墅，建筑密度 0.6。新增农村三产融合发展用地 3 处，共计 3.84 公顷，重点推动区域一二三产业融合发展，尤其是乡村休闲度假旅游产业开发，拟定乡村休闲度假旅游产业项目用地。基础设施建新用地根据项目各村基础设施现状以及村民生活服务的需求，对村庄内基础设施用地进行调整，共需用地 3.49 公顷。

资料来源：淮安市自然资源和规划局，《江苏省淮安市洪泽区朱坝街道墩南等村全域土地综合整治项目研究报告》。

指标节余情况：根据以上农村建设用地复垦和建新项目建设，产生城乡建设用地增减挂钩指标 47.65 公顷，需要使用建设用地指标 43.27 公顷，能够节余建设用地指标 4.38 公顷。

10.4.4　落实增减挂钩安排

乡镇域国土空间规划应推动低效乡村建设用地的腾退与复垦，明确低效建设用地腾退的标准，以及建设用地腾退后的土地复垦计划。衔接城乡建设用地增减挂钩方案，落实腾退建设用地的规模、位置和实施时序，明确安置建新和节余指标的建设规模、布局、用途和实施时序，提出增减挂钩管控政策。

整治验收后腾退的建设用地指标，在保障乡镇农民安置、农村基础设施建设、公益事业等用地的前提下，重点用于农村一二三产业融合发展。节余的建设用地指标按照城乡建设用地增减挂钩政策，可在省域范围内流转[1]。节余建设用地指标优先用于农村新产业新业态融合发展用地，或用作农村集体经营性建设用地安排。在确保县域内耕地数量和质量平衡、城乡建设用地规模不突破的前提下，整治验收后腾退的建设用地，符合条件的，可作为集体经营性建设用地入市，支持农村产业融合发展建设。允许建设用地指标的流转和灵活使用，不仅为农村产业融合发展提供了土地保障，还为集体经济发展开辟了新的渠道。

10.5　乡村生态修复

本小节主要探讨乡村生态修复的重点内容和具体措施。在乡镇级国土空间规划中，乡村生态修复旨在细化落实上位规划要求，通过恢复和优化生态系统功能，提升乡村地区的生态质量与生物多样性。重点包括水污染防治、森林和草原生态修复、湿地保护、矿山环境治理及土壤污染修复等。通过这些措施，构建更为合理的生态安全格局，促进乡村生态环境的可持续发展，打造生态宜居的美丽乡村。

1. 中华人民共和国自然资源部．《自然资源部关于开展全域土地综合整治试点工作的通知》（自然资发〔2019〕194 号）．

10.5.1 乡村生态修复重点

乡镇级国土空间规划生态修复需要落实县级国土空间规划对全域生态安全格局和生态系统功能细化的总体要求，以县级国土空间规划传导的生态修复类型、生态修复重点区域、重大工程及规划要求等内容作为基本依据。

具体生态修复方案应在县级“双评价”结果、相关生态专项规划评估结论的基础上，结合本乡镇生态资源保护利用的具体情况，对重点区域的生态修复需求和生态安全风险情况进行现场调查，进而明确本级规划的生态修复重点项目和重点区域。

10.5.2 乡村生态修复主要内容

依据县级国土空间规划的传导内容，乡镇级国土空间规划在乡村生态修复方面应明确重点修复区的范围和规模，并提出重点修复区域的管控措施。确定各类修复项目的建设规模、工程类型、建设时序以及涉及区域等内容，形成合理有效的生态修复规划布局方案，修复自然退化或人为破坏的生态系统，增加生物多样性，改善乡村生态功能，提高防御自然灾害能力，建设生态宜居美丽乡村。

1. 落实上位规划确定的生态空间和生态廊道布局

以实现森林覆盖率要求为主要目标，梳理现状森林资源，合理优化森林布局，强化生态廊道建设。细化造林绿化空间和任务，重点保护天然林和公益林，合理利用森林、林木、林地等，提高商品林的经济效益。

2. 落实细化上位规划明确的基本草原保护范围和管控要求

实施草原改良、围栏封育等草原生态修复治理措施，加强草原保护管理，推进草原生态修复，推进草原合理利用，改善草原生态状况。

3. 积极推进湿地保护修复

严格限制建设项目占用湿地，严禁开垦排干湿地、永久性截断湿地水源等破坏湿地及其生态功能的活动。

4. 积极推进矿山生态修复

充分考虑历史遗留废弃矿山土地利用现状和开发潜力、地质环境安全和生态保护修复适宜性等要素，确定矿区修复范围，形成治理、开发和保护相互协调的格局，实现对被破坏的生态环境的恢复，以及对土地资源的可持续利用。

5. 明确湖泊、水库、坑塘等水面水体的边界、保护范围界限

以满足河湖水面率要求为前提，对可实施性较低的规划河道进行优化调整，尽量避让永久基本农田和村庄，保持自然走向和水网肌理。开展河道整治，包括河道清淤、生态护岸、岸坡绿化建设等，提出河道断面、驳岸设计、滨水空间等风貌引导要求。以维护原生态景观与地域特色为导向，减少人为扰动，尽可能保留乡村原有的地貌、自然形态等，系统保护乡村自然风光和田园景观。

10.5.3　乡村生态修复工程项目

在乡镇域生态安全格局和生态空间布局规划的指导下，进一步开展乡村生态修复，对山、水、林、田、湖、草、沙、海、冰等生态要素进行整体性的考虑，从生态系统的高度提出乡村生态空间的优化布局，提升生态系统功能和生物多样性。按照自然恢复为主，人工修复为辅的原则，考虑修复对象的实际情况，提出水污染防治和水生态修复、矿山环境治理修复、土壤污染修复、生态环境综合修复等具体工程措施要求和建设指引。

1. 水污染防治和水生态修复

主要建设内容为河道清淤、岸坡整治、水质改善及污染源的处理等。措施要求是提升低效的水源涵养功能、村庄清洁美化、亲水廊道等。涉及防洪治理工程的，主要建设内容为河道疏浚、岸坡整治以及配套建筑物等。涉及小水库除险加固工程的，主要建设内容为泄洪闸加固、灌溉涵洞拆除重建、大坝加固等。

2. 森林生态修复

森林生态修复分为退耕还林工程、造林更新工程。退耕还林工程是将位于林业发展区内的非永久基本农田耕地以及严重污染耕地划入退耕还林的实施范围。造林更新工程是对火烧迹地、采伐迹地、无立木林地、宜林荒山荒地、其他宜林地进行植树造林。

3. 草原生态修复

主要通过禁牧封育、免耕补播、切根施肥、飞播、破损草原植被重建、有害生物防控等方式实现。

4. 湿地生态修复

主要通过退养还湿、围堤拆除、微地形整理、滩面营造、坡面生态化改造、乡土植物恢复、野生动物保护、湿地水鸟栖息地恢复等方式实现。

5. 矿山环境治理修复

主要通过拆除废弃设施及建筑边坡修整、危岩清理、场地平整、植被恢复、废石清运等方式实现。

6. 土壤污染修复

开展重点污染区域识别，分类推进综合治理，加强污染综合防治。按照“谁污染谁治理，先修复后开发”的原则，开展土壤污染治理修复工作。深入开展地力培肥及退化耕地治理，减少使用农药化肥，提高秸秆、粪污、地膜等农业废弃物循环利用水平，降低农业种植带来的土壤污染风险。

案例

扫码了解以下内容：
梅街镇综合生态修复工程布局图、梅街镇重点区域治理工程布局、梅街镇森林生态保护修复工程布局图

安徽省池州市贵池区梅街镇生态修复规划

以相关规划研究中“生态保护修复”部分的内容为例，展示生态系统修复重点区域、重点工程、重点措施等方面的具体方案编制。

（1）山水林田湖草生态综合修复

通过优化调整生态用地布局，保护和恢复生态功能，维护生物多样性，提高防御地质灾害的能力，保持自然生态景观，筑牢生态安全屏障。重点开展对河湖水系、森林山体、废弃矿山、土壤污染等区域的生态治理，改善生态环境，稳定生态系统。

（2）水环境综合治理

落实水功能区划、水资源保护与利用要求，将重点河流及其支流确定为水环境重点保护区，规划重点保护白洋河、龙舒河及其支流。提出水域整治、工程建设、污染防控等方面的治

理措施，以及防洪治理工程、生态修复工程、水库除险加固工程、生态清洁小流域建设等方面的重点区域治理工程。

(3) 森林生态保护修复

森林生态重点保护区主要包括公益林区和老山自然保护区，维护其生态系统结构稳定，保护其生态属性不改变，禁止破坏生态的建设活动，加强损坏林、残次林、迹地恢复等工程。针对森林生态保护修复，提出退耕还林、造林更新的具体工程和范围。

(4) 矿山生态修复

根据矿山地质环境现状分区评估结果，将现状评估为严重区和较严重区内部无开采规划的区域划定为矿山生态修复重点治理区。区域总面积为 131.80 平方公里，区内共有 2 个重点治理区，涉及镇域内峡川村、桃坡村、源溪村等 10 个村庄。明确包括拆除废弃设施及建筑边坡修整、危岩清理、场地平整、植被恢复、废石清运等工程措施。

(5) 土壤污染治理与修复

土壤污染源主要有农业污染源和有色金属矿采选污染源。规划开展重点污染区域识别，分类推进综合治理，加强污染综合防治。按照“谁污染谁治理，先修复后开发”的原则，开展土壤污染治理修复工作，打造土壤污染防治试点示范区。深入开展地力培肥及退化耕地治理，减少使用农药化肥，提高秸秆、粪污、地膜等农业废弃物循环利用水平，降低农业种植带来的土壤污染风险。提出重点监管对象并强化监察制度建设，严格落实生态环境监察和日常巡查制度，强化日常监测，确保污染物排放达标。

资料来源：广州国测规划信息技术有限公司、广东省城乡规划设计研究院科技集团股份有限公司，《贵池区梅街镇国土空间总体规划 (2021—2035) 研究报告》。

10.6 土地综合整治实施后的验收、管护及成效评价

本小节主要介绍了土地综合整治实施后的验收、管护及成效评价的内容。验收工作旨在确保项目按照规划要求完成，通过全面梳理和核实，形成整体验收报告。

后期管护则着重于落实用途管制、耕地和永久基本农田的保护及种植要求，确保整治成果的长期有效性。成效评价通过主体评价和辅助评价两部分，综合分析项目实施后的绩效，涵盖生产、生态、生活效益及特色发展等多个维度，为后续管理和改进提供科学依据。

10.6.1 验收主要内容

单体项目竣工后，由市、区各条线部门牵头，根据单体项目验收程序和标准，组织办理竣工测绘、验收报批、地类变更等有关手续。全域土地综合整治整体实施完成后，乡镇政府、街道办事处对照实施方案全面梳理核实，将总体实施情况、单体项目完成情况、资金使用情况等内容形成整体实施验收报告。

验收合格的，由规划资源部门实施地类变更，更新耕地和永久基本农田数据库，同步退出原在全域整治区域外的补划面积，并与土地利用现状变更调查工作做好衔接。涉及市级周转的，申请整体验收时，区政府（管委会）应统筹足额归还市级补划面积，周转周期原则上不超过全域土地综合整治实施周期。验收不合格的，区、镇（街道、乡）政府应限期整改，整改完成后，重新验收。

在满足全域整治区域范围内和所在区、镇（街道、乡）用地需求的前提下，市级平台优先将节余的新增建设用地计划指标和耕地占补平衡指标在全市范围内有偿调剂，收益由区政府（管委会）统筹使用，优先保障本镇全域土地综合整治、低效建设用地减量化、乡村振兴项目建设等工作。

通过将节余指标优先用于本地区的整治和发展，既保证了资源的高效利用，又为乡村振兴提供了切实的土地保障。这种机制设计反映了对土地资源价值的深刻认识，以及对地方发展需求的充分考虑。然而，为了确保全域土地综合整治工作的质量和效果，不仅需要在资源配置上作出合理安排，还需要在项目实施和验收阶段建立严格的质量控制机制。

10.6.2 后期管护主要内容

一是要落实用途管制要求。以实施入库后的最新年度国土变更调查数据地类为基础，严格各地类用途管制，规范各地类间用途转换和结构调整。

二是要严格耕地和永久基本农田管护。严格耕地用途管制和永久基本农田特殊保护，分级落实耕地保护目标党政同责。补充耕地和城乡建设用地增减挂钩指标使用完毕且达到三年管护期的项目，纳入一般耕地管理。因建设需要，确需占用耕地的，应严格落实项目区内耕地“双平衡”，对于符合占用补划永久基本农田的，应落实“先补后占”。补划的永久基本农田要防止出现“非农化”“非粮化”现象。永久基本农田调整完成后，要及时向社会公告，加强后期管护和政策宣传，接受社会监督。

三是落实种植要求。项目区所在乡镇人民政府应按实施后地类管制规则，督促落实种植要求。永久基本农田重点用于粮食生产，新增耕地管护期限内，每年至少种植一季粮食作物；新增水田每年至少种植一季水稻等水生作物，冬季可种植应季农作物或紫云英、苜蓿等绿肥。

10.6.3　成效评价主要内容

国土空间全域综合整治项目绩效评价依据合理的评价原则，选取适宜的评价指标，运用科学的评价方法，对预先确定的国土空间全域综合整治项目绩效目标实现程度所进行的综合性评价过程，包括主体评价（底线评价、基础评价和修正评价）和辅助评价（特色评价和专项评价）。

主体评价部分包括底线评价、基础评价和修正评价。底线评价指依据国土空间全域综合整治政策文件关于负面清单的描述，对国土空间全域综合整治项目开展的合规性评价过程，包括数量管控评价、质量管控评价和其他管控评价。该类评价不设置权重，所有参评项目应在完成底线评价后，开展后续评价工作，如存在某个不合格指标，即可视为底线评价为不合格。基础评价指在国土空间全域综合整治项目实施后，对其产生的成绩与效益进行的综合性评价过程，包括生产效益水平、生态效益水平、生活效益水平、投入目标评价、产出目标评价和公众满意度评价。开展基础评价应综合项目规模、建设现状、本底特色等完成指标遴选和权重确定工作。修正评价指在基础评价的基础上，依据国土空间全域综合整治政策文件正面表现和负面清单的相关描述，对基础评价结果进行的修正性评价过程。

辅助评价部分包括特色评价和专项评价。特色评价指在国土空间全域综合整治项目建设完成后，针对其工作机制、整治做法和实施模式的特色性评价过程，包括产业提升发展、生态环境保护、乡土文化保护、人居环境改善和制度管理创新。专项评价指对不同乡村发展目标，依据相关政策文件的具体要求，开展的目标实现程度评价。专项评价包括乡村振兴建设完成度和美丽乡村建设完成度评价。

关键术语

生态修复、矿山生态修复、建设用地增减挂钩、农村集体经营性建设用地

思考题

1. 简述全域土地综合整治的概念及其与乡镇国土空间规划、村庄规划的关系。
2. 土地综合整治一般包括哪几个阶段?
3. 乡镇级国土空间规划中关于全域土地综合整治的内容主要包括哪些方面?
4. 在全域土地综合整治中，如何盘活农村存量建设用地以支持乡村振兴?
5. 简述农用地综合整治的基本任务和主要目标。
6. 什么是高标准农田建设?它与永久基本农田保护有什么关系?
7. 解释什么是耕地占补平衡制度，以及农用地综合整治如何与之衔接。
8. 列举乡村生态修复工程项目中应考虑的主要生态要素。
9. 国土空间全域综合整治项目绩效评价的概念和主要内容是什么?

参考文献

图书和期刊

[1] 夏方舟，杨雨濛，严金明．中国国土综合整治近 40 年内涵研究综述：阶段演进与发展变化［J］．中国土地科学，2018，32（5）：78-85.

[2] JIN XIAOBIN，SHAO YANG，ZHANG ZHIHONG，et al.The evaluation of land consolidation policy in improving agricultural productivity in China［J］.Scientific Reports，2017，7（1）：2792.

[3] 李华，龚健．生态文明背景下的土地整治思考［J］．中国土地，2018，394（11）：45-46.

[4] 张侃，杨青，宋晗．国土空间规划中综合整治与生态修复机制探讨［C］// 活力城乡 美好人居——2019 中国城市规划年会论文集（08 城市生态规划），2019：165-171.

[5] 闾海，张飞．全域土地综合整治视角下国土空间规划应对策略研究：以江苏省建湖县高作镇为例［J］．规划师，2021，37（7）：36-44.

政策法规

[6] 中华人民共和国自然资源部．自然资源部办公厅关于严守底线规范开展全域土地综合整治试点工作有关要求的通知［EB/OL］．（2023-4-23）［2024-08-22］.https：//www.gov.cn/zhengce/zhengceku/2023-04/26/content_5753236.htm。

[7] 浙江省自然资源厅．浙江省自然资源厅关于印发《浙江省土地综合整治全过程管理办法（试行）》的通知［EB/OL］．（2024-1-03）［2024-08-22］.https：//zrzyt.zj.gov.cn/art/2024/1/3/art_1229098242_2506965.html.

[8] 中华人民共和国自然资源部，国家发展改革委，农业农村部．自然资源部 国家发展改革委 农业农村部关于保障和规范农村一二三产业融合发展用地的通知［EB/OL］．（2021-1-28）［2024-08-22］.https：//www.gov.cn/zhengce/zhengceku/2021-02/08/content_5585844.htm.

[9] 中华人民共和国自然资源部．自然资源部关于开展全域土地综合整治试点工作的通知［EB/OL］．（2019-12-10）［2024-08-22］.https：//www.gov.cn/zhengce/zhengceku/2019-12/18/content_5462127.htm.

[10] 中华人民共和国国土资源部．关于改进管理方式切实落实耕地占补平衡的通知［EB/OL］.（2017-12-15）［2024-08-22］.https：//www.gov.cn/xinwen/2017-12/15/content_5247246.htm.